B
READ AND BE BETTER

# HERMANN HESSE
# Autobiographical Writings

# 通向内心之路：黑塞自传

[德] 赫尔曼·黑塞 —— 著　蔡伸章 —— 译

GUANGXI NORMAL UNIVERSITY PRESS
广西师范大学出版社
·桂林·

# 赫尔曼·黑塞

*永远属于年轻一代的作家*
*德国浪漫派最后一位骑士*

## 永恒童年

    1877 年 7 月 2 日，德国南部施瓦本地方的小镇卡尔夫，一对在当地颇有名望的夫妇迎来了他们的第二个孩子。妻子玛丽·肯德尔特爱好音乐，丈夫约翰涅斯·黑塞则是一位喜好文学的传教士。这是一个将被世界文学史铭记的日子：他们以玛丽父亲——著名传教士、印度文化学者赫尔曼·肯德尔特——之名，为长子取名"赫尔曼·黑塞"。

    这个充满艺术气息的家，家庭氛围友好，父母和兄弟姐妹皆友爱互敬。小城卡尔夫，则是一个充满新鲜的干草气味和酸甜的苹果芳香的美丽山城，黑塞九岁时一家从瑞士巴塞尔迁居回此。此后七年里，他便在这"黑色森林里的古老小城"度过了其终身怀念的童年时光；童年是"一幅镶有金边的深色图画"，赋予黑塞永恒的慰藉与安宁。

黑塞的想象力和创造力在游戏、孩童幻想、山野漫步、父母所讲的美妙故事中肆意生长，同时滋长的，还有独属于诗人的忧郁——施瓦本地区曾诞生过席勒、谢林、荷尔德林等著名诗人，黑塞本人，则是五岁就开始写诗了。乐园般的生活中，时不时便有莫名的不安与恐惧攫住幼小的黑塞，带着这种纤细与敏感，黑塞即将迎来几乎是注定痛苦的求学生涯；与之前金色的日子相对，求学生涯以另一种阴郁的色调被刻进黑塞的人生中，成为他文学创作的养料。

十四岁时，黑塞考入莫尔布龙神学院；就其家族传统而言，成为牧师几乎是他毫无悬念的人生规划。在图宾根的拉丁语学校学习一年后，黑塞便成功通过了考试。然而，神学院古板的生活和填鸭式的教育却几乎摧毁了这个浪漫而欢快的孩子，黑塞患上了失眠和神经衰弱。第二年春天，黑塞便逃离了莫尔布龙神学院，后被家人转到坎斯塔特的高中。新学校的生活并没有好起来，黑塞甚至卖掉教科书，两次买了手枪企图自杀，只能休学。休学后，黑塞曾短暂地在一家书店当店员，然而工作不到三天，他便又逃离了。

后来，大约有七个月的时间里，黑塞协助父亲处理工作，有时候也做做园丁。不久后，十七岁的黑塞到卡尔夫的工厂做了见习工，但他并不满足于这份工作。这个脱轨的前学生把自己的生活搞得一团糟，他终日沉迷在屠格涅夫和海涅的作品里，只有诗歌才能激起他的热情。但父母认为做诗人，生活没有保障，而他一时也无法找到走向诗人的路。家族的期望令他痛苦，但家人的爱又让他重新思考。

黑塞仍然决定成为一名诗人——"神送给我们绝望，不是要杀死我们，而是想唤醒我们心里的新生命。"黑塞在晚年的著作《玻璃球游戏》中写道。

1895年10月，也许是认为无论如何需要通过书籍走出第一步，黑塞"回到了"书店：他到图宾根大学城的赫肯豪书店当见习店员——如果从神学预备学校正式毕业，他本应成为这里的大学生。黑塞在这里一边工作，一边阅读，一边写诗。三年后，他成为正式的书店店员。

在此期间，十九岁时，黑塞首次在维也纳的小杂志发表诗作。

## 漫长夏日

1899 年，由于没有任何出版社愿意为一位名不见经传的书店店员出版诗集，二十二岁的黑塞自费出版第一本诗集《浪漫之歌》，这是一本只有 44 页的小册子，这本诗集如一颗小小砂子跌落池塘，甚至没有激起一丝涟漪，接着，他又出版散文集《午夜后的一小时》，印了 600 本，但在一年的时间里只售出 53 本。同年秋末，黑塞转往巴塞尔莱席书店任职，并在这家书店的支持下出版了诗文集《赫尔曼·洛雪尔》。这本书充满了黑塞对母亲的感激与爱意，在黑塞少年时期最黑暗的日子里，尤其是母亲的支持与爱，让他找到了自己的道路。

第二年，黑塞完成《诗集》一书，诗人卡尔·布瑟将其列入《德国新诗人丛书》，欣喜若狂的黑塞以此作为自己成为诗人的证据，并将《诗集》献给母亲，但此书正式出版时，黑塞的母亲已经过世。

黑塞继续写作。菲舍尔出版社的著名出版商萨穆埃尔·菲舍尔给黑塞寄去一封信，信中极力赞赏他的作品《赫尔曼·洛雪尔》，并向他约稿新作。1904 年，柏林菲舍尔出版社出版了黑塞首部长篇小说《乡愁：彼得·卡门青》，此书一经出版便轰动市场，广受好评，这部首印 1000 册的书，短短两年就卖出了 36000 册。

黑塞在二十七岁时终于一举成名。长久的彷徨之后，这算是迟来的春天。这一年，他还经历了另一件人生大事：他与玛丽亚·佩诺利结婚，移居博登湖畔的美丽小村盖恩霍芬，在宁谧的大自然与朴素的田园生活中，专心创作。寓居盖恩霍芬期间，经常有诗人、画家和音乐家出入黑塞家，而玛丽亚本人便是杰出的钢琴家。在这段日子里，黑塞的长子布鲁诺和次子海纳诞生了，他的两部极为重要的长篇小说：自传小说《在轮下：心灵的归宿》和音乐家小说《生命之歌：盖特露德》——也诞生了。

一切看似都很顺利，但这看似无忧无虑的时光早已蒙上阴翳：婚姻中的摩擦、妻子的精神问题、黑塞与生俱来的流浪癖，以及他对欧洲的厌倦之情，使黑塞逐渐无法忍受安居在这个田园。1911 年夏天到年底，反复思量后，黑塞终于动身，去往他梦寐以求的东方：新加坡、苏门答腊、斯里兰卡和印度等地，黑塞失望地看到一个饱受殖民痛苦的东方，但此行对他的人生和创作来讲都意义深远——包括他之后的著作《悉达多：流浪者之歌》《玻璃球游戏》等。黑塞的东方情结则一直持续到人生的最后，他陶醉于日本的禅学和中国的道家思想，在庭院里种植竹子和山茶，度过了他精研生死之道的晚年。

黑塞将这次经历写成《印度纪行》，在《印度纪行》出版的第二年，1914 年 7 月，第一次世界大战爆发了。

## 昨日世界

第一次世界大战爆发时，黑塞本人正处于严重的现实和精神危机中：他独居在亡友的别墅里，妻子因抑郁症恶化而入院，三个孩子被分别寄在友人处。第一次世界大战的降临对包括黑塞在内的许多文人志士来讲都是一种痛苦的幻灭，摧毁了所有人的生活。然而，痛苦之中，在战争爆发后的第三个月，黑塞便发表了《朋友啊，放弃那种笔调！》，呼吁人们停止盲目地赞美战争，停止煽动仇恨。然而，这种人道主义诉求，竟让他立刻被德国当局视为背叛者、卖国贼，黑塞由此受到控诉，还被新闻媒体排斥，但他依然坚持和平主义的立场，发表反战言论。同时慰问德国战俘，为其奔走。

孤立无援的黑塞笔耕不辍，陆续完成了《艺术家的命运：罗斯哈尔德》《孤独者的音乐》和《漂泊的灵魂：克努尔普》。这时，同样主张和平、受到打压的罗曼·罗兰特意前来拜访黑塞，两人结为挚友。对此时的黑塞而言，这是他心灵上的最大支柱。两人的友谊和通信一直持续到罗曼·罗兰在第二次世界大战末去世为止。后来，黑塞将政治随笔集《战争与和平》献给罗曼·罗兰。

1916年，战争仍然继续着，黑塞的个人生活却在战争的痛苦中遭受进一步的打击：他的父亲去世了，三子马丁病重，妻子玛丽亚的精神疾病日趋严重。黑塞因身心交瘁罹患神经衰弱，接受著名精神分析学家荣格的学生J.B.朗格的治疗，住进疗养院；在这段时间里，他开始迷上水彩画，这一时的疗愈最终成为他终生的爱好。

1918年，第一次世界大战结束了；1919年，黑塞以"辛克莱"为笔名发表了探寻自我的经典之作《德米安：彷徨少年时》，这部反省与清算的杰作对战败后虚脱的德国青年来讲无异于当头棒喝。无名新人"辛克莱"由此获得柏林市新人文学奖——冯塔纳奖。但很快，组委会便发现"辛克莱"是黑塞，于是收回了新人奖。无论如何，黑塞获得了重生。

黑塞的人生渐渐回归平稳，他在四十五岁时创作了《悉达多：流浪者之歌》，五十岁时创作了《荒原狼》，五十三岁时创作了《精神与爱欲：纳尔齐斯与歌尔德蒙》。他和妻子玛丽亚离婚，又和露蒂·布恩卡有了三年的短暂婚姻，最终遇到了终身伴侣妮侬·杜鲁宾，两人于1931年11月结婚。

第二次世界大战爆发时，黑塞幸而已定居瑞士并成为瑞士公民，他不遗余力地协助从纳粹德国逃出的流亡者，被纳粹德国列为"不受欢迎的作家",其作品被查禁和销毁。在这样的情况下,黑塞完成了他篇幅最长的巨著《玻璃球游戏》,描述其精神文化的理想国。1943年,两卷本《玻璃球游戏》得以在瑞士出版。

1945年,第二次世界大战结束。第二年,黑塞获得新生联邦德国授予的歌德文学奖,同年,又获诺贝尔文学奖。风暴渐停,昨日远去。1952年联邦德国及瑞士为黑塞庆祝七十五岁生日,同时出版了《黑塞全集》。

年老的黑塞因痛风和眼疾,不得不放弃撰写长篇作品,专精散文和诗歌。将读者视为"共同苦恼者"的他,还热心地回复读者来信,一生回信竟达35000封之多。

1962年,世界各国的读者争相为黑塞庆祝他的八十五岁生日;生日后不久,黑塞于1962年8月9日在睡梦中与世长辞。

# 目录

# 第一章　我的童年时代

　　我的童年在以后生活的时日里，不断以各种形态向我逼近，以童话故事中苍白的孩子，满头卷发，畏怯无助的神情出现——这种思忆大多在不眠之夜来访，开始时，往往伴以花香或歌调，最后却变成悲愁、烦恼、死亡的苦涩，或者渴求抚慰的心意与祈愿的温柔。

　　如今，童年依然不时摇曳我心，一旦出现，它就成了一幅镶有金边的深色图画，画面上清晰展现出丰茂的栗树林与面包树，上午是甜美无比的阳光和美丽的山影。在我的生活中，也曾有忘却世界的片刻闲暇；穿越美丽山冈的孤独漫步，也有些许意外的幸福和无可觅求的爱之瞬间，让我忘怀了昨日与明日。如果和我早年深绿的画面相比，这些瞬间可说是最甜美的。能以安慰和最崇高的享受，不断地爱与祈愿，也是最甜美的。还有，在人烟稀少的乡间漫步，数星星，躺卧绿荫下，跟树木、云彩、孩童漫语，都甜美无比。

在我一生中，最早的清晰记忆，是在三岁那年的年底，当时，父母常带我到山上去，山上有座巨大的城堡，每天都吸引了很多游客。年轻的叔叔把我举到高高的栏杆上，让我俯视深黑的峡谷。我头晕眼花，既害怕又兴奋，直到回家上床，仍然浑身发抖。那段时期，我常做噩梦，自从这次经历后，深黑的峡谷在梦中常常压上我胸口，使我心神不安，往往从梦中哭醒过来。那天以前，我一定过着相当丰裕并且充满神秘未知的生活，但，对这一切，我已毫无记忆，无论如何都无法将童年的回忆再推前一步。可是，每当仔细回想自己幼小的时期以及当时的氛围时，总浮起一种印象，那就是腼腆比其他任何一种感觉都更迅速、更强烈地从心底复苏。我曾见过五岁或五岁多的孩子喜欢说些不知羞耻的粗话，但我虽然只有三四岁，却从不说这类话。

对体验与持续性状态的详细记忆，我无法追溯到五岁以前。记忆中，首先想起的是我周遭的事物，双亲、家庭及我生长的城镇与风土。当时，我们住在郊外，附近只有极其平凡的家屋，街道蜿蜒伸展，阳光充足，这条街道已深深刻印在我心板上。城里有幢很引人注目的建筑物，还有市政府、大寺院以及莱茵河上的桥，这些都吸引了我的心。但至今最能烙印心上的仍是那片从我家开始向外展开的草原。这片草原，对于孩子的脚来说，实在是广大无边的。不论多深邃的内心体验，不管什么人，甚至双亲的身影，都比不上这含有无数琐屑事项的草原，那样迅速清晰地映照在我心上。这种回忆似乎比他人的面容与自己经历的命运更古老。我生性羞怯，不喜欢医生、仆人随便触及我。这种癖性，几乎是与生俱来。从小，我就喜欢独自在野外流连，这或许和我不愿被人触及的癖性有密切关联。当时，我往往一连散步好几个小时，散步的地方总是那片鲜有人迹的绿色荒野。草原上的孤独时辰，每一念及，就从心底涌起非常强烈的幸福感。每次走回童年时代的旧路上，就会被这种无与伦比的幸福感包围。此刻，提笔之际，那原野上的草香，有如微云，轻轻在我脑海中泛散开来。我相信，任何其他时代，任何一片草原，都无法拥有那样精致的大凌风草与蝴蝶，那样丰腴的水草，金黄耀目的蜻蜓，色彩缤纷的报春花、樱草、风铃草、蓝盆花，也见不到如此美丽柔软的车前草，遍野鲜黄的佛甲草，以及如此富有魅力、闪闪发光的蜥蜴和蝴蝶。我的理智冷静、忧郁地意识到这些蜥蜴和花朵始终没有改变，并未变得丑陋可厌，但我自己心与眼的感觉却变了。

想起这些，日后，我目中所见，手中所握的所有贵重物品，甚至包括我的艺术，比起草原之美，简直微不足道。有时，在明媚的早晨，我长卧草中，头枕双手，环视在阳光下闪闪发光、波涛起伏的草海，浮现在草海上的是罂粟的红岛与风铃草的蓝岛。草海上空飞舞着刚睡醒的黄色山蝶，软弱的灰蝶，像古董一样昂贵，发出微光的小紫蝶与小红蛱蝶，使我心神荡漾。此外还有双翼沉重的琉璃蛱蝶，高贵、粗野兼而有之的风蝶与木蝶，红黑交杂的大红蝶，令人敬畏、罕见的阿波罗金凤蝶。有一天，在友伴的解释下，我早已认识的阿波罗金凤蝶飞到身边来，停在附近的地面上，缓缓鼓动着雪白美丽的翅膀。它美丽的模样，圆圆的肚皮，钻石般闪烁的筋骨，两翼上明显的血纹都依稀可见。在遥遥的记忆里，很少有一种记忆像看到这蝴蝶那样强烈鲜活，它给我的喜悦遍及全身，令我有窒息之感，心中怦怦跳动，我以孩子的残忍性，偷偷潜近这高贵的蝴蝶，然后把帽子投过去。阿波罗金凤蝶流观四周，优雅地飞舞起来，飞入阳光耀目的蓝空中。我虽然追捕，收集蝴蝶，却并非源于某种学术性的兴趣。这一带的人都把蝴蝶的别名容马佛格尔（夏鸟）讹称为松马费克利，它的幼虫与学名对我并不重要，我曾随意替大多数蝴蝶命名，叫一种红蝴蝶"吵闹鬼"，茶褐色的一类是"啄木鸟"。至于所有的白色蝴蝶、森林魔鬼以及其他不太美丽的蝶儿，都取了许多便于分别的拟人化的名字。总之，对这些捕到就死的猎物，我并不太重视，也没有好好加以整理。

在草原上，我度过好几个夏日，关于这段时间所获得的音乐式的印象，无论如何都无法再发掘出来。只记得，我对疾驰而过的火车鸣笛，非常神经质，觉得恐怖。

然而，当时，音乐已经接近了我，模糊地映照在心田上的大寺院，极幼小时期非常依稀的影像，都与风琴的音韵糅合为一，令我难忘。

认知这座大寺院、这市镇，比认知绿色的自然略晚。在大自然中，我可以兴奋地独自跑大半天，可是，父母不许我独自进城，而且，对人车拥挤的恐惧，也使我远离市镇。

草原时代的绿色岁月很美，始终都辉耀明亮，有如清晰的梦幻，长留在我的意识中。那轮廓特别清晰，光芒刺目的太阳常会一连留存好几天。只要能再忆起这样的太阳，要我舍弃任何珍珠宝物，我也在所不惜。每当我在回忆中重走一趟自己走过的路，就会被那已逝的无数日子痛惜难追的甜美悲情包围。现在举世已无一人能告诉我幼时的故事了。我的孩童时代大多如奇迹般，封闭于馥郁难知的纯净幸福里，只长存在我的向往中。这是人类生活的不完美，我们的童年必被遗忘，就像游戏时，从手中滑落，越过井缘，落入井中的珍宝一样，沉入遗忘的深渊。它正象征着生命的不完整、不如意。生活的丝线虽然能回溯到少年时代，但再要往前追溯，即使能紧系这根丝线，那过去清晰的日子也只是隔着烟霭与黄昏，偶尔悄悄露出一鳞半爪。从这些日子的记忆中，我仅能不时回顾幼年时期的最初岁月，有如从高塔上向下俯视一般。我只看见一片微波起伏的谜之海，那海，虽没有形状，但却笼罩着神圣遥遥的云霭，披着挂满奇迹与珍宝的面纱。

在那银色的年代里，对我而言，散步尤其可贵，因为其中含藏有我父亲最初的面貌——父亲和我一块坐在山上圣马尔嘉雷丁教堂温热的台阶上，第一次将莱茵平原指给我看，这优美淡绿的景色，给我的第一印象，已与其后一再抚慰我的清晰印象糅合难分。记忆中父亲这最初的面貌，与其他任何容颜都不同，父亲黑而浓的胡子抚擦着我的额头，大而明亮的眼睛温柔地注视着我。一想到台阶上的小憩，就好像觉得我正从侧面看着父亲的脸。黑而浓的须发，坚挺高贵的鼻梁，抿得紧紧的唇，黑而密的体毛，以及偌大的双眸都凝向我，整个头部在夏日碧空的映衬下庄严端正。

另一形象似乎也在同一夏日显现，和前一容颜并没有关联，但也清晰地铭刻在我心板上。父亲高瘦的身形笔直地朝向慢慢西沉的太阳走去，左手拿着毛毡帽，头略往后仰。母亲依着父亲缓缓前行，瘦小坚实的母亲，肩上围着白披巾。在这两个几乎合而为一的黑头之间，血红的落日熊熊燃烧，两人身形的轮廓已为黄金芒束牵引，两边是成熟丰盈的麦田。

不记得我是在哪一天跟着父母行走，但这幕景象鲜活得永远抹不掉。对我而言，那以灿烂美丽线条与色彩展现的整体形象，比面向熊熊燃烧的夕阳，遍浴彼岸辉光，默默走在麦田小径上的两个高贵身形更要尊贵得多，无论在活着的人身上，或画家描绘的图画中，我都不曾见过类似的形象。在无数梦境与不眠之夜里，我的双眸都魅惑于这回忆中并未被珍视的宝物，这无比馥郁的遗产。在麦穗之海的彼岸，太阳那样赤红、灿烂、平和，那样炽热、丰实地沉落下去，这种景致，我再也不曾重见，太阳即使重临，也不过是另一个稀松平常的黄昏罢了。我再也不能踏着双亲的影子行走，我没有父母了，沉哀默默，我只有背着太阳悲哀。

思亲之情从那时起逐渐分明，我的家庭生活与草原上的孤独一同起步，但又并无关联。有关家庭生活的记忆，由于人物与刺激繁多，已无法像草原上的生活那样清晰而又脉络分明了。父亲喜欢造型美术与文学，母亲则偏爱音乐。这两类偏好究竟对我的熏染开始得多早，已无法追究。我记得的只是日后的种种印象，不过，我想这类熏陶一定发生得很早。

关于孩提时代的游戏，我不愿多说。没有任何一件事比嬉戏孩童的心魂更惊人，更不可解，对我更珍贵而且永难磨灭。双亲境况相当富裕，而且性情温和，因此，我一直拥有许多玩具：士兵、画本、积木、木马、笛子、人群与马车，后来又有店铺、秤、玩具钱、商品等。玩演戏游戏时，就用妈妈的箱子。不过，我的幻想常喜欢利用不太方便的东西，例如用小椅子当马，桌子当家屋，破布片做小鸟，墙壁、暖炉的屏风和床头做大洞穴。

与此并行的还有母亲讲的故事，它们充实了我梦想的世界，也是通往梦土的桥梁，我曾听过举世知名的朗诵者、说书人和漫谈家的表演，但比起母亲的故事，他们讲的都缺乏韵味。啊！有明朗坚实的耶稣故事！"伯利恒耶稣的奇妙故事"，"圣殿里的少年"，"在去以马忤斯的路上"，精彩绝伦！但即使列举孩提时代丰盈多彩的世界，也比不上说故事的母亲那样甜美神圣。孩子瞪大惊异的眼睛，满披金发的小脑袋靠着母亲的膝盖，妈妈从什么地方获得如此铿锵明朗的技巧，创造者的心魂以及口中永不枯竭的魔泉？妈妈！你再让我看看你那无与伦比的茶褐色的双眸，将美丽的脸，耐心、轻柔地朝向我吧！

继《圣经》故事难以企及的影响与深义之后，紧接而来的是深深吸引我的童话之泉。小红帽、诚实的约翰、山上的七个小矮人与白雪公主等等，将我领入了童话的国度。不久，我那充满无穷欲望的心灵，以奔放的活力创造了有小妖在月光下草原上舞蹈的高山，身披丝绸的女王所居的宫殿，由幽灵、隐士、矿夫、强盗轮流居住的恐怖的深山洞穴。寝室中两张床之间狭隘的空隙是地精、黑炭般的矿工、歪头妖怪、患梦游症的杀人犯、以绿眼斜视的猛兽所居之处。如果不和大人一起，我不敢通过那个地方，直到很久以后，少年的自尊让我好不容易才克服了这种恐惧。有一次，父亲叫我去寝室的那个地方拿拖鞋，我虽然进了房间，却没勇气走到那块可怕的地方，只好垂头丧气地回来，借口说找不到拖鞋。父亲觉得奇怪，他非常讨厌人敷衍而说谎，要我再去。我又到了卧室，但心中的不安越来越强，又不敢说，只好再度折回，说找不到。一直从门缝中观察的父亲，严厉地责备我："你说谎！拖鞋一定就在那儿！"他马上自己进去拿，我内心的不安更加厉害，因为怕全能的父亲也应付不了那怪物，我边哭边缠着父亲，不要他走到那个地方。但父亲硬拉着我去，弯下腰捡起拖鞋，然后从恐怖的洞穴中走回来。我认为这是父亲有着不凡的勇气以及上帝特别保佑的缘故，心中感谢不已。

有一段时期，我的不安已达到病态的程度。这怪物像无法排除的痛苦一样，清晰地铭刻在我心板上，它就像蛇发女怪美杜莎的头一样，与其说美得令人战栗，不如说恐怖得让人毛发耸立，在孩童特有的整个浪漫主义时期，这种不安恐怖感始终笼罩其上。

有次，在入夜的时分，我和附近的两个十四岁女孩和她们的弟弟，怀着恐惧的心情从镇上回来。高大的房屋和尖塔在人行道上投下锯齿形的阴影。街灯已经亮了，从通道上瞥视面包店，我看见有半裸的男人拿着大火钳，像拷问吏一般站在黑暗中火光辉耀的炉边。还有几个不认识的醉汉，在酒店叫嚷的声音有如猛兽，又像恶棍。那时，天已全黑，同行少女中有一个颤抖地讲巴尔巴拉钟的故事给我听。这是悬挂于巴尔巴拉教堂上，由魔法与罪行所铸造成的钟。它不断以鲜血般的鸣声呼喊巴尔巴拉的名字。这人是被以极不人道的手法杀害的。后来，钟虽被杀人者窃去，埋在地下，但一到晚上鸣钟的时分，它就从地底大声悲鸣：

> 我的名字是巴尔巴拉，
> 我挂在巴尔巴拉教堂上，
> 巴尔巴拉是我出生的国土。

这个以半自语方式叙述的故事，使我激动异常。我竭力想把恐惧隐埋心中，结果恐惧反而越来越厉害。同行的小男孩，什么都不懂，自由自在，一步步地在黑暗中行走；两位少女不断自语似的说着，以解除心中的不安。和她们相比，我深觉惭愧。故事中的每一句话，都让我更加恐惧，牙齿哆嗦。好不容易故事说完了，圣彼得教堂黄昏的钟声开始颤抖般地鸣响。我被近乎疯狂的不安占据，放开了小男孩的手，像刚从地狱出来一般，颠颠倒倒，屏气战栗地奔回家来。整夜我都在痛苦不安中发抖。这段时期，每一听到巴尔巴拉这个字，冰冷的感觉就渗入骨髓，我越来越相信有地精、吸血鬼与幽灵，它们和一种我无以名之的可怕怪物勒住了我的喉咙。

大概也就在这个时期，我那刚觉醒的知性正预备说话，使我极为苦恼，因此，经常出现激情与焦躁疯狂般的发作。这些只是我童年时代的片段，这片段是对真理的冲动、洞察事物及其缘由的企望，以及对和谐及明确的精神所有物之憧憬，一般人往往完全丧失了这些。由于无数的质问无法获得解答，我苦恼至极。慢慢地，我知道，即使询问成年人，我的问题也不会被他们重视，我的苦恼他人也无法了解。即使得到回答，他们的答案不是嘲弄，就是支吾其词。于是，我的心灵开始退缩，退回到逐渐清晰的神话建筑物中。

如果大多数人在少年之后一直保有这种摸索与探寻的欲望，他们的生活将多么认真、纯粹而充满敬畏之心！虹是什么？风为什么会哭？草原怎么枯萎？又怎么开花？雨和雪从何处来？我们为什么富有？隔壁的史宾格勒先生为什么穷？黄昏时分，太阳到哪儿去了？

对于这些问题，每当母亲的智慧或耐性到达极限时，父亲常以无比的爱心，微妙地和我们交谈："这是因为上帝这样做呀！"一旦觉得这种理由还不够充分，父亲又以艺术家的手法解释目所能见的世界、动植物生长的地球表面、星星的运行等等。而且，他还常在我童话故事森林之旁，展示古老历史中的高贵人物，希腊都市与古罗马。孩童拥有开阔的心灵，并且能借幻想的魔力将各类事物同时留存心中，对大人而言会互相冲突、激烈相争，必须做"非此即彼"选择的事物，也不例外。但是，因为我喜欢思考，又具有孩子的创造力，以致疑问丛生。其中，最强烈的疑问是，奥比斯·皮克图斯的故事是否真实？这是一本我心爱的画册，从初读起，直到少年时代，它一直都是我的良伴。就帮助我成长而言，它在现实世界中已扮演了与鲁滨孙和格列佛完全不同的角色。我曾经一度强烈怀疑，这画册中的图画在现实世界中是否真有其物？或者仅是画家愉快的空想？每次看到骑士、建筑物及其他历史事物的画，我就随意摹画或自己创造像阿喀琉斯那样的英雄、大教堂或其他种种东西，声言这是忠实的摹写、真实的事物，来欺骗朋友，享受自己恶作剧的乐趣。

父亲为了阻止我这种行为，一天，他打开这画册的最后一页，指给我看我们镇上教堂的画。在这以前，我总是略过这页不看，现在，我立刻发觉这果然就是我们镇上的教堂，不禁面红耳赤。从那时起，有一段相当长的时期，父亲的话在我心中都是极为确实，不可置疑的。有一次，附近的一个少年跑来，神秘兮兮地对我说，他父亲告诉他，我们从书中看到或幻想中常涉及的主角"野蛮人"，已经住在彼得斯克拉本大门附近的谷仓里了。他虽然打出这张王牌，却并没产生效果，因为我父亲虽然没有说得很清楚，但已对我做过更好的解释。因此，我不信，不但不动心，还浮现出嘲弄的微笑，回答他说："你到你爸爸那里对他说，他真笨。"为了这句话，我先被那受辱的父亲殴打，接着又挨我父亲一顿揍。

被敬爱的父亲责打，虽然一直强忍着，但幼小的心灵却感觉到不可言喻的苦涩与屈辱，这种感觉是我们所能记起的最早的痛苦。我孩提时代所有的影像中，这是就学前唯一的阴影，而且不是殴打或反抗所能解除得了的。惩罚的苦涩感使我屈服，更强迫我去道歉。否则，父母就不给我好脸色看，也没有好话讲。由于这次严肃的和解，惩罚虽然解除，但我已筋疲力尽，在口中说出"对不起"之前，内心总经历着苦涩的战斗，泪水潸潸。我还记得第一天晚上，我沉默战栗地上床睡觉，没有亲吻，也没有母亲的陪伴，至今这幕情景仍历历在目。日后，也常常遇见令人窒息的苦涩目光，但无可名状的痛苦与分裂感，再没有比那晚更沉重，那是我不能祈祷的第一个晚上。祷词在舌上翻滚，最初是沉重的肃静，继之而来的是令我喘不过气来的窒息感，在这最灰暗的时刻，我既不能想，也不能祈祷。

当时，我的智性已开始成长，基于最初的教训和经验，智性逐渐偏爱沉着的活动。我的游戏已没有脚本，而采取了我自己少年时代游戏所特有的较复杂的智性形式。ABC 使我早一步体味到学校生涯既快意又苦涩的滋味。我早已拥有过去的回忆，但知道开学的日期后，我才有了思考明天与后天的习惯。

自我懂事以来，这类琐屑事件在最初的记忆中，一直是持续不断的完整宝物——也许并不完整，因为最好的事物往往无法表达。梦幻中已逝的春天、愉悦有趣的思念、孩童式的喜悦与痛苦的甜美回味，比日后许多更大的喜悦与痛苦，都更深切，更萦心刻骨。我曾走访森林，与邻近的友朋亲切交谈，我脑海中犹记小猫娇憨的模样，也曾轻抚过小羊，虽然我拥有这些回忆的优美花束，但却苦于不能将这些微妙的回忆用文字表达出来。

上学前最后的一些琐事竟那么悲凄地撼动我心。少年自尊的觉醒，从梦想到思考变迁之不可信靠，五色缤纷的幻想与孩提时代所描绘的金色世界逐渐变色的过程，等等，都悲凄地搅动我心。我清楚记得结束我自由童年的最后一夜，奇妙的一夜，这是入学前不久的 11 月 27 日，妹妹的生日。当时，全家的关心与情意都集中到妹妹身上，我寂寞地独坐在逐渐灰暗的窗沿，外面是晚秋，星星闪烁，正是夜幕初垂的时分，鲜活地在我心头飘浮的意念是离愁及意欲回归往日之自由与梦幻的半无意识的愿望，同时，也想到即将踏入现实的第一步。恍惚间，我觉得可从星辰中看出一种动静——我眼睁睁地凝注天空。出乎意料，一颗星星开始晃动起来，突然间坠入暗黑的夜空，消逝得无影无踪，接着又有一颗，又有两颗在晃动，最后，许多星星都动起来。父亲走进来，仆人也来了，我们在黑暗中伫立不动，良久眺望罕见的流星而造成的奇景，就在这不可思议的时刻，我的心开始震动。我想，大家都忘不了那晚从暗黑的室内凝视流星的情景。

上学之后，我的社会生活真正开始。最初，规模很小，而且采取了合乎世俗的姿态。在此，"现实的"生活法则及标准发挥了效力，在此，展开了努力与绝望、冲突与个人意识、不满与分裂、战斗与顾虑……每天毫无终止地循环。每天都有其重要性与固定价值，并借特别的瞬间从时间之流中分离出来。难测的岁月与季节、连续完整的生活，都宣告结束。节日、周日、生日不再是我们的惊喜，当这些特别的日子绕道降临之际，却都像时钟的钟面一样，写得清清楚楚，我知道，时针走到某一特定地点时，要花多少时间。

父亲本拟亲自教育我，但他的愿望终于拗不过一般习俗与亲友的劝告。我被送入公立学校，每年受教于若干位不同的老师，并在这种教育制度的一切弊端中呻吟受苦。学校与家庭是两个被严格区分的不同世界，我必须服从两个"头"。当然，对其中之一以爱，另一以畏还报；我常受严厉老师的责打，并经常被罚留校。习惯以后，我不再像往日那样重视父亲的惩罚了，家中的处罚失去了效果，父亲也无法简单地处理道德上的失误。这在父亲心底引起无限的忧虑，对我而言，则产生了许多不幸，因为改过与道歉都成了难事，而且需要很长的时间。这段艰苦时期中，我绝望极了，在极度担心之余，我生了病，而且为悲惨、羞耻、愤怒与自尊所占。每当在学校遭受悲惨待遇，在家中犯错，沉默受责之后，我常来到大草原上，匍匐于地，向未知的残酷巨力饮泣、抗拒。午餐桌上，我什么也不说，只专心想着下节课上课的事。我不只在双亲及弟妹的脸上，甚至从仆人的神色上，都可看出父亲正勉强压下惩罚的说教。和父亲一起散步的时候，我也会出于反抗或羞辱感，暗中顶撞父亲宽谅的话，故意不说父亲所期待的话，这些回忆至今仍沉重不快地长留心中。

我的不安、被压抑的热情以及充沛的生命力，都在寻求出口，因此，我将稚嫩的激烈官能全倾注于以往并不常玩的少年游戏上。不久，我就以体操的示范者、军队的将军、强盗的首领、印第安酋长等不同身份，率领游伴到处东奔西跑，家里气氛不佳时，我们玩得最激烈。双亲，尤其是忧心忡忡的母亲，常以悲凄的眼神看我，我被大家视为胡闹的家伙，做坏事的带头者。在双亲目光所及之处，我沉默地无精打采地绕室而行。

三年级时，有一天，我扔石头打破了我家街上一户贫穷工人的玻璃窗。他跑到父亲那儿告状，认为我是故意扔的，并且指责我是一条懒虫、镇上的暴君。当晚，父亲把整件事从头到尾说给我听，要我说实话。当时，我对那告发者生气极了，于是，连扔石头这件无可否认的事实，也顽强地不肯承认。我受到与平时不同的严罚，至今想起仍然无法平息心底泛起的反抗感。因为这次受罚，我好几天都采取不妥协的敌意态度，父亲反而沉默了，全家都蒙上一层阴影，我觉得自己是最不幸的，这种不幸是空前的。就在这时候，父亲必须出门一星期。那天，我放学回家，父亲已起程了，他留给我一张字条。饭后，我爬上顶楼，打开字条，一张美丽的画片和父亲的手迹落在怀中——

由于你不肯坦白认错，我处罚了你。如果你再犯，也就是说，如果你再说谎，我只好不和你说话，不然，我就会不合理地揍你。一星期后，我会回来，我们两人之中，必须有一个要原谅对方。

父字

这天，一整天中我都握着字条，在家里、院中既苦闷又兴奋地来回踱步。这些男人给男人的字句使我心中洋溢骄傲与悔恨，它们比任何词语都更打动我的心。

第二天早晨，我带着字条来到母亲枕边，哭泣着，一句话也说不出来。之后，我一直在家中闲走，眼中所见，一切都这么新鲜又这么熟悉，一切都像往日一样，一切都从金柜的神咒中解放了。当晚，我坐在母亲脚边，听母亲像幼时那样对我说话，这种情景已很久不曾经历了。母亲口中响起那甜美的音响，她讲的不是童话，而是诉说当我顶撞她时，她的担心以及她如何以爱维护我。母亲所讲的每个字都使我羞愧，但也使我心中满溢幸福。此后几天，我们都以爱与尊敬谈到父亲，愉悦地期待他的归来。

父亲回来的那天正是我暑假开始的前夕，我的幸福之杯已经满了。略谈数句，父亲就带我离开书房，来到母亲那儿说："嗨！小家伙回家来了，妈妈！从今天起，他又是我的了。"

"早在一星期前，他就是我的了！"母亲微笑着问答。我们高高兴兴地围桌而坐。

在我的学生时代，从这天开始的假日简直像围着篱笆的绿色庭院。阳光普照的每一天，游戏与闲谈的每个黄昏，平和熟睡的每个夜晚！每天黄昏，父亲和我携手散步，从镇上走到有半小时路程的碾石场，我们在这里建房子与洞穴，扔石子，并且用铁锤敲击、寻找化石。归途上，我们在农场喝牛奶，吃点面包。如果偶有不吃，那是因为母亲的晚餐特别可口。晚餐桌上，我们谈起各种秘密，跟母亲开玩笑，并且洋洋得意地夸谈扔石子及寻获赭石或发亮石子的事。父亲在这些事情上表现出他作为登山向导、猎师、射手与发明家的手腕。我俩常在草原与森林的斜坡上散步、歇憩，消磨大半天。袋里放些面包做干粮，我们去寻幽探胜，采集植物。我觉得父亲正在重寻自己的青春，使呼吸更轻畅，双颊微红。父亲一向身体不好，时常头痛，也常患其他疾病。我们像两个少年一样，一起散步，扔标枪，放风筝，在院子里挖洞，在家中做各种工具和盒子。大约就在这段时期，我的耳朵变得特别灵敏，音乐旋律开始引我沉入幻想。放学后，我喜欢到大教堂去，在门边偷听风琴的乐音。不论在上学途中，床上，还是院子里，我不是吹口哨，就是唱歌。很早，我就记住了许多赞美歌及其他歌曲的调子。

九岁时，双亲送我一把小提琴做生日礼物。从那天起，不管到哪里，我始终带着这把浅褐色的小提琴，这段时期持续了相当久。拥有小提琴，我也拥有了另一个世界，一个心灵的故乡，一个避难所。从此以后，小提琴的乐音中便汇聚了无数的兴奋、喜悦与悲哀。

老师对我很满意，我的听力与记忆都很敏锐，而且我非常努力。学习几年之后，我已打下了演奏小提琴的基础，例如，有力、手腕精确灵巧、关节灵活、有持久力等等。

但，很遗憾，最后，我却因为音乐而产生了意想不到的影响：我太沉迷于音乐，以致讨厌起读书。不过，另一方面，音乐也陶冶了我的野心及少年的粗野，使我远离了暴烈的游戏及可恶的恶作剧，缓和了我的冲动与激情，话少了，人也诚实了。但我毕竟没有接受演奏小提琴的正式教育，我的老师是位业余的小提琴爱好者。因此，音乐课程使我高兴，我只希望早日会拉，而不求严格的训练与精确。母亲生辰那天，我演奏的第一首圣歌，真像节日一样珍贵。此后，最早学会的是《加伏特舞曲》与《海顿奏鸣曲》！我独自愉悦、沉醉。但我本性中逐渐显示出一种缺憾，我无法喜爱轻捷的弹奏技巧，也无法真正具有业余爱好者颇富危险性的狂热！

学校生涯和我的小提琴学习是并行的，但，对我而言，十四岁以前的整个学校生活都像感化院一样可恶。我到底有多少痛苦与不满？由于自身的缺点我是否给整个教育制度添了麻烦？这些问题，我自己无法判断。只知道在初级学校的八年中，只有一位老师是我喜欢的，是我愿意献致谢意的。只要老师中能有人懂得孩子的心，并且自己也拥有纤细的心灵，他一定会了解学生的苦恼。一想起老师们粗暴的行为：

虐待、事先可以预期的伤害、残酷的责罚以及许许多多无耻的作为，我至今仍会因羞耻与愤怒而发抖。真的，对任何孩子，都应该用含有热情爱心的教鞭。但我所看到的却不是这种教鞭，而是对孩子的信仰及正义报之以非法行为，对羞涩儿童提出的问题报以粗野的回答，对孩童意欲将片断知识组合的本能漠不关心，以及用嘲弄的态度回答孩子们真心相信的单纯事物，等等。我知道不只是我一人如此痛苦，我对学校教育的不满，对自己稚嫩心灵遭到破坏与虐待的悲哀，也并非一个神经质者个人的气愤，因为我从很多人口中听到同样的控诉。当然，我也很了解，少年时期的特性也应该加以考虑，少年期常充满难以理解的兴奋与脱离常规，又常常必须面对别离、割礼及环境突变等艰难问题。可是，这一切仍抑制不了我的悲哀与控诉。在日后的生活中，我经常以特殊的爱意关怀年幼的孩子，也常在少年们泛红的脸上看到往昔自己的不安与焦虑。

我并不喜欢写下这些苦涩的回忆，一回想到童年的末期与逐渐觉醒的少年时代，就会觉得抑郁不乐，彷徨不安。

至于我在庭院、原野及书房中所接受的庭训，却总闪耀着敬爱与明亮的光辉，至今清晰如绘。父亲的教诲为我开启了历史与文学并茂的芬芳花园。希腊人的历史以戴着皇冠的国王，突破一切围限的精英，远征军及光辉的都市展开；罗马的历史则以充满荣光的胜利、征服的大陆、堂皇的凯旋揭开序幕。与希腊、罗马的华丽高尚相比，德意志远古时代的狩猎与血腥的迁徙，长久以来，都很难引起我的兴奋喜悦之情。父亲的教诲常以友朋间的问答及说故事的形式展开，在我心中奠下良好的基础。课堂上，从老师口中听来觉得无聊、痛苦的事物，一到父亲口中，就变得极富魅力，值得努力学习。

在班上，我一直无法成为老师眼中的好学生。但我的成绩大抵总是名列前茅，尤其是拉丁文，几乎都是最高分，我既轻松又热心地学习拉丁文，因此在整个学生时代，甚至一直到后来，拉丁文都是我最喜爱、最拿手的。

由于成绩好，我取得了施瓦本学院的入学许可，也通过了考试。结束了学校生涯的第一阶段，我野心勃勃地踏入学术气氛颇浓的修道院之门。在进施瓦本学院之前，我有一个月的暑假。

暑假期间，父亲首次为我朗诵歌德的抒情诗篇，《憩息山峰上》是父亲喜爱的一首。

一个银白色的夜晚，浴着初升的月光，父亲和我站在林木丛生的山上，等喘息平静后，我们开始知心的谈话，但不久，空山明月的美景让我们沉默下来。

父亲坐在一块大石上，环顾四周，把我拉向身边，要我坐下，他的手臂搁在我肩上，以沉静的声音，庄重地低吟那首优美无比的诗篇：

憩息
山峰上。
树梢
沉静无风。
鸟栖林中不再歌唱，
等着吧，不久
你也将安息。

此后，在各种不同的情境与气氛中，我曾好几百遍地听过、读过，也唱过其中的一句，这句就是"鸟栖林中不再歌唱"。我心底泛起优美宽容的忧愁，俯首体味异样无比的幸福感。这诗句好像正从我身边的父亲口中涌出，父亲的手似乎仍在肩头，父亲宽阔清朗的额头似乎就在眼前，他沉静的声音仍清晰地响在耳边。

# 第二章　魔术师的童年

啊，生动而古远的传奇，

我再度来到您的身边，

倾听您动人心弦的歌谣，

您的笑声，您的梦境，

以及您轻声的低泣，

是多么令人难忘。

魔术的耳语传来了您衷心的警告；

虽然我看似沉睡与酒醉，

但您仍不忘把我唤起再迷离……

儿时教导我的，不只是父母与师长而已，还有某种更高超、更奥妙且更神秘的力量，也曾指引过我。其中之一乃是潘神——它以跳着舞的小印度神偶的打扮，站在我外祖父的玻璃柜里。跟其他神一样，这个神祇在我童年岁月里即已敲开了我的心扉，在我尚未读书识字之前，就已在我的心房里填满了古老的东方形象与观念，因此在后来，当我碰上印度和中国的传奇故事时，我心中便油然而生出一种似曾相识之感，像遇到旧友、回到老家。但事实上，我是一个土生土长的欧洲人，我的生活不免习染着狂热、贪婪与难以抑制的好奇心等西方的特质。所幸，正如大部分的小孩子一样，在我上学以前，我就已经学到了生活中最珍贵、最不可或缺的东西——它们是苹果树、雨水与阳光、河川与森林、蜜蜂与甲虫、潘神以及我外祖父藏室里的神像教给我的。我知道自己在天地间的位向，我毫无畏惧地与动物及星辰沟通。我与地上的果园及水中的鱼共处同一天地，我会吟咏许多首大自然之歌。我还会变魔术，我拥有了童年时期的一切传奇智慧。

后来，我开始接受正式教育。学校教育并不注重生命不可或缺的重要知识和能力，侧重于一些华而不实的文字游戏，虽然如此，但我还是乐于学习，而且，有些东西令我一生难忘。举个例子，至今我仍然记得许多优美而隽永的拉丁谚语、诗歌、名言，以及地球上许多城市的居民，当然不是今日的居民，而是19世纪80年代的居民。

在十三岁之前，我没有郑重考虑过我要成为什么样的人或干什么样的事。像其他男孩一样，我羡慕许多不同行业的人：猎人、撑船人、铁路售票员、高空走钢丝表演者、北极探险家。然而，我当时最大的梦想还是做个魔术师。也许是出于对一般人所谓的"现实"的不满，以及对大人们的愚蠢阴谋的抗拒心理，很早以前，我对这种现实世界就有一种强烈的排斥态度，有时出于畏避，有时出于轻蔑，而在内心里，则存着一个强烈的愿望，想用魔术去改变它、转化它、提升它。在我孩提时代，此种变魔术的愿望皆指向幼稚的外在目标：我想让苹果在冬天里长大，希望通过魔法让我的口袋里装满金子和银子。我梦想用魔法摧毁敌人，然后宽宏大量地饶恕他们，使他们自惭不已，并被召唤为勇士和国王；我希望能寻获埋藏在地下的珍宝、希望能使死人复活、希望自己能够隐形。而其中，我认为最珍贵且贪慕不已的魔法乃是隐形术。而在我一生当中，此种愿望一直以许多不同的形式伴随着我，虽然我自己并没有完全意识到。即使到了后来，当我长大成人并以写作为生之后，我亦时常企图在我的作品里隐形消失——此种企图常使其他作家误解，引起非议。现在回想起来，我才了解到，我的全部生命一直深受此种对变魔术的欲望的影响。由于其影响，这些变魔术的欲望与时而变；由于其影响，我逐渐逃避外在世界，全心贯注于我自己；由于其影响，我开始希冀以智者的隐形来取代魔术外衣的粗糙隐形，智者虽以隐形之身，但能观照一切。

我是一个活泼而快乐的男孩，我乐于与美丽而多彩多姿的世界同游，我到哪儿皆感到自在，我乐于跟动植物相处，亦乐于生活在我自身幻想与梦境里的原始森林中，这种炽热的欲望一直令我陶醉不已。有时，在不知不觉中，我也会使出许多魔法，而等到我意识到时，反而使不出这么多的名堂来。我轻易便可赢取别人的爱，同时也善于影响他人，我既可扮个捣蛋鬼，也可以扮个令人赞赏的人或神秘人物。曾经，我让我的朋友与亲戚对我拥有魔法、对我有着控制魔鬼的神力，以及我拥有皇冠与珍宝，深信不疑且敬畏有加。虽然我父母很早就让我结识了蛇蝎，但是长久以来，我一直生活在乐园里。我儿时的梦想——天地皆是我家，我周遭的一切皆是一个有趣的游戏世界——一直长存在我内心，历久不衰。有时，心中偶尔的不快或渴念，会使原本快乐的世界现出一片阴霾或变得混沌，但是我通常能找到一条出路，走向其他较自由、更可塑的幻想世界，而当我从这个世界回来之时，我往往会发现，外在世界已再度迷人起来，再度值得我爱。长久以来，我一直生活在乐园里。

我父亲的小花园里有一个木棚，我在那儿饲养了几只兔子与一只乌鸦。我花好长时间陪伴它们。兔子们散发着强烈的生命气息，我在它们身上可以嗅到杂草、牛奶、血液，以及生育的气息；而乌鸦那乌黑的眼珠则闪耀着永恒生命的光。

在同一个地方，我花费了无数的晨夜，单独或在一个朋友的陪伴之下，守着熔流的蜡烛，草拟种种惊天动地的计划：发现巨额财宝，寻找曼陀罗花的根，发动十字军横扫全球，我将挥起正义之剑处死强盗，开释可怜的俘虏，歼灭强盗的据点，将叛徒钉在十字架上，饶恕逃离的奴仆，赢得公主的爱情，并能了解动物的语言。

我的外祖父的大图书室里有一本相当厚重的书，我经常翻阅它，随意阅读其中的内容。这部取之不尽、用之不竭的古书里有许多神奇的老图片——有时候你一打开书，就发现了它们，当你随手翻动书页时，它们往往又耀眼夺目；又有时候，你花上老半天去寻找它们，但就是找不到，它们早已隐遁，好像它们未曾存在过。这本书里也有一个故事，一个美丽但不容易了解的故事，因此我一次又一次地阅读它。这个故事也不是经常可以找到的，花上个把钟头已算是不错的了，它经常会彻底消失，然后隐藏起来，就好像连住所与地址皆已改变了；但是有时，当你读起它时，它却显得十分友善，而且很容易了解；而另外一些时候，它则显得一片漆黑而门禁森严，就像阁楼里的一扇门，在天黑的时候，门后往往会传来鬼魂的呻吟或低叫声。总之，它看来就跟现实一模一样，时不时却变成魔法的奇幻世界，这两个世界并存交织，但我对它们同样熟悉，它们属于我的世界。

而放在我外祖父那珍贵的玻璃柜里的跳舞状的神像，也会发生同样的情事，它并不经常保持原状——它并非一成不变地保持着同样的面孔，或跳同样的舞。有时，它看来的确像个神像，一个在陌生而难以了解的国度里所塑造，且为陌生而难以理解的居民所膜拜的奇妙而古怪的形象。但是，另外一些时候，它却变成了一个不可思议的东西：意义无穷、十分凶恶、粗鲁不堪、冥顽不灵、难以信赖而又嘲俗讽世似的。它似乎在设法诱我发笑，以便随后对我施展报复。虽然它是由黄色金属铸成的，却可以改变自己的表情。可是，它还会恶意使我发笑。在另外一些时候，它看来全然像个象征，既不美亦不丑，既不善亦不恶，既不可笑也不可怕，只是像神秘符号般令人不解其奥秘所在，犹如石块上的地衣、鹅卵石上的线条。但是在它的神秘外形背后，在它的脸庞与形象背后，潜藏着无限之物。那时，作为一个孩子，我虽不知道它的名字，但我认识并敬畏它，不亚于后来当我称它为湿婆（即大自在天）、毗湿奴，称它为上帝、生命、梵、阿特曼、道或永恒之母时。它既是父亲亦是母亲，既是男人亦是女人，既是太阳亦是月亮。

在神像旁边及我外祖父的其他柜子里，还放置着其他许多宝贵的东西，有的是木头念珠，有的是刻有古印度文字的棕榈叶卷，有的是绿冻石雕成的乌龟，还有用木头、玻璃、石英及黏土做成的小神像，上面盖着刺绣的丝布与麻布，还有一些铜制的杯子与碗、盘，不一而足。这些东西皆来自印度与锡兰，来自盛产羊齿、海岸呈掌状的极乐之岛，来自泰国与缅甸……我们从这些珍异的宝物里，皆可嗅出海岸的气息、嗅出远方的气息、嗅出香料味与肉桂香、嗅出檀木的幽香……这些东西皆经过热带雨与恒河之水的浸渍、原始森林的遮阴，以及赤道阳光的照晒。而这些东西全都是我外祖父的，他是一位德高望重的长者，他蓄着白胡子，满腹经纶，无所不知，他是我们的一家之主，我父亲与母亲皆对他敬畏有加；他不只拥有这些魔法附身的印度神像与雕像、椰子壳杯、檀木造的箱柜、偌大的图书室与大厅，他还是个魔术师、智者、哲人。他懂得人类的差不多三十多种语言，或许他也了解诸神的语言，也许连星辰的语言也了解，他会说也会写巴利文与梵文。虽然他是个基督徒，但同时亦深信三位一体的真神。几十年来，他一直住在炎热而危险重重的环境中，他曾乘坐舟船、牛车、马匹与骡子远游各地，我们这地方几乎找不到一个比他更有学问的人，毕竟，我们这个国家只是地球上的一小部分而已。还有上亿人有他们不同的信仰、习俗、语言、肤色、膜拜对象、美德与恶习。我爱他、尊敬他、畏惧他，几乎什么事情都求之于他，仰之于他，从他身上以及从潘神偶像上，我不断地学习东西。这个人便是我母亲的父亲，他一直潜藏在神秘的森林里，正如他的脸庞大半潜隐在他胡子的白色森林里一样。他的眼神流露着悲天悯人之色，亦流露着咄咄逼人的智慧光芒，许多国家的人都十分仰慕他，他们不远千里前来拜访他。这些人用不同的语言——英语、法语、印度语、意大利语、马来语——跟他交谈，而在一席长谈之后，他们便默然离去，并不留下身份。这些人或许是他的朋友，也许是他的密使、信差或代理人。从他这个莫测高深的人身上，我得悉我母亲的一些秘密，原来她也曾在印度待过很长一段时间，她也会说马来语与卡纳达语，并会唱这两种语言的歌曲。她往往用一些奇怪的魔术般的腔调跟她年迈的父亲交谈一些莫名其妙的话。有时，她也跟她父亲一样，挂着一种异乡人的微笑，一种隐秘的智者之笑。

而我的父亲则不同，他孤立地站在一旁，既不属于我外祖父的偶像世界，也不属于城市的世俗世界。他像一个受苦者与追寻者般傲然而立，他饱学而良善，且一点也不虚假，他只是全神贯注地服务真理，脸上从来没有出现过任何高贵、祥和而正经的笑容——且不带有一丝神秘感。这并不是说他脸上没有慈祥之色或聪敏之相，而是说，他从未消失于笼罩着我外祖父的那股神秘的阴影里，他的脸孔从未消融于童稚的神一般的气息中——这两种气息相互作用的结果，有时看起来像一团愁云惨雾，有时看起来却像一出优雅的笑剧，有时看起来又像一个沉哑而凝然内敛的神明面孔。我父亲从未跟我母亲用印度语交谈过，但会说一口漂亮的英语，以及微微带着波罗的海腔的纯正、清晰的德语。他这口标准的德语尤其令我着迷，而他也乐于教我。有时我也满怀敬意与热忱，拼命想去模仿，虽然我明知我的根已深入我母亲的土壤里，深入乌黑眼睛的一团神秘之中。我母亲充满着音乐气息，而父亲则不然，他根本不会唱歌。

　　跟我一起长大的还有我的姐妹与两个年长的哥哥。我们生活在一个小城市里，一个古老而驼背的城市，而它周围则是林木遍野的山脉，山势虽不雄奇，山林却十分阴暗，山间流出了一条美丽的河川，河状弯弯，水波缓缓，我热爱这一切并以之为家，我对山林与河川的一切生物与上帝皆十分熟悉，我乐于与石头及洞穴为伴，乐于与小鸟、松鼠、狐狸及鱼儿为友。这一切皆属于我，都是我的家——除此之外，还有玻璃柜、图书室，还有我外祖父的慈祥笑脸以及我母亲幽暗而温暖的眼神、乌龟玩偶、神像、印度歌曲与名言……还有那些引导我走向一个更广阔的世界、更大的家园，以及更古远的祖先的东西。高挂着的铁丝笼里有一只聪明的老鹦鹉，它有一副学究型的脸孔及一张尖嘴，它会唱歌，也会说话，它来自远方一个不知名的地方，嘴上挂着丛林的语言，身上散发着赤道的气息。我们的家是一所古老的大宅邸，宅内有许多空房间，有地窖，也有会传出回音的长廊。来自不同世界的光线皆曾交汇在这所大宅。有些人来此祈祷、朗诵《圣经》，有些人来此研习印度语言学，许多美妙的音乐在此演奏，佛陀与老子的智慧之光在此绽放光芒，来自许多国家的宾客的衣服散发着陌生与宽恕的气息，穷人在此不虞温饱，假日此处皆有盛会庆祝，科学与神话在此并行不悖。我的外祖母，我们都相当畏怯她，而对她也不太熟悉，因为她不会讲德语，她只念法文《圣经》。我们这个家庭的生活复杂情况并不是外人所能了解的。我们这个家庭的嬉游之光是多彩多姿的，生命之声是丰富而百花齐放的。毫无疑问，这种家庭气氛是十分美妙的，但更美妙的则是我个人一厢情愿的世界，这个世界比我现实生活的游戏世界更为多彩多姿。现实永远是不足的，我们还需要魔法。

魔法在我们家里及我个人生活中并不陌生。除了我外祖父的柜子之外，我外祖母也有她自己的箱柜，这些柜子里装满了亚洲的织物、衣服与面纱。此外，在偶像的迷人笑眼里，在许多老房间的神秘气息里，也都存有魔法。而我内心里有许多东西，跟这些外在事物是相互呼应的。然而，有些东西与关系，却只是单独为我而存在的。世界上似乎没有任何东西像它一样神秘，一样难以捉摸，一样超乎寻常，似乎也没有任何东西像它一样真实。即使是那本巨著里出没无常的图画与故事，也不及我亲眼目击的事物在顷刻之间的变化，其真实性亦非寻常事物所能比拟。同一双眼睛所看到的，星期日晚上的前门、花园木棚及街景，与星期一早晨相比，其差别之大令人惊叹！同样是起居室里的壁钟与基督圣像，在我外祖父与我父亲的灵魂笼罩着它们时，其状貌却完全不同！当我的灵魂伴随着它们，赐予它们以新的名称与意义之时，它们的状貌又为之全然改观！在这些时刻，一把熟悉的椅子或凳子，炉子旁的影子，报纸上的标题，都可能变得美丽或丑陋、邪恶，有意义或平庸，能引发渴望或恐惧，笑声或悲伤。一切固定、稳定，而又经久不变的东西多么少啊！而一切正在变化、渴望转变的东西，随时准备消逝与重生，显得多么生动和充满活力。

但是在所有的鬼灵精里，最神奇而又最美妙的当数"小巧人"。当我第一次遇见他时，我并不认得他。这个小巧人是个细小、灰色、影状的东西，他或许是个精灵，或许是个小妖精，或许是个天使，或许是个恶鬼，他时而在我的梦境中显现，时而在我漫步时出现，我对他的服从，超过了我对我父亲、我母亲，甚至我对理智与畏怯的敬畏。当我能看见他时，他往往单独存在着，无论他到哪里或做什么，我总想模仿他。他往往会在我遭遇危急的时候出现。当我面临一只恶狗或一个比我大的小孩欺凌的危急时刻，这个小巧人总能及时出现，他跑在我前头，为我指明方向，帮我摆脱困境。他会引导我去花园篱笆一类较为松散的地方，以便我能瞬间逃遁，或者，他会教我如何避难——教我如何趴下、逃跑、呼救或保持沉默。有时候，他会拿走我嘴馋的食物；有时候，他会引导我找回丢失的物品。有时候，我每天都可以看见他；但又有时候，他一连好几天都不露面。在他不露面的日子里，生活往往变得沉闷而混乱，好像一切都失去了活力。有一次，小巧人跟我在市场广场上游玩，他跑在我前面，我则在后头跟着他，后来，他跑到一个大喷水池里，喷水池里矗立着一个巨大的石盆，四道水柱正喷涌而下；他沿着石盆边缘蠕动而上，我也紧随其后。当他跳入石盆中，激起水花时，我也只好跟着他往下跳——我差点溺死在这里。值此千钧一发之际，有位漂亮的少女把我拉了出来。这位少女是我的邻居，我之前跟她并不熟，但这次救援成了我们长久友谊的起点。

有一次，我父亲因我行为不当而训斥我。我虽极力辩解，但父亲似乎不为所动，毕竟，小孩要取得大人的谅解是十分不易的。经过一场轻微的惩罚之后，父亲递给我一个装饰精美的小袋式日历，希望我能从这次经历中吸取教训。但是，我心里对这次事件始终心存芥蒂，难以释怀，最后我决定离家出走。正当我走过一座溪桥时，那个小巧人突然出现在我面前。他跳上桥的横木，示意我把父亲的礼物丢到河里。我立刻照着他的话去做。当小巧人在的时候，我一点也不会迟疑，只有当他不在或弃我而去时，我才会陷入迟疑与犹豫中。记得有一次，我与父母同行，小巧人突然现身，他走在街道左边，于是我也跟着跑到左边，我父亲命令我回到另外一边。小巧人坚持留在原地，不愿随我移动，于是我不得不再次回到他的身边。这时，父亲已不再坚持，任由我选择跟随小巧人。但是父亲不高兴，回到家便质问我为何不听话，固执地选择走在街道的另一边。在这些时刻，我往往感到尴尬，甚至伤心，因为还有什么事比向他人透露小巧人的存在更难以启齿呢？还有什么事比背叛小巧人，提及他的名字，或说出他的底细，更令人感到恶劣、可憎，甚至是罪恶的呢？事实上，我根本没去拜访他，或希望他在我身边。他如果在的话，那最好，我会无条件跟他走；他如果不在的话，他就仿佛从未存在过一样。小巧人没有具体的名字。然而，一旦小巧人显现，我便非跟随着他不可，什么东西都阻止不了我。无论他到哪里，我都会跟着他，哪怕赴汤蹈火，在所不辞。然而，并不是他在命令或劝告我做这个做那个。实际上，模仿他的行为对我来说，就像在阳光下我的影子自然而然地跟随我的动作一样难以抗拒。也许我就是小巧人的影子或他的镜像；

反之亦然，他是我的影子或我的镜像。或许，当我意识到自己在模仿他时，我可能已经在他的视线中，或与他同行。可叹的是，他并不总是在我身边，当他不在时，我的行动便失去了那份自然和必然，一切似乎都走了样，每一步行动都充满了迟疑。也许，所谓自由的领域就是幻象的领域吧。

那位把我从喷水池里拉出来的快乐女郎，终于成了我的好朋友。她活泼、开朗、年轻、漂亮，又显得傻里傻气，有一种近乎天才的温柔的傻气。她耐心地听我叙述有关强盗与魔术师的故事，她的态度在深信不疑与半信半疑之间摇摆，但至少她相信我是来自东方的智者之一，这一点倒是颇能迎合我心。她对我的赞赏溢于言表。当我讲述一些趣事时，她往往在还没领会要点之前，便大声，甚至失态地笑出来。对于这一点，我经常板起脸跟她说："听着，安娜小姐，如果你根本不懂得一个笑话，你怎么能笑呢？这不是愚不可及吗？再说，这对我也是一种侮辱啊。除非你能真正理解我的笑话，否则你不应该随意笑——你不应该假装理解，对吧？"但她还是继续笑着。"不，"她辩解道，"你是我见过的最聪明的小孩子。你真了不起。将来你一定会当上教授、大使或医生。至于我的笑，请千万不要见怪。我之所以笑，只是因为我欣赏你，因为你是我们这里最聪明的人。来，现在继续解释你的笑话给我听。"于是，我再次详细解释给她听，尽管她还是问了很多问题，但最终她确实理解了。如果说，她刚才的笑声是开朗和大方的，那么她现在的笑声近乎疯狂，而且具有感染性，以至于我也忍不住跟着笑出来！有些绕口令，我必须快速地重复三遍给她听。例如：Wiener wäscher Waschen weisse wäsche（维也纳的洗衣工人洗白色的亚麻衣衫）。我坚持让她尝试跟着念，起初她只是笑，然后她尝试着念出这些词，但总是做不到，最后她还是大笑起来。安娜小姐是我认识的最快活的人。在我幼稚的想象中，我觉得她实在很笨，而她确实有点傻里傻气，但她是个快乐的人儿。有时候我倒觉得，快乐的人乃是大智若愚的人，虽然这种智者看似很笨。的确，愚笨往往比聪明更能使人快活。

随着时间的流逝，我跟安娜小姐之间的友谊逐渐淡化，我已成为一名学童，开始感觉到种种诱惑、悲愁以及过于聪明的危险性……此时，这个小巧人再度显现，引导我去接近安娜。有一段时间，我深陷于对性别差异和生命起源的思考，这些问题一直困扰我，让我心急如焚。一天，在极度痛苦和焦虑中，我下定决心，除非这个可怕的谜题能够获得解答，否则我宁愿选择死亡。由于心中充满了挥之不去的疑问，我郁郁寡欢地自学校穿过市场广场回家，一路上阴沉地盯着地面。但突然，小巧人出现了！他已变成一个稀客了，好长时间以来，我感觉他变得不真实，或者他觉得我变得不真实——现在，我突然再次看到了他，小巧而敏捷的身影快速地跑到我面前，然后冲进了安娜小姐的房子。之后，他突然消失了，但我已跟着他跑进房里，当我突如其来地冲进安娜小姐的房间时，她大惊失色地叫出来，因为她正在更衣，但是她并没有赶我走。不久，我终于了解我当时急于想知道的一切事情。如果当时我不是那么年轻，那件事很可能会演变成一场浪漫的冒险。

这位快活而傻里傻气的女人不像一般成年人，她虽然愚笨，却非常坦率和自然，她既不矫揉造作，也不会局促不安。而大部分成人则刚好相反。当然成人世界也有一些例外——我母亲是生机盎然与神秘聪颖的化身，而我父亲则拥有一切正直与智慧，至于我外祖父，他现在已不完全属于人类了，他属于更隐秘的多面世界。但是，若说到成人世界的众生相，倒应以泥塑的神人最让人叫绝——虽然我们不得不敬畏他们。他们在与小孩子说话时那种忸怩作态的神情多么可笑！他们的声音多么虚假！他们的笑容多么可笑！看，他们自视甚高——他们有的是头衔与忙碌。看，他们盛装夹着公文包、书本，走过街道，那种傲慢的样子，是多么做作，他们是多么迫不及待地希望被认出来，受到礼遇与尊敬！星期天常有达官贵人来我父母家里，"登门求教"。有些人戴着高帽子，笨拙的双手被套在手套里动弹不得——这显示了他们的身份，律师、法官、部长、教授、局长、委员长，还有他们趾高气扬的太太。他们的一举一动——脱下外衣、进入房间、起立、坐下、发问、回答，甚至告别——都要他人从旁协助。但是我并不把这种小资产阶级的世界看得太重，因为我父母不属于这种世界，他们甚至觉得可笑。虽然他们并不矫揉造作，不戴手套，也不攀龙附凤，但我总觉得大部分的成人都是十分奇怪而可笑的。他们总自以为自己的工作、行业及官位非常重要，他们总是觉得自己十分伟大而备受尊敬！但是孩子们的任务与游戏则微不足道，只配被责骂。这是否意味着孩子们所做的事情跟成年人的相比不重要、不好、不对呢？事实并非如此。成年人只是拥有权力，他们下命令，他们统管一切。他们就像小孩一样，有他自己的游戏。他们玩的游戏是当救火员、当士兵，他们喜欢去酒店与俱乐部，而这一切他们皆带着一种权威与不可一世的姿态去做，就好像世界上每一件事情都必须是那样的，他们所做的一切都光明正大且美丽壮观。

好吧，就算他们之中有些是聪明人，如教师等，但是，这些大人物不久之前自己不也是孩子吗？但很少有人能完全记得自己作为孩子时的生活、活动、游戏、思考方式，以及孩子们的喜好和厌恶。这不是十分奇怪而令人生疑的事吗？事实上，知道这些事情的成年人，可谓少之又少！他们不仅是暴君，而且是恶棍——他们用不屑而厌恶的态度对待小孩、拒人千里（指小孩），他们老是用不赞许甚至是恶意的眼光看待小孩。有些好心的成年人有时虽然喜欢屈尊跟孩子们谈天，但是他们大部分都不知道该谈些什么。为了方便跟我们沟通，他们不得不辛苦且尴尬地将自己降为小孩子，但不是真正的小孩子，而是矫揉且愚笨的"假小孩"。事实上，所有的大人皆无一例外地生活在跟我们截然不同的世界里。然而从各方面来看，他们并不见得比我们聪明，也不见得比我们优异，也许他们唯一比我们强的就是那种神秘的力量吧。是的，他们确比我们强大，除非我们服从他们，否则他们一定打我们骂我们，强迫我们就范。这算得上是真正的优异吗？每一头牛、每一只大象不都比这些大人更强大吗？但是，他们有权力，他们能发号施令，因此他们的世界及他们做的事便都是对的。话说回来，有许多大人似乎很羡慕小孩子，这真叫人感到莫名其妙。有时候，他们甚至会天真、毫无保留地表达出这种情感，甚至可能会带着一丝感叹："是的，你们小孩子才是真正幸运的人！"如果这不是假话的话——而这确不是假话，每次我听到这类感叹时，我就知道这不是假话——那么大人们，这些有权有势、有威严的人，绝对不比我们这些必须服从他们、敬畏他们的孩子更快乐。在我们的音乐课本里，的确有一首歌曲有着令人吃惊的重复句："能够再度当个小孩将是多么幸福啊！"事情的奥秘就在这里。我们小孩子的确拥有某些大人所欠缺的东西，他们只不过比我们大些、强些而已，而在某些方面，他们却比我们可怜！他们盛气凌人的样子、他们的尊严、他们的自由与行动，乃至于他们的胡子与长裤，的确令人羡慕，但是另一方面，我们小孩子也有令他们羡慕之处，甚至在他们所唱的歌里，他们也表达了这种情感！

世界上，甚至在学校里，有许多事情让我感到不满，但我依然保持着快乐。我所接受的教育和启示告诉我，人类不仅仅是为了追求快乐而存在，真正的快乐需要时间来证明其价值；我学过的许多名言与诗文都表达了这样的观点。虽然这些主题常常引起我父亲的注意，但并没有触动我的心。当我碰到不如意的事情，或是因欲望不能满足而感到痛苦，或遭受父母的责怪而觉得委屈时，我通常不会试图寻求上帝的庇护，而是通过其他方式寻找重获光明的途径。如果平常的游戏无法激发我的兴趣，或是铁路、玩具店、童话故事书都令我生厌了，那么最美妙的新游戏往往会及时出现。我只需在夜里躺在床上，闭起眼睛，让自己沉浸在那缤纷世界里——那时，幸福与神秘之光便会重新燃起，我的世界将充满希望与意义！

我的第一年学校生活并没有使我改变多少。但是，学校生活的经验逐渐教会了我——信任与坦诚只会给我带来伤痛，由于一些老师的漠不关心，我学会了撒谎与自我掩饰的处世艺术。自此之后，我学会了伪装。慢慢地，第一朵花凋谢了；慢慢地，我不知不觉学会了生命的虚伪之歌，学会了跟现实妥协。至此，我才彻底了解为什么大人的歌本里会有"能够再度当个小孩将是多么幸福啊"之类的诗歌，这时的我也开始羡慕那些还是孩子的人了。

在我十二岁那年，我萌生了学习希腊文的念头，我希望自己能像我父亲，或如果可能的话像我外祖父那样有学问。从那时起，我必须面对我的人生规划，我必须努力读书以便成为一个传教士或是语言学家，因为选择这些行业是可以获得奖学金的。我外祖父以前也选择了这条路。

表面上看，这一切似乎都没有什么不对。但是，突然间，未来却出现在我面前，路标突然横在我的路途上，每一天、每一个月都把我进一步拉近既定的目标，每一件东西都把我引离我少年不识愁滋味的日子，引离虽然有意义，但没有目标与未来的生活情调。大人们的生活已经抓住了我，开始时只抓到了一些头发或一根手指，但不久将完全把我逮住，把我推入所谓大人的"生活"——一个依据目标、数字、秩序、工作、职业与考试的生活。不久，我将成为大学生、研究生、教授、牧师，有一天我也会戴着高帽子与皮手套去拜访他人——我将无法再了解孩子，我甚至会羡慕他们。但实际上，在我心里，我并不喜欢这一切，并不想离开我自己这个事事美好而珍贵的世界。说实话，当我想到未来之时，我内心所期盼的乃是完全秘密的目标。我内心所热切希望的是，当一个魔术师。

长久以来，我一直怀揣这种一厢情愿的梦想，但是最终，它的万能也开始慢慢失灵。它面临着敌人、面临着反对力量——真实、严肃，且不容否认的东西。慢慢地，花儿凋谢了，我也随之脱离无限的世界，走向有限的真实世界，也就是大人们的世界。慢慢地，我成为一个魔术师的愿望，在我眼里已变得不那么有价值了，虽然我仍然继续狂热地抓着它不放，但这个愿望在我眼中已变成了一种幼稚的幻想。我生活的原始森林也已变貌，乐园就这样僵冻在我周围。我不再是乐园里的王子与国王了，我无法变成一个魔术师了，我正在学希腊文，两年后还得学希伯来文，而六年后，我便要上大学了。

我外祖父书本里的神奇故事仍然十分美丽，但只存在于我记忆中的零星几页，我无法再发现新的奇迹。跳舞姿态的印度神像笑容已变得冷漠，我也很少再去凝视，而其也不再向我传递秋波了。而最糟糕的莫过于我越来越少看到那个灰色的家伙——小巧人了。

我只是隐隐约约地感觉到这种现象；我仍然十分快乐，而且野心勃勃，我学会了游泳，也学会了溜冰，我的希腊文成绩总是名列前茅，一切看似都很成功。但不知为何，每一件事似乎都失去了往日的色彩，带上了一种空洞的声音，我已不再频繁地去看安娜小姐了，在不知不觉中，我的经历中失去了某些东西，一些我未曾注意或深深怀念的东西，但它确实悄无声息地消失了。现在，我最迫切的需求，最热切的渴望是一种更强烈的刺激，我必须振奋精神，重新开始。我对辛辣食物产生了喜好，我经常品尝甜食，有时我偷些小钱使自己沉溺在某种特殊的乐趣里，因为其他事情似乎都不够新鲜有趣。此时，女孩子开始吸引我了，这种新的感觉是在小巧人再度出现，并把我引到安娜小姐的房间之后不久产生的。

# 第三章　学校生活记趣

在我的全部学校生活中，有两位老师是我由衷敬佩的。我承认这两位老师是最高的权威，只要老师的一个眼色，我就会跟他们去。

一个是施密德老师，卡尔夫拉丁文学校的教师。其他学生都很讨厌他。因为他为人严肃，沉默寡言，而且对学生绝不宽待，所以大家都很怕他。但这位老师对我很重要，因为我是在他班上（当时十二岁）开始学希腊文的。

我们是小镇上拉丁文学校的学生，所认识的老师大都是我们害怕和讨厌的对象，我们不跟他们亲近，而且常常骗他们，他们有时成为我们的笑料，被我们蔑视。他们有权力，这是毋庸置疑、无可讳言的。他们有时甚至不近人情地滥用这旁若无人的权力——那时虽未留下痕迹，但打双手、拉耳朵，几乎都要沁出血来——可是，教师的这种暴行只不过相对地引起大家的厌恨和害怕。

老师只有比我们优秀，代表精神与人性，使我们的心灵感受到最高尚的世界时，才会拥有权力。但是，我们在拉丁文学校低班的老师身上并未体验到这些。其中也有为人很好的老师，这些老师不太唠叨、啰唆，或凝望窗外景色，或朗读小说，即使我们互相抄录笔记，也无责难之意。这样，他们总算把师生双方都觉得无聊的课业勉强维持下去。

其中也有不怀好意、严肃、易怒、狂暴的老师，我们经常被拉头发，头部挨打（有一次，一个暴君型的老师向不良学生说教时，用沉重的钥匙击打学生头部。）

其中当然也有这样的老师——学生像被催眠般，心情愉快地听他说话。若碰到这样的老师，学生都喜欢上课读书。老师即使有些错失，学生也不大理会，反而因他引导我们窥探高尚世界之门，而满怀感激，希望有一天能报其恩惠。只是当时，我们并未留意。

于是，我进入第四班，接受施密德教授的指导。全班有二十五名学生，其中，我们五人准备学古典学，因而被称为"古典学者"或"希腊人"。其他同学都学制图和自然科学之类世俗学科。我们五人由施密德教授亲授初阶希腊文。教授并不受学生欢迎。他常生病，脸色苍白，操劳消瘦，眼神凝肃。他的胡子始终刮得干干净净，头发浓密，脸部表情大多深沉严肃，偶尔会说些畅意的笑话，但其腔调却给人一种辛辣讽刺之感。不知什么缘故，我和班上同学的意见完全不一样，深为教授所吸引。

也许是因为他给了我一种"不幸教授"的印象——教授经常生病，看起来忧心忡忡，教授的夫人也体弱多病，我们绝少看见她。教授跟其他老师一样，过着贫困的生活，其中一定有什么缘故，大概是夫人生病的关系吧，他无法像其他老师那样，借出租房子来弥补收入之不足。就凭这点也让人觉得教授比其他老师高贵。

此外又加上学希腊文，我们这五个从班上选出的学生一直都以为自己是精神上的贵族。我们的目的在于更高尚的研究，而其他同学最后只不过是做个职工或商人——就在这种情况下，我们开始学这神秘的古老文字。这是比拉丁文更古老、更神秘高贵的语言。学习这种文字并不是为了发财致富或环绕世界一周，而是为了认识苏格拉底、柏拉图和荷马。对这古老的世界，我已略有所知，因为从我祖父那一代起已经相当熟识希腊文和学术，而且我也私下读过施瓦布的《古代传说》，很早就已知道奥德修斯、波吕斐摩斯、法厄同、伊卡洛斯、阿尔戈英雄和坦塔罗斯。

此外，我们不久前在学校所用的教本，在许多散文记述中插入了一篇荷尔德林所写的如极乐鸟般美丽的诗。此诗我虽不甚了解，但是却像无比甜美的诱惑一般，深深攫住我的心，我还隐隐约约地感知到此诗与希腊世界的秘密关系。

施密德老师不让我们从容度过这学年，甚至使这学年变得辛苦无比，有时辛劳超过了必要的程度。老师对大家的要求很高，至少对我们这些"古典学者"如此。他不只严格，有时近乎冷酷，而且他脾气急躁，常常大发雷霆，这时，包括我在内，大家都怕得像小鬼一般，仿佛池中幼鱼畏惧长啄鱼的追逐。不过其他老师一旦发怒，情况亦然。我接近施密德老师，体验了一种新的东西，那就是恐惧感与敬畏之念。即使他是最显著的敌人，即使他脾气暴躁、乖僻可怕，但他仍然值得爱，值得尊敬——我已懂得这一点。

上课时常常发生不愉快的事情，从那黑发浓密的瘦脸上显现出隐含深沉恼怒的痛苦眼神，我常会不由得想起扫罗王的忧愁。但过不久，精神恢复后，老师就把胡子剃干净，把希腊字写在黑板上，讲述希腊文法和语词。我觉得，这门功课的内容比其他老师推销性质的知识要高明得多。

我虽然害怕希腊文课程，但非常喜爱希腊文。我常像书写魔法符号一样，把伊普西龙（ε）、普赛（ψ）、欧米伽（ω）等希腊字母，热切地写在笔记上。

就在开始学习古典学的那一年，我突然生病了。若在现在，我想，谁都不会在意，也不会重视。但当时的医生却把这病称为"手足疼痛"。我被迫喝了鱼肝油和阿司匹林，并在膝盖上涂了鱼石脂。我真高兴我生病了，因为不管多想当古典学者，我仍然讨厌学校，害怕学校，只要是能够忍受的疾病，我都觉得这是一种恩惠与救赎。我在床上躺了很久。床边的壁板已涂上白漆。于是，我就开始在这可爱的木板上画起水彩画。在跟头部一般高的木板上画的是七只白鸟，这使弟妹们大笑不止。

但是，两周过去了，三周也过去了，我仍然不能起床。我开始担心了。若长此以往，我的希腊文可能再也无法赶上别人。于是我请来一位朋友，希望知道自己在班上并不落后。但一问之下，才知道在我生病期间，施密德老师已经讲完好几章古典学者的希腊文法。我现在必须赶上去。面对着七只白鸟，我独自跟懒劲奋斗好几小时，以对付烦人的希腊文动词变化，有时还请教爸爸，但生病期间的落后总无法挽回。最后我虽然痊愈，但非接受施密德老师额外的个别教导不可。

老师很乐意地接受了。这段时期，我隔日到老师家一次。这是一个阴郁、不开朗的家。脸色苍白、沉默寡言的师母正与死神奋战。我很少看见她，不久她就去世了。在这沉闷的家屋内，待几个小时简直就像中魔一般，一进入门口，就觉得是另一个世界，和现实无关的可怕世界，我在教室里见到的老师是令人敬畏的哲人，可怕的暴君。这儿见到的老师却好像变了个人，已经没那么可怕。慢慢地，我开始了解老师瘦脸上所浮现的苦恼。我替老师苦恼，也为老师所苦恼，因为老师是一个极不快活的人。

老师曾跟我在户外散步两次，没有文法，也没有希腊文。在这两次短暂的散步中，老师对我很亲切，既无嘲弄，也没有大发脾气，只问我："你喜欢什么？你未来的梦想是什么？"从这时候开始，我喜欢老师了。但一开始上课，老师仿佛就忘了刚才散步的事。

师母下葬了。施密德老师本来就有从额头往上搔着长发的习惯动作，从这时候起，次数越来越多，几乎到了神经质的地步。这段日子，老师已完全不能任教。但是，我认为我是唯一喜爱老师的学生，即使他冷酷，让人摸不清脾气，我仍然喜欢他。

施密德老师主任的课程结束后不久，我便离开了故乡的学校，第一次到外地去。这是基于教育上的理由，因为那时候我是一个相当倔强难驯的孩子，父母对我完全没有办法。除此之外，为了接受"州试"也需要充分的准备。这项国家考试，每年夏天都在威登堡举行，是非常重要的考试。如果考试及格，不仅可以免除任何一个神学校的"实习"费，还可以以公费生的资格继续研究。我很早以前就想走这条路了。

这地区有一些学校特为此一考试设立补习班。总之，我进了一所这样的学校，那就是图宾根的拉丁文学校。这学校的老校长保尔老师，从几年前开始，就以州试考生的指导者而闻名，每年都被来自当地各县市的学生群所包围。

保尔校长以前是以暴力闻名的斯巴达式教育家。好几年前，我的一个长辈被老师教过，受到了严厉的处罚。现在老师已经老了，人也变了，虽然对学生的要求依然很严，但也有他亲切的一面。

这是我生平第一次离家，母亲带我到这著名教师的校长室前，伫立等候，我内心忐忑不安。老师出来把我们引进微黑的私室。起先，母亲似乎并不喜欢老师。总之，他白发蓬乱，背部弯曲，微凸的眼睛布满血丝，衣服褪成绿色、样式古板，眼镜滑到鼻端。右手拿着长可及地的大陶头烟斗，不时喷着烟，使熏得黑黑的整个房间充满烟雾。上课时，老师也手不离烟斗。

在我看来，这奇怪的老人简直是老巫师。弯着背，不修边幅，穿着陈旧污秽的衣服，眼中露出悲凄的神色，拖着磨损的拖鞋，从长烟斗中不时吐出烟雾，我现在竟然被交付给这样的老人。在这白发苍苍、满身灰尘、老于世事的人身边，我也许会遭遇到意想不到的窘境，也可能会遇到难得一见的趣事——不管是哪一方面，都是异常的事态，这是一种冒险，一种体验。念及此，我准备接受老师了。

但首先，我必须忍受别离的痛苦。母亲在车站向我吻别，祝我前途顺利，而后搭上归程的火车。不久，火车开动，我出生以来第一次孤零零地被抛入广大的"社会"。从此以后，我必须自己照顾自己，必须学习显示自己价值的方法——但是，直到如今头上已掺杂白发，我仍然很难说自己已正确习得这种方法。别离的时候，母亲跟我一起祈祷。那时，我的信仰还未坚定，但当母亲祝我前途幸福时，我的态度逐渐严肃，决心在这陌生的地方好好努力，绝不让母亲蒙羞。

可是，过不多久，情况不如预期顺利，其后若干年的学生生活，对我，对母亲，都是在猛烈的暴风雨、试炼、幻灭、无穷的苦恼与泪、无以复加的争执和不睦中度过。不过，在图宾根的时候，我总是坚守誓言，有所作为。当然，在优等生和女舍监的眼中并非如此。我跟其他四个学生住在宿舍里受教搭伙。但是，女舍监要求住宿生对她尊敬与顺从，我无法达到她的标准。虽然有好几天，我努力向她露出善意的微笑，但总无法做得很自然。她是一个法官，可我既不承认她的权威，也不承认她的重要性。

一天，我犯了童稚般的过错。于是，便有了非常难受的遭遇，她带来她那高大健壮的弟弟，意图施刑于我。我顽强地对她及她的弟弟加以抵抗。决心如果受到他们的制裁（他们没有这种权力），就要从窗口跳下去，或者咬他喉咙。到最后，这男人没有向我出手，沮丧地回去了。

图宾根很没意思。我被抛入的这个"社会"并不合我意。枯燥无味，粗糙寒碜，那时的图宾根跟现在不一样，不是一个工业都市，不过，已有七八十个的工厂烟囱耸立着。小河比起我的故乡也普通得多，以褴褛的形象穿流过七零八落的山间。我一点也没注意到城镇四周的华美，因为我们外出的时间极短，我虽到过霍恩施陶芬，但仅仅一次而已。

啊，真的，图宾根一点味道也没有，这散文式的工业都市简直不能跟我的故乡比。同学们也跟我一样，来到这陌生的地方，悲惨地为乡愁所困。我常告诉他们卡尔夫镇生活的情景，并把绘具涂得厚厚的，又因乡愁与性喜吹牛杜撰了许多莫须有的故事。没有一个人会向我提出疑问，因为学校里只有我一个是卡尔夫镇的人，其他的学生大部分来自郡与都市，在我们班上充其量只有六七人是图宾根本地出生的。其他都来自远方，以便借这可靠的跳板通过国家考试。

这跳板就像其他补习证一样，未必能保证顺利通过国家考试，我们的补习班亦然。图宾根时代结束时，顺利通过考试的人很多，我也是其中一人。后来我无法成为了不起的人物，罪不在图宾根。

枯寂无聊的工业都市，受女舍监严格监视的俘虏境遇，图宾根生活的表面化，这一切尽管让我深觉无味，但这一段学生生活（约一年半）对我的一生来说，仍是一个收获丰硕的重要时期。

关于教师与学生的关系，我在卡尔夫接受施密德教诲时早有所知，但精神指导者与有才华学生间那丰富无比又非常微妙的关系刚在保尔校长先生和我之间开花结实。这老人以怪脾气和数不清的奇异行为成为大家的话题，也常显露怪异扭曲的脸色。从淡绿的眼镜里倾注出瞪视般无精打采的眼神，而且接连不停地吸着长烟斗，把满是学生的小教室弄得烟雾弥漫。但是不久之后，他成了我的导师，也成为我模仿的典范、我的裁判官和我崇拜的半神。

除了校长之外，我们还跟另外两个老师学习。但这两个老师对我来说等于是不存在的，他们似乎在层次上略有不及，隐藏在大家所爱、所惧与所敬的保尔老师身后，像影子一般消失了。同样的，我略感不满的图宾根生活隐而不见了，最亲密的同学影像也消失无踪。这一切跟这位主要人物比起来，简直微不足道。那时候，我的少年期已臻至最高峰，性爱欲求也渐露端倪，学校在其他方面虽是我冷漠与蔑视的对象，但其实也是我一年半以上的私生活中心。万事万物都以此为中心而活动，做梦，甚至休假中所想的都经常是学校生活。

我一直都是多愁善感、容易怀疑的学生，一旦有人说我或蔑视我，一定拼死命反抗。虽然如此，我仍然被这谜样的老先生深深吸引，完全迷失了自己，因为老师寄望我是有最高理想与努力方向的人，而且对我的不成熟、无礼与无能一点也不计较，并在我的内部看到了最崇高的特质，认为我理应得到最高的成绩。

老师纵使褒奖学生，也只淡淡褒奖。譬如说，拉丁文或希腊文很出色，他也只说："黑塞，你念得真不错。"虽然只有这么一句话，也足够让我浸在幸福感中好几天了，我也就越发努力。有一次，他从身边经过，看了我一下，细声地说："怎么搞的，你应该更好才对呀！"为此，我苦恼极了，最后为了再度赢得这半神的心，我拼死命地读。有时老师会用拉丁文跟我谈话，并且把我的名字译为卡多斯。

其他同学如何体验这种特殊的师生关系，我什么也不能说。当然，我最亲密的朋友和竞争对手，显然也和我一样，都成为这位魅惑人的老先生的俘虏。同时在那时候，我们都同样被认为可担任天职，因而我们每一个都假装是圣堂最低阶梯的准教士。我虽然尝试从心理观点来解释我的少年时代，但是，那时候最杰出最具活动性的事情却是屡次企图反抗和逃亡，不过，我似乎依然还有崇拜人的能力，在我能够尊敬人，皈依人，朝高目标努力的时候，我的灵魂就变得更好，开出更美丽的花朵。

这稀贵的资质，父亲发现得最早，也勤加培育，但它在平凡、无能、疏忽的教师之下逐渐枯萎；后来转移到脾气暴躁的施密德教授之手，开了几朵花；旋即转到保尔校长手上，花开满树。这在我一生中是最初也是最后的经验。

校长先生虽然只能促使几个理想的学生热衷于拉丁文和希腊文，并把负责完成精神使命的信念贯注给他们，但仅此已相当伟大，足以令人感谢不已了。这位老师所特有的品位就是从学生群中寻出智能优异的人，支持他们的理想主义，并给予营养，同时还能正确认识学生的年龄、稚气与顽皮，因为保尔老师不只是一个被崇拜的苏格拉底，更是一个练达、极富独创性的教师，深知促使十三岁少年不断品味、怀念学校的秘诀。

这位贤人不仅巧妙地教我们拉丁文的文章论与希腊文的语形论，而且不时说一些教育方面的笑谈，让这群少年人大为高兴。只要一想到那时候的拉丁文学校是如何严格、如何形式化而无聊，就可想见在这腐败的职业性排他主义中他的感化力是多么新鲜而富独创性了。从他外表独特的举止看来，起初实在令人警戒而想发笑，但不久之后，这就成为权威与训育的手段。

仅凭校长的习惯与癖好，似乎不足以支撑他的权威，但是，连这一些也成为辅助教育的新手段了。譬如他的长烟斗，就具有这种功能。这只在我母亲看来很觉惊讶的烟斗，在我们学生心目中很快就成为一种王笏，一种权力象征，不再是有趣的附属品，也不再是难以忍受的东西。只要有人受命拿下这烟斗，或受命清洗它，就觉得是蒙受老师特别的眷顾，被大家敬仰不已。此外还有类似的种种光荣的任务，我们学生都争着担任，唯恐落后。所谓"气袋"即其中之一。我曾因担当此任务一段时间，而得意非凡。

　　担任"气袋"的学生必须每天掸除校长桌上的灰尘，用的是桌上最上方的掸子。有一天，我得当此任却为其他学生替代，这对我来说真是重罚。

　　冬日的某一天，我们坐在闷热烟雾弥漫的教室里。冰冻的窗外，太阳灿然照耀着，校长突然开口说道："喂，你们不觉室内窒闷吗？外头阳光普照，到校舍四周跑跑吧！首先把窗子打开！"

　　有时，我们这些志愿参加国家考试的人，为课外问题所苦的时候，老师会突然邀我们到他的房间去。那儿的特别室有张大桌子，上面放着一些塞满玩具兵的球箱。我们把这些玩具兵编成军队，拼成战阵。不久，战斗开始了，老师含着烟斗，吐着烟，观看步兵队伍的砍杀。

美的东西易毁，美的时代不会长久。图宾根时代为期甚短，但在我全部学校生涯中，这是我唯一做善良学生，敬爱老师，认真读书的时期。一想到当时的事情，就不由得想到1890年暑假在卡尔夫家里度过的情景。这年暑假没有习题。保尔校长要我们注意学过的希腊名文集中的伊索克拉底《处世训》，并对我们说，他想知道他以前所教的优秀学生中有几人能背诵《处世训》。愿不愿遵从他的提示，全由我们自己决定。

我还记得，大概就在那个暑假，我曾跟父亲一起散步过几次。我们偶尔会在卡尔夫左侧的森林中度过一个下午。老枞树下长了许多野莓和覆盆子。森林中的空地上开着千屈菜花，夏日蝴蝶、红色的海军上将蛱蝶和一种类似龟甲的蝴蝶到处飞舞。这里有一种浓烈的松脂和蘑菇的味道，有时还会有迟钝的鹿出现。我跟父亲穿过森林，在林边石楠树丛下休憩。

父亲常常问我，伊索克拉底读到什么地方了，因为我每天手不释卷地背诵着他的《处世训》。伊索克拉底的首章是我现在唯一记得的希腊文散文。希腊文在学校虽学得不少，但现在牢记不忘的只有伊索克拉底的这段文字和荷马的两三句诗。

总之，最后我还是没有把整个《处世训》背熟。我能暂时记住，随意念出来的只有三四十句。但这也随着岁月的流逝，逐渐淡忘，终于从记忆中消失了，就像暂且属于我的东西不久就销声匿迹一般。

现在，希腊文我已一字不识。拉丁文到头来也大部分都忘了——如果不是我图宾根时代的一个同学，活到现在并且成了我的朋友，可能连拉丁文也全忘了。他常用拉丁文写信给我。每当我读到这美丽的古典文字，就会恍惚闻到少年园地中的芳香和保尔老校长的烟斗味。

# 第四章　我的外祖父

此诗为 1833 年，我外祖父贡德尔特为其父 50 岁生日所作，时值其母亲谢世后不久。

啊，难道我要悲恸，
太阳的下山，
黑夜的来临，
经过了竟日的疲劳，
在重重的云层下，
黑影重落下来，
在夜晚的沉寂中，
星座绽开了它的光辉。

在秋日凋萎的败叶之间，

你将昂首跨洋过海，

寒夜里的一线生息。

但是在山上你的四周，

淡酒酿成了

扑鼻芳香里的熟果，

饮尽了母性的元气。

盛开的花朵，

在新生的世界里蠕动，

一颗友善的星星，

正点点致谢，

向花儿与花圈致意，

满载谷物的蓬草，

向着谷仓呻吟。

这些都是来自上帝

未曾约束的世界里的意象。

它们在大千世界里变幻，

而只有一物依然故我

返诸我身边：

那是紧锁着它们的人类的眼睛！

你难道还不是梦想着
母亲怀抱的花朵？
你难道不是不耐于
试采它元气，试采它光彩的成熟葡萄？

无疑，你是干枯田畦里的玉米穗，
眼看他同根生的兄弟，
掉落在收割者的手掌，
眼看着马匹带走他的手足，
前去不知在何处的仓房。

离开了变幻莫测的同根生地表，
你仰望着永恒的天空，
晚风将败叶吹落到你身上，
枯叶掉落在枯发上，
你在风云交会之中，
望穿欲振乏力的枝头，
望向星辰争辉的长空。

当年轻的气盛消退之时，

你蹑足地走到山峰，

对着无数心灵，

立誓成为阳光。

现在，他看出黑夜已经来临，

生命的阳光，躲藏在地表深陷的山谷里，

至此，

他唯一的愿望乃是模仿星星，

永远凝视着太阳，

在星光齐放的光芒中，

凝视着太阳。


你站在你国度的门槛上，

这儿是你哭泣的摇篮，

这儿是期盼着你的世界!

你头上绝美的人杰，

欢呼你欢畅的活动，

而你底下可信的群众，

正蹒跚而行。


向上伸出你的右手，

你伸出给你永恒爱人的手，

在战斗中，幸存于世的人，

将助你走完最后一步！


而你的左手

你死不瞑目的眼睛，

以及你爱的永志之大，

将会把你不死的讯息，

留传给你年轻一代的香客！


　　我的外祖父贡德尔特在十九岁时创作了这首诗，目的是表达对父亲丧妻之痛的慰藉。读者稍加留意即可明了，作者在创作时深受黑格尔、荷尔德林，以及印度思想的影响。此后，这首杰出诗作的作者再也没动笔写过类似的作品。事实上，这首诗书成于作者生命中最混乱且最危急的时期，时值这位年轻人由狂热的泛神信仰转变为立志远赴印度从事传教工作的转变期。

　　我个人曾经拥有母亲亲笔书写的这首诗，之后应马尔巴赫的席勒博物馆的请求，将它转赠，予其收藏。这首诗是在一次偶然的机会里再次传到我手里的，当时我对它的明朗之美，它思想所蕴含的暗流，以及它羞涩的隐秘性，至为感动，留下深刻的印象，因此我乃决定据有这一小珍宝。至于该诗的收藏者，我则送了一份印刷本予其，并礼貌地致谢，但是对方十分惊讶与困惑，不知如何处理。至于其他接到印刷本的人，他们敬重地收下，但是对这首诗的诗意则并没有表示任何兴奋之色，也似乎没有为该诗字里行间所闪烁的秘密之火所感动。后来，我所接到有关该诗的反响有所不同，他们一反以往其他人对该诗的冷漠态度。第一个真正为该诗所吸引且为之感动不已的乃是卢茨肯多夫。二十年前，他曾写过第一篇评论我作品的文章，可说是我精神及宗教上的前辈。我现在引用他在1952年2月所写的一封信：

"在我撰写你作品的评论并试着根据类别与出处对其进行分类时——我至今尚不知何以敢如此毫无顾忌地做这种尝试——我突然发现，贡德尔特是一个十分奇怪而玄秘的人物，所以我想更详细地了解这个人。无疑，他是一个具有神启的热情与超凡耐力的人，而这两种特质似乎都是经过神秘的孟加拉圣火之光照而精炼成的，这两种特质曾经多次引起我的揣测，我总觉得他可能是你同样拥有的许多特质的来源。我很高兴能够如此奇妙地在他1833年所写的这首诗里遇见他。从许多方面来看，此次幸会的确重新肯定了我的看法，即使在我们这时代也一样，我们并不见得能够单从到处可见的嘈杂声、喧嚣声，以及一片不负责任的叫声中，去形成我们的判断。一百年以前，这位年轻人的心灵就已放射出不朽的本质与深刻的潜移默化，而此种影响力延续至今。如果他不是你的外祖父的话，我们可能根本不会听到他的名字——而我们最终还是认识他了。当然，即使在今日，世界上也有其他的贡德尔特存在着——那些能够自安于完成其生命旅行且有力量建立其不朽声名的人。我相信此种力量亦内藏于一个国家中，同时亦坚信，尽管我们不免对我们这个时代感到绝望，但是从长远的观点来看，我们还是有理由不对它怀抱着悲观的态度的。"

我不知道这封书信的作者是否知道贡德尔特在我的《魔术师的童年》一文中所扮演的角色。在这篇散文里，我追忆我外祖父谢世时我只有十六岁，尽管他学识渊博，但我以成人的方式认识了这位圣人，我在他身上遇到了一种回响，一种由外表上的严苛与知性上的光辉所组成的神奇的施瓦本世界的残余之物。它们虽然隐藏在对上帝的虔敬与奉献之中，但仍然生机盎然，而这种生机潜藏在施瓦本的拉丁学校、福音修道院以及著名的图宾根预备学校里，持续了两百年，不断地丰富及开拓其珍贵的传统。这不只是施瓦本的教会与学术的正统世界，尽管著名的知识与精神典范，如本格尔、奥廷格、布鲁姆哈特等都属于这个世界，同时荷尔德林、黑格尔与默里克等大师，也是在这个世界中受了熏陶，从而成就其伟业。

这个世界正如我外祖父的住宅一样，有一股烟味、咖啡味、旧书味，以及一种植物标本味。这个知性世界虽然带有神学色彩，但它并不愿意排除任何由虔信主义走向激进自由思想的倾向，年复一年之后，它便注入本区拉丁学校的优秀分子身上，在经过一代一代的培养之后，它便造就了一群卓然独立的人物，这些才俊即使本身未成为一世之星，至少是这个圈内的人，而这些才俊往往会留下论文、书信与图画，并将此种传统留传给他们的孩子或学生。此种传统所累积下来的财富——一种知识的结晶——是德国其他地区所无法比拟的。

对我而言，关于我外祖父最生动且最珍贵的记忆乃是以下事件——当我在莫尔布龙神学院最低年级就学时，我还不满十五岁，在此进修的目的是要进入预备大学。在此期间，我经历了我学校生活中最严重的危机，我犯了一个令人难以置信，并无法弥补的过错，使我个人及我那颇有名望的家族蒙羞：我逃离了学校，人们在森林里找了我一整天，甚至还报告到警察局。我在严冬的森林中度过了一个晚上，最后才自病房里被送回家休养，结果我休学了，而我的学校生涯几乎亦因此而中断。但是令我感到最难过的，倒不是因为自己被当成犯人及敌人，而是一般人经过我身边时往往踱足而行，好像我患了某种神秘的传染病似的，那种异样的和蔼与困窘的焦虑神情，看起来真叫人难受。

回到家里之后，我的第一个责任，同时也是我最重大且最困难的责任，乃是前去拜访我所敬爱，但此刻却变成我最畏惧的外祖父。我相信我父母对这次拜访一定抱着莫大的期望，他们一定恳请了这位可敬的长者好好地审视我一番，希望在他的教诲之下我能痛改前非。在我去见他的路上，进入他的旧宅、登上楼梯、进入他阳光普照的书房的整个行程，就像一个罪人走向圣坛的天路历程一样。书房的外室间摆着成千上万的书，立即吸引了我极大的关注，这些书我后来读过不少。这儿显得暗淡而安静，透过这儿唯一的窗户，我可以看见这幢建筑的后墙在阳光下闪闪发光。

当我怀着恐惧的心情，战栗地走入圣堂时，迎面立即扑来一股烟味、纸张与墨水的气味，阳光直射到摆满书、杂志、许多种语言的手稿的书桌上，这位长者背对着阳光直射而入的窗户，坐在阳光穿射而过的烟雾层里的旧沙发上，缓缓地从他写字的姿势抬起头来。我低声地向他问安并伸出我的手，开始准备听候他的训斥。他略微一笑，嘴唇从宽广的白胡子中突了出来，接着他那熟悉许多种语言的嘴唇张开了，他明亮的蓝眼睛也跟着眯起来。这时，我紧张的心情立即放松下来，我终于明了，我所面对的并不是裁决与惩罚，而是理解、长者的智慧与耐性，以及一种讽刺与恶作剧的暗示。

他终于张开嘴说话了："是赫尔曼吗？我听说你刚刚闹脾气出走了。""闹脾气出走"是五十年前，图宾根的学生用来描述那些因狂妄、反叛或绝望而进行的奇怪出走和冒险的特别用语。直到许多年以后，我才获悉我的外祖父，这位典型的基督徒与学者，也曾生活在那种耍脾气的危险气氛里。就在他这段狂热而危险的青春时期——或许就是我外祖父跟他的密友正处在天才青年的傲慢与自杀的绝望之时——我外祖父写下了这首诗，也就是一百二十年后的今天，我使它重见光明的那首诗。

因为这首诗的缘故，最近一位巴黎的德国文学学者写给我一封信："我真想告诉你，贡德尔特的那首诗对我而言是多么珍贵，它犹如大树身上的藤蔓。它之所以对我特别重要，乃是因为这是我了解家族传统的意义的一种方式；它诚然是一种负担，但是可以帮助我们前进，如果我们有力量超乎它危险的牵累的话。从史怀哲身上我可以学习到这一点；或许你知道，J.P. 萨特乃是他的侄儿，更详细地说，萨特是史怀哲的巴黎叔父的孙儿。史怀哲的叔父是德国文学专家，也是汉斯·萨克斯的学生，最终他本人也变得和萨克斯非常相似，无论是他的白胡子还是他粗鲁的幽默。可能是因为有这种老师与牧师的祖先的缘故，萨特本人可以放胆地步入虚无主义的世界；而他的追随者则因没有这种防卫本钱为后盾，因此往往悲恸欲绝……"

现在我自己已子孙成群，而且也几乎到了我先祖的年岁了，然而知悉他至今仍然被怀念不已，且其影响力已超出虔敬派的传教界，我内心自然有一种特别的喜悦与满足，虽然他本人或许并不把这种荣誉当成一回事，虽然他晚年可能对这方面的事物全然失去了兴趣，然而，他本人确一度走过荷尔德林、黑格尔与默里克的老路，写过诗，甚至偶尔亦沉醉在"闹脾气"的出走里。

# 第五章　忆印度之旅

　　每当我凝视汉斯·施图尔辛格从印度带回的画作时，昔日我们相偕游印度的深刻记忆，便如潮水般涌现。这些作品唤醒了我们过去几个月的旅行记忆，那是一次意义重大的旅行。这次旅行让我们从船上到岸上都形影不离，结下了深厚的友谊。也许，这次旅行对他跟我皆产生同样的影响。我不仅认识了一片陌生的、充满异域风情的土地，而且在体验异域风情的过程中，我发现，尤其是在我自己的内心，我需要有所发现，需要经受考验。

　　1911年夏天，我们相偕旅经瑞士及意大利北部的炎热地区，来到热那亚，从那里经海路直达海峡殖民地。在一个潮湿、炎热、宜人的夜晚，我们终于到达了槟榔屿，一个亚洲城市的瑰丽生活终于展现在我们眼前。这是我们首次看到在无数珊瑚岛之间闪闪发光的印度洋，我们惊异地看到印度城市、中国城市、马来西亚城市街头生活多彩多姿的风貌。永远拥挤的小巷里挤满了各色各样的人，晚上则是蜡烛的海洋，海中倒映着一动不动的椰子树，害羞的裸体孩子，皮肤黝黑的渔民划着古老的小船！从已经欧化的港口城市一直到南苏门答腊肃静的热带森林，映入我们眼帘的画面不断变化，直到最后，我们总算看到了印度——我们心目中的亚洲，我们理想中的人间乐园！即使是这些形象后来有所改变，它们的价值与意义有所更异，但是，我们造访遥远先祖的梦幻经验迄今犹存，这次印度之行使我们回到了人类传奇性的童年时期，使我们对东方精神怀着更深的敬重之心。对于生为西方之子的我们而言，我们是永远无法回到原始人类与原始民族的极乐率真境地的；我们只有从来自老子等的"东方精神"之中，才能找到心灵的归宿。

然而在旅行当中，我们却很少想到这些事情，更少谈到它们。因为我们旅途中每一刻的官能印象已吸引了我们全部的注意力。我忙着找寻中国寺庙与剧院，忙着观赏蝴蝶与大树，以及其他美丽绝俗的珍品，而我的旅伴则在一个异国城市里，全心品赏一个画家创作的艰辛之处。我看到他坐在人力车上，独自耸起于新加坡中国街道上的拥挤人群，在沙尘飞扬与炎热天气之中画素描，直到人潮将他卷走。

在这个大千世界里，有太多美妙而难以捕捉的画面了，有太多千奇百怪的异国风貌了！汉斯·施图尔辛格有办法在他的素描中将这些景象带回来，令我感到惊讶、羡慕。但是，我的记忆里也可以储藏千百种这样的画面，而这些画面在当时是无法记录下来的。

一天下午，在中南半岛的大赌场——柔佛——狭小而阴暗的房间里，有几百个苦力挤成一堆，等着他们下的赌注的结果。他们屏息注视着赌桌，他们的生命似乎全集中在他们贪婪而警醒的眼睛上。

或者是在船上的一个晚上，我们静静地站在栏杆旁，浩瀚长空满布着星辰，暗淡的夜里闪烁着磷光。

有一个晚上，在一家马来西亚的剧院，几个演技精湛的演员，其手脚灵活如小猴，他们以惊人的演技，失望而又热心地演着一出欧洲的讽刺剧——但几乎没有任何嘲讽内容。

搭乘河船穿过原始森林，前往一个马来亚的村落是一种多么神秘的经验啊！从远处望去，可以看到一小片有人居住的海岸线。在一片青绿的丛林里，椰子树拔地而起，其下则是丰硕多汁的香蕉。然后，我们可以看见茅屋的草编屋顶，一块小稻田，一个原始的登岸地。裸体的黑肤小孩，好奇地站在岸边，但我们几乎看不清他们，当船经过海岸之后，这些人影便无声地消失了，转眼就不见了；当船驶到一段安全距离时，我们可以望见躲在棕榈树干之后的一双双闪闪发亮的黑眼睛。

我们看见了大河河面上，由千百只船汇聚而成的"河上市集"——船上有各种商业，小型的船上店铺堆满地毯、水果、穆斯林的祈祷书，以及各种鱼类。

我们看到了岛屿：岩石岛、珊瑚岛、泥土岛、沙石岛，有的小如蘑菇，有的大如瑞士。我们看到它们在夏日的深蓝色日落中远离，或者在正午时分闪烁着难以描述的颜色，或者在一场猛烈的雷暴的浓重幕布下变得灰白，幽灵般消失。还有那些奇异的雷暴怪象：雷声、闪电、疯狂的暴雨向我们袭来！

接待我们的有中国人、马来人、僧伽罗人，他们有人留着长辫子，有的蓄着高发髻。

还有动物！我们所看到的动物，既不是野象，也不是老虎，而是许多种美丽的形状怪异的动物！我们看过大大小小的猴子，有单独的，有举家聚集在一起的，有成群结队而行的。我们看到整个家族，甚至整个部族的野猴，攀附在森林的树枝上。我们看到驯养的家猴，在主人的命令下，爬到椰子树上采摘椰子。我们还看到河里的鳄鱼、跟在船尾的鲨鱼、原始的大蜥蜴、灰色的水牛，还有苏门答腊的红色大松鼠。

或许，我所见过最美丽的，当算是小鸟吧，河面上有白色的苍鹭，还有老鹰、发出尖叫声的犀牛鸟，还有像多彩宝石的纤小鸟儿。此外，更精美的还有甲虫、蜻蜓、大如人头的灰色丝蛾、金甲虫、蜥蜴，以及种种奇形怪状的蛇类。而最令我们惊异的莫过于花朵了：森林瘴气里的灰白色大花萼，高耸的树上开满了朱红色的花朵，还有浅绿色的棕榈树花朵，圆锥花序渐次而上，长得比人体还要高！

但是，更可观的还是各色人种——印度人那种若即若离的步态；温柔的锡兰人的那种轻柔、楚楚动人的眼神，就像驯鹿的目光一样；古铜色面孔的泰米尔人，眼球泛白；一个显赫的中国人微笑。在街头，一个乞丐用一种清嗓式的语言喃喃自语，不通过言语就能被十种不同种族和语言的人所理解，同情被压迫者，蔑视压迫者的虚荣，到处都有一种特别幸福的感觉，那就是，我们都是人类！我们都是手足！我们都是一家人！我们都是命运中的战友！他们从我们的身边擦肩而过，显露出各自独特的风格、姿态与种族特性：印度穆斯林自豪而自觉；中国人则踏着轻松的步履，神情华贵而欢畅；锡兰人害羞而柔顺；马来亚人伶俐而亲善；日本人聪明而活泼。无论他们的肤色和身材多么不同，他们都有共同之处——他们同是亚洲人，正如我们都是外国人一样，不管我们是来自柏林、斯德哥尔摩、苏黎世、巴黎，还是曼彻斯特，我们同具有某种神秘、相差无几的姿态，且同样是欧洲人。

而这种特色本身正是它的魅力所在，观察它常常会带来意想不到的惊喜。事实上，使所有欧洲人结合在一起的正是这些共同之处，就像亚洲人所共有的特色一样，虽然人们彼此可能并不了解。我更加看重的是，从那份新鲜与美感中，我不断发现，不仅是东方与西方、欧洲与亚洲各自呈现出一致性，整个人类也具有超越地域的统一性与关联性。这一点也许每个人都知道，但是如果不是从书本上得到，而是亲眼从其他民族身上看到的话，那么它将显得更新奇、更宝贵！

这虽然是一句老话——人类是超越国界与地区之上的——但是，对我而言，它却是我这次旅行的最大收获，而自第一次世界大战之后，我更觉这句话的可贵之处。

只有当我们从这个视角去感受人类内在的平等，理解不同民族之间的精神相通和寻求共性的真谛时，不同国家和民族的多样性才会展现出其最深刻的吸引力。曾经，我跟其他许多游客一样，经常将外国的居民与城市视为好奇的对象，一到国外就如同进入动物园一样，只觉得有趣，未曾深思我们之间的联系。当我放弃这个视角时，我才真正地将马来亚人、印度人、中国人及日本人视为人类同胞和亲友，有了这种新的经验之后，我的旅行才真正具有价值与意义。这些话，我很少跟汉斯·施图尔辛格提起。每当我凝视他在印度旅行中创作的作品，画中人物的眼睛，不再是引起我好奇心的外貌特征，而是变成了充满善意、理解和亲切感的表达，它以一种温馨而迷人的人性光芒与我进行着无声的交流。

我们无法同这些人交谈，但我们却可以领会到，他们的灵魂同我们的一样，跟我们完全相同，他们亦珍惜着梦境与欲望，他们跟我们的不同就如同树上叶子的不同而已。

# 第六章　皮杜鲁塔拉格勒山

　　为了在平静而安宁的气氛下向印度道别，我在停留的最后几天，选择在一个晨雨中的冷寂时分，独自登上了锡兰的最高峰——皮杜鲁塔拉格勒山。若以英尺来衡量，它的高度委实可观；但实际上，它只有2500多米而已，登上去并非难事。

　　努沃勒埃利耶的冷绿山谷在清爽的早晨细雨里闪烁着银白色的光芒，典型的英印风格屋舍露出其波状锡皮的屋顶，它宽广的网球场及高尔夫球场，依稀可见。锡兰人蹲在他们的茅屋前捉虱子，或裹着羊毛巾坐着发抖。这一片景色显得毫无生气，宛如德国的黑森林。除了几只小鸟，我几乎看不到一点生命的迹象，后来在一个花园篱笆里，我才看见一只肥大、青绿色的变色龙，它捕食昆虫的凶猛动作，吸引了我的目光。

通过了一个小山谷之后，山路开始上升，稀稀落落的屋顶消失了，只有湍急的溪水在我脚下流淌。狭窄而陡峭的山路平稳地上升了足足一个钟头；良久才得遇上一次路转，使我能一窥山脚下的风光，但是眼底尽是同样绮丽却沉闷的山谷，以及海面与大饭店的屋顶……雨逐渐停了下来，冷风也消退了，而太阳则偶尔会穿破云层，出来露几分钟的脸。

我现在已爬到山肩了，山路开始穿过平坦的田庄、肥沃的沼泽地，以及几处漂亮的山间细流。这儿的杜鹃花长得比家乡的还要艳丽，一般树木都有三人高，还有一种银色衬毛的植物，盛开着白花，令人想起了火绒草。我发现了许多我们所熟悉的森林花，但是形态却显得特别高大，有点像阿尔卑斯山上的植物。而且，这儿的树木似乎不顺着林线成长，它拥有厚重的树叶，强直而长，像是要直冲到最高点。

当我爬到最后一个山顶时，山路突然再度往上升，不久我发觉自己再度为森林所包围，一片奇异、死寂而又感人的山林，这儿的树干与树枝像蛇群般交缠着，它们透过厚而长的白色苔须，痴痴地瞪着我，树叶与浓厚的气息游离其间。

这一切山景看来皆很好，只是不像是我心里想象的那幅景象，我内心已暗自恐慌，生怕早先的许多失望又要平添一

080

个新的失望。

最后，我终于走到了森林的尽头，如释重负地步出森林，来到一处灰色的荒地，心里总算感觉温暖得多了。再看看眼前的山巅，它像是戴上了小型的金字塔形石帽。寒风袭来，我赶紧拉紧了外衣，然后慢慢地爬了最后一百步。

我在山上所看到的或许不是典型的印度景观，但它却是我从锡兰岛所带走的最伟壮及最纯粹的印象。清风刚刚清扫过整个狭长的努沃勒埃利耶山谷，放眼望去，我可以看见深绿色的锡兰高山山脉，堆积成豪迈的山壁，而其中间乃是美丽、古远、神圣的金字塔状的亚当高峰。亚当高峰的极远处则是平静的蓝色海洋，海洋与亚当高峰之间有千百座山、宽广的山谷、狭小的山涧、河川与瀑布，纵横交错，横贯其间，锡兰——这个多山的岛屿——也就是昔时传说中的人间乐园之所在。

在我脚下很远的地方，变化多端的云层列队而过，雷声响彻山谷，而在我身后则有旋涡荡漾的云雾升起于蓝黑色的长空。在潮湿的大气之中，远近景物皆已变形，它们浸透于彩色的猛烈融合中，使这片大地看起来像是真正的天堂，而人世间的第一人犹如从它深蓝色的、云层环挂的山脉里，下凡到山谷里去似的。

这一片原始景观给予我的感受比我在印度其他地方所看

到的更为强烈。这个乐园的鸟儿与棕榈树、富裕海岸城市的稻田与寺庙、热带低地的充裕物产，这一切及原始森林本身皆是绮丽而迷人的，但它们却显得有点奇怪，它们对我并不十分亲近，且非属我身。只有在这儿，在这寒冷的空气与沸腾的云层中，我才能领悟到，我们的生命与北方文化完全根源于原始而贫瘠的土地。我们在家乡怀着一股感激的亲密心理，渴望着南方与东方，最终我们在这里发现了乐园。在这个万物齐备的大千世界，我们发现了乐园里单纯、率真而又童心未泯的人们。

但是我们不同，我们在这里是没有本地身份的异乡人。长久以来，我们即失去了这样的乐园，而我们希望拥有及建造的新乐园是无法在这个赤道地区或暖和的东方海域里找到的，因为它存在于我们身上，存在于我们自己的北方文化里。

# 第七章　温泉疗养客

## 开场白

闲散是所有心理学的开端。

——尼采

据说，施瓦本人要到四十岁才会慎思明辨，施瓦本人自信心不足，有时便会把这视为一种侮辱。然而，事实刚好相反，这是极大的荣誉，因为慎思明辨的能力（也就是年轻人口中的"年长者的智慧"——对伟大的对立统一、对生命循环以及二元性的奥秘的理解），即便在施瓦本人中，无论多么有才华的四十岁人身上，也都是少见的。另一方面，一个人一旦过了四十五岁，不管有无才华，那种年长者的智慧或心态便会自然而然地显现出来，尤其是在身体初现各种衰老的征兆和不适时。这方面最常见的病痛莫过于痛风、风湿痛与坐骨神经痛，正是这些痛让我们这些病人来到巴登进行温泉疗愈。这儿的环境十分适合我那已慢慢进入的这种年长者的心态，似乎在这天地灵气中，人们便可以在此地"灵秀之气"的引导下，自然地飘入一种略带疑惑的虔诚心境，一种单纯的智慧、一种微妙的简化艺术、一种慧黠的反智状态之中，这种氛围和心境，就和温泉发散出来的热气和硫黄水的气味一样，构成了巴登温泉疗愈的特殊部分。或者，简单地说，我们这些来温泉的疗养客，我们这些关节炎患者，是一群特别看得开的人，不纠结于"二加二等于五"的不合逻辑，不执着于伟大的梦想，只要能拥有一百个令人宽慰的小小梦想作为补偿，我们就已经心满意足。如果我所言不差的话，我们巴登的病人特别需要有关"二律背反"的知识。我们的关节越僵直，我们就越迫切地需要一种弹性的、两面的、两极化的思维方式。我们的病痛是真实的苦痛，但它们并不是英雄式或富有戏剧性的，一点也谈不上风光。我们的痛苦既不会惊天动地，也不会赢得别人的尊敬。

如果我说话的语气仿佛在将我个人的生活阶段和坐骨神经痛患者的思维方式提升为一种典型、一种普遍的模式，如果我现在的谈吐看起来不像是为我一个人，而是代表一整个阶层的人和一个年龄群体在发言的话，那么，至少在此刻，我清楚地意识到，这是一种严重的错误，没有一个心理学家——除非他是我灵魂上的孪生兄弟——会认为我对周围环境与命运的心智反应是正常而合乎标准的。恰恰相反，他只要稍加推敲，便会得知我是一个中等天赋的独行者，属于精神分裂症患者，但尚不需要住院治疗。然而，我冷静地运用人类一切"依时效而得到的权利"——心理学家的权利亦不例外，我不仅将我的思维方式、性情、喜悦与悲哀投射到人身上，还投射到事物和我周围环境的安排上，甚至投射到整个世界上。我认为自己的思想与感觉是"正确的"、合理的，是我不容别人侵犯的乐趣，虽然周遭的世界时时刻刻要我相信相反的观点。是的，我毫不在意与多数人意见相左，我宁可相信自己是对的，而他们是错的。我对伟大的德国诗人的判断也是这样，不会因为绝大多数的现今喜欢火箭胜过星星的德国人疏远他们，就减少对这些诗人的敬重、喜欢和需要。火箭是壮观的，火箭是迷人的，火箭万岁！但是星星！我的眼睛、我孤独的心充塞着它们恬静的幽光，充满着与它们那宇宙之音的共鸣——啊，朋友，那终是完全不同的意境！

当我这个迟来的小诗人试图勾勒一次温泉之旅时，我想起那些优秀和拙劣的作家所记录的数十次温泉之旅和巴登之行，我怀着迷醉和崇敬的心情想到了所有火箭中的那颗星星，那纸币中的金币，麻雀中的天堂鸟，简而言之，想到了卡岑伯格医生的温泉之旅，然而，我并不允许这些想法阻止我发射火箭去追寻那颗星星，让我的麻雀去追寻那只天堂鸟。飞吧，麻雀！飞起来，小纸龙！

## 温泉疗养客

火车刚到，我好不容易走下车厢的台阶，巴登的魅力就迎面扑来。我站在月台阴湿的水泥地上，四处张望寻找旅馆派来的行李员时，看到三四个同车的旅客举步维艰地下了车，从他们绷紧的臀部、不稳的步伐以及伴随着小心翼翼的动作而显露出来的无助、哭丧的面部表情，可知他们一定是坐骨神经痛病患。尽管他们各有各的特殊和痛苦，因此各有各的走路方式、迟疑动作、蹒跚的步态以及跛行的窘态，面部表情各有不同，但他们的共同点占了上风，我一眼就认出他们是坐骨神经痛患者，是我的难兄难弟、我的同病相怜者。任何熟悉"坐骨神经痛"发作的人——不是从教科书上，而是通过医生所说的"主观感觉"来了解的人，都会立即辨识出这种动作。我立即停下，观察这些与众不同的人。看啊，这三个人脸上的表情比我的还要难看，他们比我更依赖手杖，举手的动作比我更僵硬，移步的动作比我更缓慢和费力，他们比我病得更重，更痛苦、更可怜。周围的人在跛行，在爬，在长吁短叹，有的甚至不得不依靠轮椅移动，这给了我莫大的安慰，并在整个巴登的疗养期间不间断地给我带来慰藉。他们都比我病得更重，似乎没有理由比我笑得更灿烂，抱有更多希望！就在那一刻，在到达此地的第一分钟里，我发现了所有温泉疗养地的伟大秘密和魔力，我满心喜悦地品味着这个发现：痛苦中相伴，有难同当。

当我离开车站，愉快地沿着通向温泉浴场的下坡路信步而行时，我的每一步路都证实并加强了这种宝贵的经验。沿路所见的每一处都有病人提心吊胆地拖着脚步移动，有病人斜靠在长凳上，疲惫地呆坐着，有病人脚步缓慢地穿过聊天的人群。一个女人坐在轮椅上被推着走，她疲惫地微笑着，手里拿着一朵半枯萎的花，她的护士在她身后，显得健康而充满活力。一位老先生正从一家商店走出来，风湿病患者可以在那里购买明信片、烟灰缸和镇纸（他们需要很多，我一直不明白为什么）——这位老先生每走一步台阶，都要花整整一分钟的时间，他看着面前的街道，就像一个疲惫而彷徨的人看着强加给他的繁重任务一样。一个还很年轻的男人，头发蓬乱，戴着一顶灰绿色的军帽，拄着两根手杖在吃力地向前走。哦，是的，这些手杖随处可见，这些可恶的认真得让人生厌的病人用的手杖末端是宽大的橡胶套，会像水蛭一样粘在沥青路面上！当然，我也携带一根手杖，一根漂亮的马六甲竹手杖，虽然非常乐于有它的帮助，但如果有必要的话，我希望可以不拄着它走路，而且从来没有人见过我用那种可怜的橡胶套拐杖！不，这太明显了，任何人都会被我优雅而轻松地走在这条令人愉悦的街道上的样子所打动，我是如何轻巧而有趣地使用这根马六甲手杖，这件纯粹的装饰品，这个点缀。在我身上，坐骨神经痛的特征标志——大腿的神经性收缩是多么地轻微和无害，只是轻轻暗示一下。总的来说，当我走在这条街上的时候，我的姿态是多么挺拔和得体，与那些年纪更大、境况更差、病情得更重的兄弟姐妹相比，我是多么年轻和健康啊，他们的病是那么明显、那么不加掩饰、那么无情地暴露出来！我呼吸着赞许的气息，每走一步都感受着肯定，我已经觉得自己差不多好了，至少比这些可怜人病得轻多了。是的，如果这些半瘫半跛的人还希望得到医治，如果巴登现在还能帮助这些拄着橡胶套拐杖的人，那么我的这些初期小毛病就会像南风吹过的雪一样消失，医生一定会在我身上发现一个很好的样本，一个非常有益的现象，一个可以治愈的小奇迹。

完全是出于同情与善意，我以慈悲的眼光注视着这些鼓舞人心的人。这时，一个老妇人从一家糖果店里缓缓走出来。

她显然已不再掩饰自己的虚弱，她不再抑制自己的反射动作，她充分利用每一种可能的缓解手段，利用每一种辅助肌肉的作用，她像一只海狮一样在街道上游走、扭着身子，极力要保持平衡，只是动作慢些。我内心默默地向她致意，祝福她顺利前行，我赞扬着这只海狮、赞扬巴登以及我自己的幸运。我看到自己的前后左右尽是一些挣扎不懈的人，一些活力远不如我的人。我能在坐骨神经痛初发之际，在关节炎初现症状之时，就及时前来就医，是多么幸运啊！我撑着拐杖，转过身，带着悲悯的眼光望向身后的"海狮"，内心涌起一股熟悉的满足感，这种满足感是语言无法表达的一种心理过程，在这种难以名状的心境之下，语言上对立的两极——恶意与同情——深刻地结合在一起。天哪，这可怜的老妇！所幸我的病情没有坏到那种程度。

但是，即使是在那值得庆幸的极为健康的一刻，即使在我沉醉于自己美好的幸福感里，我仍能感觉到内心深处一种恼人的声音，我十分不情愿听到但又急切需要的声音——理智的声音——它以冷静而令人不悦的音调及略带遗憾的口气，轻声地提醒我，我宽慰的缘由根本是一个错误，是一种不当的处理方法：我只拿自己，这个拿着马六甲拐杖的跛行文人，跟每一个瘸腿、伛偻着身躯、寸步难行的人相比，而暗自庆幸，但丝毫没有考虑到那些状况与我相反的人，完全没有想到那些比我年轻、比我挺直、比我健康且比我活力百倍的人。或许，我曾注意过他们，但拒绝跟他们相比；事实上，在最初的两天里，我完全相信，我所看到的这些用不着拐杖，且没有任何跛行迹象就可在街上溜达的神态自若的人，不是我的难兄难弟，不是我的同病相怜者，而是本地健康、正常的居民。有些坐骨神经痛患者走起路来不需靠拐杖，也没有抽搐的动作，而许多关节炎患者也看起来像是完全没有病痛，他们走在路上即便是心理学家也几乎认不出。我撑起马六甲拐杖，走起路来有点轻微变形，但这绝不意味着，我这初期的病变是无害的。如果说我能从这些真正行动不便的人身上唤来一些羡慕的眼光的话，那么在这些视我如慰藉的海狮的人眼里，我也会得到某种戏谑式的同情。简单地说，我敏锐观察下的痛苦程度并不是一种客观的审察，而更像是一种乐天式的自欺——来到这里几天后，我才慢慢地了解到这个事实。

我完全陶醉在初抵此地第一天的快乐里，我沉浸在天真的自我肯定中，这的确让我感到十分惬意。温泉形形色色的来客一直吸引着我的目光，目之所及，到处可见病情比我严重的患者，每个跛脚的人的神态都能令我暗自庆幸，擦身而过的每一部轮椅都能唤起我欣然的同情与自足的兴味，我沿着街道漫步，这条街道布局得如此便捷，设计得如此美好，初到的来客可以从车站被推着，沿略微起伏但相当平缓的斜坡，抵达古老的温泉浴场，自此，坡路便如下沉到沙土中的小河一样，消失在温泉旅馆的入口处……在打定主意之后，我怀着欢畅的期待，来到了我预定的海立根霍夫旅馆。我只打算在这里待三四个星期，每天洗温泉浴，尽可能多走动，尽量抛却一切兴奋之情与忧心之虑。待在这里可能有时会感到单调，有时会感到无趣，因为这里的生活方式注定与密集的生活不同，对我这种老孤僻来说，群居及旅馆生活尤其令我厌恶，某些不适不得不勉强承受，某些不情愿不得不克服。但毫无疑问，这种新鲜而全然不熟悉的生活，也会为我带来一些愉快而有趣的经验，虽然它不免带有一些市井和乏味的性质，但是在经历了长期宁静、自然、朴实无华及深居简出的读书写作生活之后，我难道不真的需要跟其他人交往一下吗？最主要的是，在克服了这些困难，在度过了从现在开始几个星期的治疗之后，我将焕然一新地离开这家旅馆，活力充沛地踏上同样的道路，在百病消除、元气恢复之后，我将轻快地对这些浴场说再见，轻快地抖动膝盖与臀部，舞着脚步，直奔车站，打道回府。

但不妙的是，当我踏入海立根霍夫旅馆时，细雨就飘飘落下。

"你没有给我们带来好天气。"前台的年轻小姐在向我友善地问候时，随口说。

"是啊。"我若有所失地说。这意味着什么呢？难道真的是我唤来了这场雨，难道是我制造这场雨然后顺便将它带来了？这种说法虽然不合常理，但也不能免除我这个神学家、这个神秘主义者的责任。是的，正如命运与性格可做同一概念的不同名称，正如在某种意义上，我的姓名、地位、年龄、面孔、坐骨神经痛，是我自己选择及创造的，我必须为之负责。这场雨也一样，我必须为它负起责任。

我一边填写登记卡，一边跟这位年轻的小姐说话，然后开始跟她商谈我订房的事情。我这种经验是常人所无法体会的，我的这种恐怖、这种苦楚，不是任何简单、随遇而安的人所能知觉的，只有习惯于孤独与沉静的隐士、作家，只有滞居在一家陌生旅馆的失眠的人，才能领会得到。

对普通人来说，选择一个旅馆房间是一件微不足道、司空见惯的事情，绝不涉及情绪波动，两分钟就能完成。但对我们这类人，对我们这些神经症患者、失眠症患者和精神病患者来说，这个平淡无奇的动作却充斥着回忆、情感和恐惧，甚至变为痛苦的煎熬。和蔼可亲的旅馆经理、富有同情心的前台接待员，在我们犹豫不决却又执意要求的情况下，向我们指出并推荐了"安静的房间"，却不知道这个致命的短语在我们心中激起的联想、恐惧、讽刺和自嘲的风暴。我们对这些"安静的房间"的认识，是多么准确、深刻啊！这些房间见证了我们最痛苦的折磨、最严重的失败和最隐秘的羞辱！这些友好的陈设、这些用心良苦的地毯和令人愉快的壁纸，看起来是那么虚伪、极具欺骗性，很像恶魔！与隔壁房间相通的那扇上了闩的门，露出了致命的狰狞笑容！不幸的是，大多数房间里都有这扇门，它通常都知道自己的邪恶角色，因此羞愧地躲在壁挂后面！我们带着痛苦和听天由命的表情望着房间粉刷过的雪白天花板，天花板总是在我们仔细观察的时候，默默地、空虚地假笑着，只有在早晚时分，才会回荡着楼上住户的脚步声——哦，不仅是脚步声，它们是我们所熟悉的，因此，还不算是最糟糕的敌人！不，在这绝望的时刻，从那无辜的白色表面之上，就像穿过那扇薄薄的门和墙一样，传来难以想象的噪音和震动，靴子被扔到地上，手杖掉到地上，强烈的有节奏的颤抖（表明在做健康运动），椅子被打翻，书或玻璃杯从床头柜上掉下来，箱子和家具被移动。还有人声、对话、独白、咳嗽、大笑、打鼾！比这一切更糟的是那些不明的、无法解释的沙沙声，那些我们无法解释的、奇怪的、幽灵般的声音，我们无法猜测其来源和可能的持续时间，那些敲击声和旋转声，所有的开裂声、嘀嗒声、低语声、吹气声、吸气声、沙沙声、叹息声、噼啪声、啄食声、沸腾声——天知道，在旅馆房间的几立方米里，会隐藏着多么庞大的无形的交响乐团！

　　所以，为我们这类人挑选房间是一项极其微妙、极其重要的工作，同时又是一件相当无望的事，因为我们要考虑二十种、一百种可能性。意外噪音的来源，在一个房间里可能是壁柜，在另一个房间里则可能是蒸汽管道，在第三个房间里是演奏陶笛的邻居。根据所有的经验，世界上没有一个房间能保证人们渴望的安宁和不受打扰的睡眠，因为表面上最安静的房间也隐藏着意外（我曾住在五楼偏僻的仆人房间，以确保我的楼上或旁边没有破坏安宁的人，结果却发现头顶上方是一个吱吱作响的阁楼，里面住满了老鼠）——难道我们不应该放弃所有的选择，一头扎进命运之中，让偶然决定一切吗？与其折磨和困扰自己，结果因为不可避免的事情在几小时后感到悲伤和失望，不如顺其自然，接受第一个提供的房间，这样不是更明智吗？这当然更聪明。但我们不这样做，或者很少这样做，因为如果聪明和避免激动决定了我们所有的事情，那么生活将会是什么样子呢？难道我们不知道我们的命运是与生俱来的，不可避免的吗？我们难道不还狂热地执着于选择和拥有自由意志的幻觉吗？每个人在选择医生治疗疾病、选择职业和居住地、挑选心爱的伴侣时，不是同样可以完全交给纯粹的偶然，也许更有可能成功吗？然而我们的选择仍是一样的，仍在所有这些事情上投入了大量的热情、努力和关怀，不是吗？也许他这样做是天真的，以孩子般的热情相信自己的力量，相信命运是可以被影响的；又或者，他是抱着怀疑的态度去做的，在深知自己的努力是徒劳的同时，同样确信行动和努力、选择和自我折磨比陷入无奈的被动更好、更有活力、更体面，或者至少更有趣。就像我在愚蠢地寻找房间时的行为一样，尽管我深信我的行为是无用的，是愚蠢、无意义的，就像我一次又一次地就要选择的房间进行长时间的谈判，认真地询问关于邻居，关于门和双层门，关于这个和那个。这是我玩的一种游戏，一种我沉溺于其中的运动，在处理这些小而普通的问题时，我把自己交给了游戏中虚幻的、虚构的规则，仿佛这类事情完全是可以理解的，值得被理性管理。在这样做的过程中，我的行为就像一个买糖果的孩子或一个根据数学系统下注的赌徒一样聪明或愚蠢。在所有这些情况下，我们都很清楚，我们面对的是纯粹的偶然，但出于一种深层的心理需求，我们表现得好像不存在偶然，好像世界上的每件事都听从我们理智的思考和安排。

于是，我与那位热心的年轻女士详细讨论了五六个空置的房间。我得知其中一个房间旁边有一个小提琴手，他每天练习两个小时——嗯，至少这是明确的事情，所以在进一步选择时，我尽可能远离那个房间和楼层。无论如何，在旅馆隔音条件和可能性方面，我有一种敏锐性，有一种预见能力，这对许多建筑师来说将是无价的。简而言之，我做了必要、合理的事情，我表现得谨慎而认真，就像一个神经质的人在选择卧室时表现的那样，通常的结果大致可以这样表述："当然，这样做没有用，我自然会在这个房间里遇到和其他房间一样的干扰和失望，尽管如此，我现在已经尽了我的职责，我已经尽力了，其余的交给上帝。"同时，我内心深处那个更温和的声音像往常一样说："把整件事情交给上帝，停止这种装模作样不是更好吗？"我总是听到这个声音，但同时又仿佛没有真正听到它，而且因为我那时心情很好，所以整个过程进行得很愉快，我满意地看着我的行李箱消失在65号房间，就继续出门了，因为我与医生约定的时间到了。

瞧，这里的事情也进展顺利。回想起来，我承认，我对这次问诊的结果有点害怕，不是因为我担心一些毁灭性的诊断结果，而是因为按照我的想法，医生属于精神阶层。我给予医生很高的地位，我非常在意来自他的任何失望，这些失望如果是来自铁路售票员、银行职员，甚至律师，我可能会很容易接受。在医生身上，我期望——我不知道为什么——一些人文精神的残余，包括拉丁文和希腊文的知识以及某种哲学准备，而今天在大多数其他职业中这些已经不再被需要。在这方面，我，一个通常对新事物充满热情的人，是完全保守的，我要求受过高等教育的阶层有一定的理想主义，有一定的不依赖物质利益去理解和解释的准备——简而言之，有一点人文主义，虽然我知道这种人文主义实际上已经不存在了，甚至它的代表很快就只会出现在蜡像上。

过了一会儿，我被领进了一间装潢雅致的漂亮房间，这一下子增强了我的信任感。医生在隔壁房间洗完手之后走了进来。他一脸睿智，保证会理解我，我们热情地握手致意，就像比赛前有礼貌的拳击手一样。我们小心翼翼地开始战斗，互相试探，小心翼翼地测试我们的第一击。我们仍然站在中立的立场上，我们的辩论涉及新陈代谢、营养、年龄、病史，散发着无害的气息。只有在某些字眼上，我们的目光才会交错，露出战斗的神色。医生掌握了许多医学密语，我只能含糊其词地解读，但这大大有助于他优雅地进行解释，并明显加强了他在我面前的地位。然而，几分钟后，我明白了，有了这位医生，我不必害怕那种可怕的幻灭，那种对医生的幻灭对像我这样的人来说是如此痛苦，即在智力和教育的外表背后，是一种严格的教条主义，这种教条主义的最初说法是，假定病人的观点、思维方式和词汇都是纯粹主观的现象，而医生的观点、思维方式和词汇则是严格客观的。在这里，争取这位医生的理解是值得的，他不仅理智有加地按照规定做该做的一切，而且在某种尚未确定的程度上还是聪慧的，也就是说，他对所有精神价值的相对性具有一种灵活的感觉。在受过教育的成熟人士间，经常发生这样的情况：每个人都把他人的心理和语言、教条和神话看作是主观的，认为它们仅仅是一种尝试和肤浅的比喻。但是每个人都应该对自己有同样的发现，并将其应用到自己身上，每个人都应该给予自己和对手拥有自身内在的、不可避免的思维模式和言语方式的权利，也就是说，两个人应该相互交流思想，并在交流过程中不断意识到他们的工具的脆弱性和所有言语的模糊性，真正精确表达的不可行性，以及自我意识屈从的必要性，形成一种热诚的、互相警觉的智识上的骑士精神——这种绝佳的境界，在有思想的人之间本应是理所当然的，但实际上极少出现，以至于我们会为任何接近它，甚至部分实现它的举动而感到欣喜。现在，在这位新陈代谢疾病专家面前，这种理解和交流的可能性突然迸发出来。

医生根据血液检查和 X 光检查的结果，得出了令人欣慰的结论。我的心脏正常，呼吸顺畅，血压正常；另一方面，坐骨神经痛的迹象明显，关节腔有积液，整个肌肉组织的状态相当糟糕。我们的谈话停了一会儿，医生又去洗手了。

不出所料，这是一个转折点，中立的领域被抛弃了，我的搭档开始了进攻，用谨慎的语调和看起来漫不经心的样子问道："你不觉得你的疼痛有一部分是精神上的原因吗？"

就这样，我预判的事情发生了。客观的检查结果并不能完全证明我的痛苦，这里有一个可疑的感性因素，我对关节炎疼痛的主观反应不符合预期的正常反应，所以我被认为是一个神经症患者。好吧，那就起来战斗吧！

我同样谨慎而随意地解释说，我不相信痛苦和疾病源于部分精神原因，在我个人的生物学和神话中，"精神"不是一种附加在身体上的辅助因素，而是一种主要的力量，因此，我认为生活的每一种状况、每一种快乐和悲伤的感觉，以及每一种疾病、每一种不幸和死亡都是精神上的，都是由灵魂产生的。如果我的手指关节出现了关节炎的肿块，那是我的灵魂，是我受人尊敬的生命法则，是我体内的"它"，在以可塑的物质形式表现出来。如果灵魂正在遭受痛苦，它可以以非常不同的方式来表达，在一个人身上以尿酸的形式为自我的解体做准备，在另一个人身上可以通过酗酒发挥同样的作用，在第三个人身上，它可以凝结成突然撞进头骨的一盎司铅。与此同时，我承认，在大多数情况下，医生所能提供的帮助必须局限于寻找物质或次要的变化，并用同样的物质手段与之斗争。

即使是现在，我仍然认为，医生可能会抛弃我。当然，他不会直截了当地说："我的好先生，你说的话毫无意义。"但他也许会带着一丝过于体贴的微笑表示同意，说一些关于气质的影响，特别是对艺术灵魂的影响的陈词滥调。也许除了这种敷衍之外，还会用上一个致命的词"不可估量"。这个词是一块试金石，是衡量一般科学家称之为"不可估量"的精神量的精密天平。也就是说，普通的科学家总是使用这个方便的词去回应测量和描述生命表现的问题，这不仅因为目前的物质测量设备太粗糙，也因为说话者的决心和能力太小。事实上，自然科学家通常知道的很少；他们不知道的就包括，在自然科学之外，还有古老的、高度发达的测量和描述方法，用于这些被称为不可估量、转瞬即逝、多变的价值。托马斯·阿奎那和莫扎特的全部成就，就是用各自的语言，极其精确地衡量所谓不可估量的价值。我还能指望一个水疗医生（尽管他在自己的领域里可能是凤毛麟角）提供这种微妙的知识吗？然而，我确实期待了，瞧，我没有失望，我被理解了。这个人认识到，在我身上，他面对的不是一种外来的教条主义，而是一种游戏、一门艺术、一种音乐，其中不再有竞争，也不再有对与不对的问题，而是一种共鸣与否的问题。他没有失败，我得到了理解和认可，当然不是因为我是对的，我也从来没有想过成为对的，因为我是一个探索者，一个思考者，一个截然相反的人，一个来自另一个遥远但同样有能力的领域的同行。

现在，我的情绪已经被血压和呼吸测试的结果所鼓舞，达到了一个更高的点。不管阴雨天气、坐骨神经痛和治疗结果如何，我并没有被遗弃，我是在一个人的面前，一个同事，一个同盟，一个头脑灵活而有辨别力的人面前！我并不指望经常和他长谈，和他一起解决问题。不，这是不必要的，虽然这仍然是一种令人愉快的可能性。我曾一度把掌管自己的权柄交给这个人，我也信任他。在我看来，他是持有人类成熟的标志的。今天，就让医生继续把我看作一个智力活跃但不幸有些神经质的病人吧！可以想象，总有一天，他会撬开我的精神，在那里，我自己的信仰，我最私人的哲学，将与他展开较量。或许，我根据尼采和哈姆生提出的神经症理论也会向前推进一步。但没关系，这不重要。神经质的性格不被看作是一种疾病，而被看作是一种虽然很痛苦却高度积极的升华过程——这是一个很好的想法。然而，实践它比构想它更重要。

　　带着许多药方，我心满意足地向医生告别。我笔记本上的单子上写着从第二天一大早就要开始执行的指示，并承诺提供各种恢复健康和令人愉悦的服务：沐浴、药剂、透热疗法、石英灯、医疗体操。所以，不会有太多的空间留给无聊。

　　我在温泉浴场的第一天在一个美丽而愉快的夜晚达到了高潮，这要归功于我的旅馆主人。令我惊讶的是，晚餐是一顿高贵的节日大餐，我多年没吃过的美味佳肴，比如鹅肝团子、爱尔兰炖菜和草莓沙冰。后来，我坐在一间漂亮的、古色古香的房间里，在一张笨重的、古色古香的胡桃木桌子旁，喝着一瓶红酒，与旅馆主人兴致勃勃地交谈着。我很高兴能在一个陌生人身上找到共鸣，一个有着不同血统、不同职业、不同抱负和生活方式的人，能够分享他的担忧和快乐，并发现我的许多观点与他一致。我们彼此都没有夸夸其谈，但我们很快就找到了共同语言，彼此敞开心扉，很快就产生了共鸣。

当晚临睡前散步时，我看到了倒映在雨坑里的星星，看到了深沉低语的河岸边一对极其美丽的老树在夜风中摇曳。当然，它们明天也会很美，但此时此刻，它们有一种魔力，一种无法重复的美，这种美来自我们自己的灵魂，根据希腊人的说法，只有当爱神厄洛斯注视我们时，它才会在我们的灵魂中燃烧起来。


## 平常的一日


在描述温泉疗养院一天的通常情况时，我将公平地选择一个平常的日子，一个没有极端的日子，一个半阴半晴的正常日子，一个没有特殊的外在事件，也没有特别的内在情绪焦虑的平常日子。当然，这不仅仅只针对那些神经质人士，对所有坐骨神经痛患者来说，根据他们病情和治疗阶段的不同，感受也总是不同：有些日子充满了痛苦和沮丧，有些日子则非常温柔，充满安宁、绽放希望，有些日子我们轻盈跳跃，而有些日子我们痛苦地拖着自己四处走动，或者无望地躺在床上。

但是无论我如何小心翼翼地去重构一个心平气和的日子，一个纯粹加减的日子，我必须痛苦地承认，我们每天，或甚至是温泉里的一天，皆必须自早晨开始，无论如何，对于早晨，我是没有多少赞颂的诗篇的。或许，这跟我个人的苦楚、坏习惯、难以入眠，以及我生命的每一面、我的哲学、我的气质与个性有着密切的关系吧。这种事情不能说不是一种耻辱，我实在不情愿承认这个事实，但如果不说实话，那写出来又有什么意思呢？清晨对一般人来说，乃是清新的欢畅时刻、新的一日的开始、年轻活力的快乐时辰，但是对我来说，它却是死寂、苦恼、令人沮丧。清晨与我，两者是无缘相爱的，而对于在艾兴多夫和默里克诗中回荡的那种灿烂明亮的清晨喜悦，我并不乏理解和感受。在诗歌、绘画和记忆中，我也发现清晨充满了诗意，从童年起，我就保留了对真实的清晨喜悦的朦胧记忆，尽管许多年来，我从未在任何一个清晨感到过快乐。而且，即使在我所知的以最为响亮的音调颂扬清晨的快乐，胡戈·沃尔夫谱曲的艾兴多夫的诗

《清晨，我的喜悦》，我也从中听到了微弱的不和谐音，尽管它听起来很棒，艾兴多夫的清晨情绪完全说服了我，但我不能完全相信胡戈·沃尔夫的清晨喜悦，我认为他沉溺于一种忧郁的、诗意的渴望，而不是真正体验过的对清晨的赞美。使我的生活变得沉重而困难的每一件事情，似乎皆在清晨撞头，它像一个巨人般站在我的面前。而使我的生活显得甜蜜而美丽的不寻常的东西，所有的恩宠、所有的生之喜悦、所有的生命乐章，似乎皆远离清晨。清晨，我从深度睡眠中醒来，我的睡眠经常被打断，我没有复活的感觉，而是感到沉重、疲惫、胆怯，没有盾牌或盔甲来抵御来自周围世界的攻击，这个世界把它所有的振动都强加在我清晨敏感的神经上，就像通过一个强大的放大器，通过一个扩音器向我咆哮。只有从正午开始，生活才再次变得美好而可忍受。在幸运的日子里，在下午晚些时候和晚上，有着美妙、闪耀、若隐若现的景象，这让我内心充满了上帝的柔和之光，充满了秩序与和谐，充满了魅力与音乐，这为成千上万的糟糕时光做出了最宝贵的补偿。

有机会时我打算在别处说说，为什么这种失眠和清晨的不幸，对我来说，不仅仅是一种疾病，也是一种罪恶。为什么我对此感到羞愧，却又觉得必须这样，我不敢逃避这些事情或忘记它们，也不敢通过物质手段"治愈"它们，因为我需要它们作为激励和不断更新的刺激，以实现我真正的生活和它的任务。

对我来说，在巴登浴场的一天比平常的日子更有优势。在这里的疗养期间，每天开头的第一件大事乃是清晨的责任，这是一件十分容易且令人舒服的任务。这就是下浴池。当我早晨醒来时，无论几点，第一件等着我的事，不是什么烦人的事，不是穿衣服、刮胡子、看信件、做体操，而是沐浴，一件轻松、温暖而舒服的事情。带着轻微的眩晕感，我从床上坐起来，通过一些小心翼翼的动作让僵硬的四肢重新活动起来，然后站起来，穿上浴袍，慢慢地沿着半暗、寂静的走廊走向电梯，电梯带我穿过所有楼层到地窖，那里有浴池。这里非常舒服，古老的石窖里始终弥漫着一种奇妙的柔和暖意，因为到处都有泉水流出。一种神秘而舒适的感觉始终笼罩着我，就像我小时候用一张桌子、两把椅子和几块床单或地毯搭建了一个洞穴一样。在我预定的小房间里，有一个深埋在地板上的水池，里面充满了刚从泉源流出的热水。我慢慢地走下两个小石阶，翻转沙漏，然后沉到下巴深的热水中，水有点刺鼻，有微弱的硫黄味，这让我想起修道院牢房的拱顶，让我想起了回廊，日光透过半透明的窗玻璃洒在上面。在我上面的一层楼里，在毛玻璃的后面，是遥远的世界，乳白色的世界，没有任何声音传到我的耳朵里。在我周围是奇妙的温暖，是神秘的水，它已经在地球未知的厨房里流淌了数千年，并且不断地以细流注入我的浴池。根据疗养院的指示，我浸在温泉里必须尽量移动四肢，做体操与游泳动作。刚开始几分钟，我很费力地遵照指示，活动我的四肢，但之后，我便一动也不动地躺着，闭上我的双眼，假寐一下，然后又睁开眼睛，默默地注视着细沙在沙漏中滑落。

一片枯叶从窗子吹进来，一片我记不住名字的树的叶子，掉落在我浴池边缘，我细看了它一下，读着它叶脉与纹脉上的谜样文字，嗅着苍生所独具的"生之气息"，这生之气息令人战栗，如果没有这生之气息，那么这世间将没有所谓美妙。大自然的造化是多么美妙的事啊，美与死、喜与朽，彼此互动互依。我能感觉到我身外的官能之美，同时亦能感觉到我身内自然与精神之间的分界线。正如花朵是短暂而美丽的，黄金是持久而沉闷的一样，大自然生命的一切运动皆是短暂而美丽的，而精神则是不朽而沉闷的。此刻，我拒绝精神，并不是因为我认为精神乃是"永恒的生命"，而因为它是"永恒的死亡"。我认为那僵化、无果、无形的精神，只有舍弃其不朽性，才能重获形状与生命。金子必须变成一朵花，精神必须变成肉体、变成心灵，才能活着。不，在这宜人的清晨里，在这沙漏与枯叶之间的"时间"里，我宁愿不去理会精神，或许，在其他时候，我的想法或有不同；现在，我要活在短暂之中，我宁愿当个小孩，宁愿当一朵小花。

在温泉里躺了半个钟头之后，我被提醒自己毕竟是活在短暂之中。我按铃叫侍应生过来，他随即出现并将一条浴巾盖在我身上。我从温泉水中站了起来，一种易逝的感觉突然袭上我的心头，此时我的四肢顿感无力，这种热水浴的确令人感到十分疲倦。在泡了三四十分钟的热温泉之后，我的四肢只能缓慢而吃力地动着。勉强爬出浴缸之后，我把浴巾垂在双肩，然后拼命地擦拭自己的身体、尽力抖动四肢，以提起元气，但是无论怎么动，我都使不出力气，于是我只好瘫坐在椅子里，觉得已有两百岁那么老，费了好久，我才勉强让自己站了起来，穿上衬衣，再着上衣袍，然后离开浴间。

我膝盖软弱无力，缓慢穿过安静的地下室，听着隔间门后不时传来的水花声，听着硫黄温泉在玻璃下冒着气泡、沸腾着流过黄色的岩石。关于这个温泉有一个令人困惑的故事。在它的石边，总是放着两个水杯供客人使用，或者更准确地说，它们并不总是放在那里，每位客人渴求泉水时来到这里，都会发现两个杯子又不见了。只要他浴后还摇得动头的话，他就摇摇头，叫来服务员。不久，管家、服务员、女仆、浴场服务员、电梯男孩都出现了，他们也摇头，不明白这些神秘的玻璃杯去了哪里。他们每次都匆忙带来一个新的玻璃杯，客人装满它，喝空了放在石头上，然后离开——如果他两小时后回来再喝水，会发现玻璃杯又不见了。对员工来说，这些玻璃杯问题令人烦恼，增加了他们的工作量。他们每个人都有自己对丢失玻璃杯的解释，但没有一个真正令人信服。电梯男孩天真地说，玻璃杯经常被客人带到他们的房间。好像他们不会在那天被女仆发现似的！总之，这个谜团一直没解开。根据我自己的经验，这种情况已经发生了约十次，我不得不要求带来一个新的玻璃杯。由于该旅馆可能有八十位客人，而这些患有关节炎和风湿病的病人，看着正派，年龄也比较大，大概率不会偷玻璃杯，我猜测也许是一个病态收藏者或某种非人类生物，一个温泉恶魔或龙，带走了这些玻璃杯，可能是为了惩罚人们利用泉水。也许有一天，一个幸运的人，在拱形的地下室迷路，会发现通往隐藏的井口的入口堆满了高脚杯，据我保守估计，一年内至少有两千个玻璃杯跑到那儿去了。

在这个泉水边，我拿着我的杯子，满意地喝着浓热的水。通常我这样做时会坐下来，然后很难鼓起勇气再站起来。我拖着步子走向电梯，心情很愉快，觉得自己已经完成了洗澡和喝水，实际上，我已经执行了一天中最重要的指令。不过，现在还早，才七点或七点半，离中午还有几个小时，如果我知道一个魔法咒语，可以把清晨的时间变成晚上的时间，那我愿意付出任何代价。

这时，疗养规定可帮了我的忙，它规定我洗澡后再上床。我洗澡后的困倦与此完全吻合，但旅馆的生活早已开始，地板在匆忙的女仆和服务员的脚步下作响。他们端着早餐，门被砰的关上。除了小憩几分钟外，深度睡眠是不可能的，因为还没有发明出真正能保护失眠症患者过度清醒的敏感耳朵的耳塞。

尽管如此，我再次躺下，再次闭上眼睛，不去想我们每天早上都被要求做的所有愚蠢行为：愚蠢地穿衣，愚蠢地剃须，愚蠢地打领带，说早上好，阅读邮件，决定某种活动，恢复整个生活常规。

与此同时，我躺在床上，听到邻居笑、咒骂、漱口，听到走廊里的铃声响起，仆人们跑来跑去，我很快就明白，再拖延这不可避免的事情已经没有意义了。起来，吃东西吧！我起床，我洗漱，我刮胡子，我做那些为穿上衣服和鞋子而必须做的复杂活动，我用衬衫领子把自己勒得喘不过气来，我把手表塞进马甲口袋，我戴上眼镜。所有这些感觉都像一个囚犯，他几十年来一直遵循规定的例行公事，他知道一生都会这样持续下去，永远不会结束。

九点钟，我出现在餐厅，一个苍白沉默的客人在我的小圆桌前坐下，默默地向给我端咖啡的漂亮女孩问好。我给我的半份早餐卷涂上黄油，把另一半塞进口袋，打开放在盘子里的信封，把早餐塞进口里，把信放进口袋。我看到走廊里一个无聊的病人想要和我攀谈，他已经远远地用微笑邀请我，甚至开始用法语说话。我坚决而迅速地从他身边走过，低声说"对不起"，然后匆忙离开。

在这里，在温泉花园里，在树林里，我成功地在与世隔绝中消磨了一个上午。有时，我也会工作，也就是说，我坐在公园的长椅上，躲着人们，写下一些夜里还萦绕在我脑海中的想法。大部分时间我都在散步，我为口袋里的半个面包感到高兴，因为把面包揉碎喂给雀鸟和山雀，是我清晨最大的乐趣（当然，这种说法太夸张了）。这样做的时候，我的原则是不去想在离这里几英里远的德国，即使在富人的餐桌上，也没有这样的白面包，成千上万的人根本没有面包吃。我禁止这种显而易见的想法进入我的意识，而我常常发现这种禁止让我非常疲惫。

无论日晒雨淋，无论工作还是散步，不管怎样，我终于耗尽了一上午的时间。一天的高潮来临，那就是正午的餐点。我不是美食家，但即使对我这个熟知精神和苦行乐趣的人来说，这个时刻也是庄严而重要的。但这是一个需要进一步考虑的问题。

正如我已经暗示过的，不再年轻的风湿病患者和关节炎患者的气质和思维方式的一部分，就是他意识到不可能一根筋地来理解世界，他对对立面和矛盾的必要性有一种感觉和尊重。撇开其深奥的哲学基础不谈，其中许多矛盾在巴登温泉的生活中得到了惊人清晰的表达。这样的例子不胜枚举。我只想举一个很普通的例子，那就是巴登随处可见的长椅：它们邀请所有腿脚不便的病人坐下来休息，而病人总是迫不及待地接受友好的暗示。但他还没坐上一分钟，就又惊恐地挣扎着站了起来，因为这些长椅的慈善制造者是一位深奥的哲学家和讽刺家，他用铁制成了这些长椅，坐在上面的坐骨神经痛患者会发现自己病痛中最敏感的部位暴露在肆虐的寒意中，本能迫使他立刻逃离。因此，长椅提醒他多么需要休息，一分钟后同样强调地警告他，生活的核心和源泉是运动，生锈的关节不需要休息，而是需要锻炼。

还有一些例子。但与其他地方相比，巴登精神在正午和傍晚时分的餐厅里得到了更多的体现。那里坐着几十个病人，每个人都带着关节炎或坐骨神经痛，每个人都是为了这个原因来到巴登的，希望通过治疗摆脱病痛。任何简单直率、年轻、新教徒式的实用智慧，都会根据简单明了的化学和生理学知识，强烈建议这些患者除了洗热水澡之外，还要吃斯巴达式的简单、无肉、无酒、不诱人的饮食，如果可能的话，甚至要禁食。但巴登的人们的想法并不是这样直截了当、毫不含糊、充满青春活力，相反，数百年来，巴登一直以其丰富美味的菜肴和浴场而闻名于世，实际上，在整个国家，很少有城镇或旅馆能像巴登那样为患有代谢性疾病的患者提供如此美味和丰盛的食物。在那里，最精致的火腿配上德扎利酒，最美味的煎肉排配上波尔多酒，在汤和烤肉之间上一道清炖鳟鱼，丰富的肉类菜肴之后是奇妙的蛋糕、布丁和奶油。

前人曾试图用各种方式来解释巴登的这一古老特色。要认识并认可巴登美食的高水准并不难，因为这里的上千名病人每人每天都要吃上两顿。我将在下文中提到一些最重要的原因，但首先我想强调的是，我拒绝接受那些我们经常遇到的粗糙的、理性主义的解释。例如，我们经常听到一些庸俗的思想家说，巴登的美食传统其实与病人的最佳利益背道而驰，它是多年来逐渐形成的，是各个温泉旅馆之间的竞争结果，每个旅馆老板至少不应该落后于他的竞争对手。这种廉价而肤浅的论点经不起推敲，因为它避开了问题的核心，试图绕过巴登美食的真正起源问题，将其归结为传统和过去。我们最不能接受的是一种荒谬的想法，即旅馆老板对利润的渴望是美食的罪魁祸首！尤其是在巴登，温泉旅馆的每一位老板都拥有吸引客人的能力，几百年来从未失效过的巨大吸引力，就在他自己的地窖里，以温泉的形式存在！

不，我们必须挖掘得更深，才能对这一现象形成假设。秘密既不在于过去的风俗习惯，也不在于旅店老板的算计，而在于宇宙结构的深处，它是不得不接受的永恒的对立面之一。如果巴登的食物传统上是节俭而稀少的，那么旅馆老板们就可以节省三分之二的开支，而且还能让旅馆客满，因为客人不是被食物吸引来的，而是被他们的神经抽搐驱使而来的。但为了论证，让我们假设巴登人的生活是理性的，他们不仅通过洗浴，还通过禁欲和禁食来对抗尿酸和血管硬化，那么可能会产生什么结果呢？洗浴中心的病人可能会康复，在很短的时间内，整个国家都不会再有坐骨神经痛患者了，然而，坐骨神经痛和自然界的所有形式一样，都有其存在和延续的权利。如果人们认为这最后一种损失并不重要，也无法弥补，那么，宇宙系统中没有关节炎和坐骨神经痛，这些珍贵的泉水被浪费掉，就意味着世界不但不会改善，反而会倒退。

除了这种神学上的解释之外，我们再来看看心理学上的解释。在温泉疗养院里，除了沐浴和按摩、烦恼和无聊之外，我们当中有谁愿意忍受煎熬和屈辱呢？我们不是对自己和他人提出无条件要求的年轻人，而是深陷生活局限、习惯于不过分挑剔的老年人。让我们认真考虑一下这个问题：如果我们每个人都能康复，通过理想的治疗手段完全康复，并且永远不需要死亡，这是否恰当和可取？如果我们认真思考这个问题，答案将是：不，不，我们不想完全康复，我们不想长生不老。

当然，如果只问我们自己，也许我们每个人的回答都是"是"。如果有人问我，作家黑塞，温泉疗养院的一名病人，我是否同意作家黑塞应该免于疾病和死亡，我是否认为他的永生是好的、可取的和必要的。我，有着作家的虚荣心，也许会首先回答"是"。然而，一旦有人就其他人向我提出同样的问题，病人穆勒、坐骨神经痛患者勒格朗和 64 号房的荷兰人，我很快就会决定说"不"。不，事实上，我们这些上了年纪、不再美丽的人没有必要无休止地活下去——即使没有关节炎。那将是很不幸，很无聊，很可厌的。不，我们乐意死，以后再死。但现在，我们更愿意在疲劳的沐浴之后，在劳累的午后，沉浸在一丝惬意之中，啃一口鸡翅，吃鲜美的鱼，喝下一杯红酒。这就是我们，一群懦弱、软弱、自我放纵、年老、自私的人。这就是我们的心理，因为我们的灵魂，风湿病人和老年人的灵魂，也是巴登人的灵魂，那么从这个角度看，巴登人的饮食传统也是合理的。

现在，这是否足以证明我们的高尚生活？还需要其他理由吗？理由数以百计。请允许我再提一个简单的理由：温泉浴场"消耗"人的体力，也就是说，会让人感到饥饿。既然我不仅仅是温泉浴场的客人和食客，而且在其他时候也追求相反的境界，知道禁食的乐趣，那么，即使面对一个饥饿的世界，即使牺牲我的新陈代谢，在三个星期的时间里加入这种贪吃的行列，我的良心也不会感到沉重。

我离题太远了。我坐在午餐桌旁，看着鱼、烤肉和水果相继上桌，间隙时我若有所思地盯着女服务员的腿看了很久，她们都穿着黑色丝袜，我又若有所思地盯着领班的腿看了很久。它们是一道珍贵的风景，也是我们所有病人的一大安慰。你们一定知道，领班是一位非常和蔼可亲的绅士，他曾经患有极其严重和痛苦的风湿病，以至于无法行走。我们所有人都知道这件事，很多人都听他亲口说过。这就是为什么我们经常深思熟虑地盯着领班的腿看。然而，年轻女服务员的腿，穿着黑色丝袜，本身就纤细灵巧，没有任何治疗的必要，这似乎更值得我们深入地思考。

由于我完全是一个人生活，用餐时间就成了我和旅馆客人变得熟悉的唯一机会。当然，我不知道他们的名字，也只和他们说过几句话，但我看到他们坐着吃饭，学到了很多东西。荷兰人，我的隔壁邻居，每天晚上和早上，他的声音都会穿过墙壁，让我几个小时睡不着觉，他在餐桌上却用如此低沉的声音交谈，如果不是来自 64 号房间，我根本认不出他的声音！哦，温柔的年轻人！

正午剧场里的一些人物，每天都以其特别的轮廓和鲜明的角色逗我开心。这里有一位来自荷兰的女巨人，身高超过

1.8 米，体重超重，外表威严，不愧是温泉公主的扮演者。当她挂着一根精致、细长、装饰性的手杖走进大厅时，她的姿态显得古怪而娇媚，令人不安，几乎让人感到恐惧。也许那手杖是铁制的。

另外，还有一位严肃的绅士，我想他一定来头不小，至少是个国会议员之流的人物。有一次，在一个可怕的夜晚，我梦见了这个人乃是我的父亲，我站在他面前接受他的盘问：第一，为什么没有爱国心？第二，为什么去赌博，输掉了50瑞士法郎？第三，为什么去勾引女孩子？在做过这个可怕的噩梦之后，我一直深恐碰到这个在梦里令我战栗不已的人物。也许他本人没有我梦中的印象那么可怕，他也许会对我点头，也许会对我微笑，也许会跟女服务员开点玩笑。但是当正午来到，我又看见了这位绅士，他并没有对我点头，也没有对我微笑，他只是容光焕发地坐在他的那瓶红酒前，他的颈背及他前额的每一条皱纹，皆显出他毅然决然的勇气与决心，他威严的表情的确令我望而生畏。那天夜里我祈祷着，希望在梦里不要再见到他。

相反地，凯瑟林先生则是个高贵可爱、充满魅力的年轻人，我不晓得他是干哪一行的，但他无疑是个正人君子。他柔顺的金发垂在前额，面颊上的酒窝看起来十分迷人，他明亮的蓝眼流露着孩子气，显示出他的热情与魅力，他轻巧的手优雅地滑落在他色调雅致的外衣上。他从头到脚都散发着玫瑰的气息，就像雷诺阿画里的人物。但在某日黄昏时分，这个甜美的少年给我看一些他收藏的一小册黄色画片时，我对他的失望之情真非笔墨所能形容。

我在这个餐厅里所见过最有趣也最可爱的客人，今天并没有出现，我只见过他一次。他有一双棕色眼睛和纤细而灵巧的双手，他是所有病人中最孤单且最闪亮的青春之花。亲爱的，回来跟我们共享美食、共进美酒，你的出现将令这里蓬荜生辉！

我们这些客人互相打量着对方，就像所有避暑胜地的惯例一样，只是时尚和优雅在这里扮演着次要角色。如果 6 号房间的老先生今天过得不错，能自己从门口走到餐桌前，我们大家都会为他感到高兴；如果听说弗卢里夫人今天不能下床，我们大家都会遗憾地摇摇头。

然后，在我们吃饱喝足并互相打量了一个小时之后，我们才依依不舍地放弃这种快乐，离开大厅。对我来说，一天中比较轻松的部分开始了。天气好的时候，我会去酒店的花园，在一个隐蔽的地方放一把躺椅，旁边放着我的笔记本和铅笔，还有一卷让·保尔的书。下午三四点钟时，我通常要接受"治疗"，这意味着我必须去看医生，由他的助手按照最先进的方法为我治疗。我坐在一盏石英灯下，渴望最大限度地利用这盏神奇灯的太阳能，让我身体最疼痛的部位尽可能地靠近小触孔。有几次，我还因此烫伤了自己。接下来，医生的电疗助手会在我的手腕上贴上几十个小药片（电触点），然后接通电流，同时用两个类似的药片灼烧我的脖子和后背。在整个治疗过程中，还有一种额外的吸引力，那就是医生可能会进来，我们可以进行交谈；如果这种希望十有九回落空了，那也是值得考虑的。

我决定去散步，经过温泉花园的大门时，我从人流中看到，大厅里在举行一场音乐会。于是我走了进去，发现大厅里聚集了很多观众，可以说这是我第一次见到这里的病人。我的数百名病友，有男有女，都坐在椅子上，有的面前放着茶或咖啡，有的则拿着书或编织针，听着大厅远处一小队音乐家的演奏。我站在门口边看边听了好一会儿，因为这里没有空椅子。我看到音乐家们正在演奏复杂的乐曲，大多是不知名作曲家的作品。事实上，音乐家们很好地完成了他们的任务，正因为如此，我希望他们能演奏出像样的音乐，而不是演奏那些巧妙的乐曲、节选和编曲。但我也不希望这样——如果演奏的不是《卡门》或《蝙蝠》中令人捧腹的片段，而是舒伯特的四重奏或亨德尔的二重奏，我也不会感到高兴。看在上帝的份上，那就更糟糕了。有一次，我不得不在类似的情况下忍受这种痛苦，当时一个咖啡馆管弦乐队的第一小提琴手正在一个人烟稀少的大厅里演奏巴赫的《恰空舞曲》，在他演奏的同时，我的耳朵听到了以下同时出现的声音：两位先生向女服务员结账，桌上的小硬币被数了出来；一位精力充沛的女士在衣帽间喧闹着取回她的雨伞；一个四岁左右的可爱小男孩用他尖锐的鸣叫声逗乐了一桌人；酒瓶、酒杯、杯子和勺子被不停地使用；一位视力不佳的老太太把一盘糕点从桌边推了下去，吓坏了自己。这些事件本身都是值得我同情和关注的，但这么多的听觉印象同时袭来，让我感到心理上无法承受。这都要归咎于音乐。巴赫的《恰空舞曲》——单是这首曲子就令人不安——不，这是对大厅音乐家的尊重！但对我来说，这场音乐会缺乏最重要的东西：意义。在我看来，两百名观众感到无聊，不知道如何度过这个下午，并不是优秀音乐家演奏著名歌剧改编曲的充分理由。这场音乐会所缺乏的是心灵，是灵魂：一种必要性，紧绷的灵魂等待艺术来解救的活生生的需要。不过，我也可能搞错了。无论如何，我很快就发现，即使是这群相当呆板的观众，也不是同质化的人群，而是由许多独立的灵魂组成，其中一个灵魂正以最敏锐的感觉对音乐家做出反应。在大厅的前排，离主席台很近的地方，坐着一位对音乐充满热情的朋友，一位留着黑色胡须、戴着金色耳坠的绅士，他远远地靠在椅子上，闭着眼睛，醉醺醺地随着音乐摇摆。他不满足于鼓掌，起身走上讲台，设法引起乐队指挥的注意，并在观众持续不断的掌声中热情地赞美他。

我站累了，也不像这位大胡子乐迷那样被音乐迷住了，正考虑在第二次中场休息时离开，忽然听到隔壁房间传来一阵令人费解的声音。我询问身边的一位坐骨神经痛患者，得知那是赌博大厅。我高兴地赶紧跑过去。对了，就是那里。房间的角落里摆放着棕榈树和圆形长毛绒座椅，一张绿色的大赌桌上正在进行轮盘赌。我向赌桌走去，周围围着一群好奇的旁观者，我可以从他们的肩膀间观察到部分过程。我的目光首先被赌桌的主人吸引住了，他是一位胡子刮得干干净净的绅士，穿着一件礼服，看不出年龄，棕色的头发，一副沉静的哲学家风度，他拥有令人惊叹的技巧，能用一只手，借助一根弹性奇特的棍子或耙子，像闪电一样把硬币从赌桌上的任何一个方格拂到另一个方格。他灵活操纵硬币耙，就像一个非常熟练的钓鳟鱼的人在操纵他的鱼竿一样，而且他还能在空中画出一道弧线，使硬币准确无误地落在正确的方格上。在所有这些活动中——其节奏由他照看球的年轻助手的叫喊声控制——棕色、有点死气沉沉的头发下安静的、剃须干净的、红润的脸始终保持冷静和无表情。我看着他坐在那张结构奇特的斜面小椅子上一动不动，看着他面无表情的脸上只有一双滴溜溜转动的眼睛，看着他用左手俏皮地把硬币投出去，又用右手俏皮地用耙子把它们耙到角落里。在他面前，大大小小的银币堆叠如山，即使是施廷内斯（德国企业家）也不可能有更多的了。他的助手一次又一次地投球，球滚入一个带编号的洞中，催促人群下注，宣布赌注已下，警告"不再有赌注"，而庄严的庄家继续玩着。我在多年前，在战前的遥远传奇时代，在我的旅行和漫游岁月里，在世界的许多城市中，已经见过这样的棕榈树和软垫座位，这样的绿色桌子和球，那时我想到了屠格涅夫和陀思妥耶夫斯基笔下英俊、脸红的赌徒面孔，然后我转身离开了。在这里，当我站着观看时，有一件事让我印象深刻——整个游戏似乎只是为了穿礼服的那位先生的娱乐而进行的。他丢下他的硬币，把它们从 5 推到 7，从偶数推到奇数，支付赢的钱，收拢输的钱，但这都是他的钱。没有一个旁观者下注。他们都是温泉病人，像我一样，带着愉悦和极大的钦佩，关注着这位哲学家的旋转动作，听着他助手用法语和冰冷的语气的呼喊。当我出于同情，在离我最近的桌子角落放下两法郎时，五十双惊讶的眼睛转向了我，让我如此不安，以至于我几乎迫不及待地等着我的法郎在耙子下消失，以便我迅速离开。

今天我打算到巴德斯特拉斯的店铺橱窗前消磨时间。在这一带的许多店铺里，温泉客可以买到许多他们自认为不可或缺的东西，邮政卡片、黄铜制的狮子与蜥蜴、塑有名人画像的烟灰缸（这样一来，就有顾客因为好玩，每天把点燃的香烟插入瓦格纳的眼睛），以及其他许多我不敢发表意见的东西，因为虽然我对它们观察许久，但无法弄明白它们的性质和用途。其中许多似乎适合原始部落的崇拜需求，但这可能是个错误，所有这些加起来让我感到悲伤，因为它们太清楚地向我显示，尽管我有最大的愿望去交际，但我从未生活在中产阶级的现实世界之外，对它一无所知，尽管我多年来努力写作，但永远无法真正了解它，就像我无法让自己了解它一样。当我看到这些橱窗里展示的不是日常用品，而是所谓的礼物、奢侈品和笑话时，这个世界的陌生感让我感到惊恐。在一百件物品中，有二三十件的用意、意义和用途我只能依稀辨认，没有一件是我能想象得到的、值得拥有的。有些东西让我琢磨很久：你是把它放在帽子里，还是放在口袋里，还是放在啤酒杯里，还是它属于某种纸牌游戏？有一些画，一些刻的铭文、一些格言和语录，来自我完全未知和无法触及的世界，还有些我熟知且崇拜的符号，却让我以无法理解或接受的方式被使用。例如，雕刻在女士太阳伞柄上的佛像或中国神像，对我来说一直都是陌生、令人费解和厌恶的，是的，它让人匪夷所思。这不像是有意的亵渎——但是什么样的想象力、需求和心态让生产者制作它们，又使得顾客购买这些疯狂的东西，我非常想知道，但却无法找到任何答案。还有一些事也是我不理解的，比如说，下午五点钟左右人们聚集在时尚咖啡馆里！有钱人可能会喜欢吃昂贵精致的糕点，喝咖啡和茶，我完全理解。但为什么清醒而理智的人会让这些享受被那入侵的、含蓄的、过分甜腻的音乐打扰？让他们在狭窄拥挤的房间里，坐在难以置信的不舒适的座椅上，被多余的装饰和装潢包围？为什么他们不把这些视为干扰、不适和矛盾，反而视为某种值得喜爱和追求的东西——这一点我永远无法理解，我也渐渐习惯把我的这种失败归因于我那稍微有些精神分裂的心态。然而，这一切仍然让我感到困扰。同样是这些富有而优雅的人，他们在这些咖啡馆里，因黏腻的甜美音乐而无法交谈，无法思考，几乎无法呼吸，他们被浓厚的奢华、大理石、银器、地毯和镜子包围，晚上却又欣然听取关于日本生活方式的高贵简朴的讲座，并在家里的桌子上摆放着印刷精美、装帧漂亮的僧侣传奇和佛经。我当然不想成为一个狂热者或道德家，事实上，我甚至很容易被许多大胆而危险的罪恶诱惑，我也高兴看到人们幸福，因为与幸福的人一起生活更令人愉快——但这些人真的幸福吗？所有的大理石、奶油和音乐真的有什么价值吗？这些同样的人，面前摆着由穿制服的仆人端上的精美食物，他们难道没在报纸上读到关于饥荒、叛乱、枪击和处决的报道吗？在这些咖啡馆的大玻璃窗外，难道没有一个充满血腥，贫困，绝望，充满疯狂和自杀、恐惧和恐怖的世界吗？好吧，是的，我知道这一切都是必须的，某种意义上是正确的，是上帝的旨意。但这只是一种像背诵乘法表一样的知识，并不是一种令人信服的知识。事实上，我发现这一切疯狂又可怕，一点也不对，也不符合上帝的旨意。

后来，我转而探索那些陈列着明信片的商店。在这些方面，我对自己的了解要清晰得多。我敢说，我对巴登的明信片是下了一番功夫进行研究的，我在这方面下苦功的目的是通过了解温泉客的需求，以更好地明白他们的心理状态。从这些展示旧巴登美景的图片中可以窥见，早年在此地泡温泉似乎更不拘小节，卫生条件或许也不如今日这般讲究，然而，那时，这儿的生活情调与沐浴活动一定比现在有趣得多。这些有塔楼、山形屋顶、古式服装的老画片，给人一种思乡怀旧的伤感，虽然我们不见得真愿活在那种时代……这些城市、街景和澡堂的图片，不管是 16 世纪的或是 18 世纪的，都静寂地散发着一种内在的宁静悲哀，它们所呈现的一切都是美丽的，自然与人类、建筑与树木之间都显得和谐，没有一丝不和。美与和谐覆盖着一切，从赤杨的树丛一直到牧羊女的披风，从开有垛口的墙门一直到小桥和喷泉，无一不抒放着雅逸的气息。

于是，我想起有一次，在一个美丽的宴会上，每个人都穿着莫扎特时代的服装，我心爱的情人突然泪眼婆娑。当我惊慌地询问她时，她说："为什么如今的一切都这么丑陋？"我安慰她说，我们的生活绝对不比那时差，反而更加自由、富足和广阔，而从前那些漂亮的假发套下藏着虱子，镜厅和烛台的辉煌背后是饥饿和被压迫的民族。我们只保留了那个时代最美好的记忆，最光明的一面，这对我们来说已足够好。但是，人们并不总是能如此理性。

让我们回到明信片上吧！在这个地区，有一类明信片风格很独特。当地人把这片区域称为"萝卜之地"，各种系列的明信片展示了各种民俗场景：学校、军队生活、家庭出游、拳击比赛等，每一幅画中的人物都被描绘成了萝卜。你可以看到萝卜情人、萝卜决斗、萝卜大会。大家都很喜欢这种明信片，这也无可厚非，可我就偏偏对它们不感兴趣。除了历史景观和萝卜画外，还必须提到第三大类——爱情画。在这个领域，你可能会认为可以通过这样的图片为店铺橱窗的阴暗世界引入一些生机和活力，可是我不得不很快放弃了这种愿望。我惊讶地发现，在这个图画世界里，爱情生活被处理得过于草率。这类画片大概有几百幅图片，都因其令人遗憾的纯真和羞涩而与众不同。在这一点上，我显然偏离了大众口味，如果有人给我布置收集爱情生活明信片的任务，我肯定会挑选完全不同的画片。在这些展示的图片中，既没有纯粹的激情，也没有犹抱琵琶半遮面的诗意，反而是甜美羞涩的情调占据了主导。所有情人都穿着时尚的新娘礼服，新郎们常穿着大礼服，戴着高顶礼帽，手中拿着花束，有的画上月光高照，图的下面还配有一首诗，比如：

> 月光下，美丽的生灵，
> 在你眼中，看到我渴望的幸福。

我感到非常失望。显然，这些明信片的制造商只意识到了爱情中传统而无趣的一面。不过，我还是记下了一些诗句，作为我们这个时代民间诗歌的例子，比如这句：

> 与我最亲爱的人，手挽手，
> 那是我灵魂神圣结合的理想。

虽然这些诗句在我们看来缺乏天才，但与其配图相比，它们简直是经典。一个年轻女孩——显然她的头部是从发廊里的蜡像模特上借来的——坐在树下的长凳上，而一位穿着考究的年轻绅士站在她面前，正忙着戴上或脱下他的小羊皮手套。

今天我又在这些明信片前站了一会儿，感到它们了无生气，无聊至极，我产生了一种炽热的愿望，想要把这一切——这些无疑值得称赞的音乐会、赌徒、传统恋人和萝卜图片——都抛在身后。我闭上眼睛，在心中向上帝祈求救赎，因为我知道自己离那种深深的幻灭感和对生活的厌倦感不远了。这种感觉，总是在我怀着真诚的信念和严肃的态度，试图摆脱孤独隐士般的生活方式，并与大多数人分享他们的欢乐和悲伤时，令我感到痛苦。

上帝帮助了我。我刚一闭上眼睛，把心从温泉和萝卜的世界中抽离出来，内心深处渴望着来自那些对我更熟悉、更神圣的领域的声音或话语时，拯救的灵感就来了。在我们的酒店里，有一个不是所有客人都知道的偏僻角落，我们的店主人——他常常有这种友善的想法——在那里放了两只小黄鼠狼，笼子很宽。突然，我忽然很想看看这两只黄鼠狼，便不顾一切地赶回旅馆，跑到黄鼠狼的笼子前。一看到它们，我就好起来了，这正是我在这危急的时刻所需要的。这两只美丽高贵的动物，像孩子一样信任且充满好奇，很容易就被我引出窝，在宽敞的笼子里疯狂地奔跑。我沉醉于它们的力量和敏捷，而它们则疯狂地跳跃，时而停在靠近我的铁丝网前，透过它们粉红色的小鼻子呼吸，温暖湿润地嗅着我的手。我无需更多。看着这清澈的眼睛，这上帝设计的毛茸茸的杰作，感受它们温暖的生命气息，闻到它们那锐利的野生动物的气味，就足以让我相信所有的行星和恒星、所有的棕榈林和热带河流的完好存在。黄鼠狼给予我的保证，浮云和绿叶也同样能给，但那时的我恰好需要这种更强有力的证明。

黄鼠狼的力量胜过了明信片、音乐会和赌场。只要还有黄鼠狼，还能闻到原始世界的气息，还存在本能和自然，那么对诗人而言，这个世界依然是可能的，依然是美丽的，依然充满了希望。我深吸一口气，感到噩梦消失了，我取笑了自己一番，给黄鼠狼拿了一块糖，接着轻松地向外走去。

我悠然自得地走着，不知不觉中，太阳已慢慢向山中的林线靠近，蓝天被浅金色的云层覆盖，照亮了山谷。我面带微笑，知道我的好时辰即将到来，我想起我所爱的人，忆起熟悉的歌曲与诗歌，我感受到世界洋溢着幸福和喜悦，忘情地抛弃了一日的全部负担，像鸟儿、蝴蝶、鱼儿和云层一样投身于快乐和童真犹存的世界。

这一天晚上，我很晚才回到旅馆。此时，我感觉我的"坐骨神经痛哲学"几乎要崩溃了。我愉快、疲乏、轻松地漫步回来，那夜，我终于舒舒服服地进入梦乡。睡神，那只胆小无比的小鸟，那天夜里居然壮起胆来接近我了，它带着我展翅高飞，飞向天堂……

# 荷兰佬

我已经强迫自己写这一章很长时间了。现在我必须动笔了。

两周前,我小心翼翼地挑选了我的酒店房间,65号房。总的来说,我的选择不算坏。墙纸明亮宜人,床在一个凹入处,房间因其独特的原始布局比例、良好的采光和俯瞰河流和葡萄园的景色而整体上让我满意。由于房间在顶楼,没有人住在我上面,街上的噪音也几乎听不见。我的选择很不错。当我询问邻近房间的住客时,所有信息也让我感到安心。住在一边的是一位老太太,我几乎没听到过她的声音。但在另一边的64号房间住的却是那个荷兰人!在这十二天里,在这十二个痛苦的夜晚中,这位先生变得非常重要,重要至极,他成了我的一个传奇人物,一个偶像,一个恶魔和一个幽灵,而我仅在过去几天才战胜了他。

即便我指出他,也没有人会相信我。这位来自荷兰的、干扰我工作又让我彻夜难眠的先生,既不是一个疯狂的狂热分子,也不是一个热情的音乐家,他不会在意想不到的时间醉醺醺地回来,不会打妻子或与她争吵,他不会吹口哨或唱歌,事实上他甚至不打呼噜,至少不会大声得让我听见。他是一个稳重、守法、不再年轻的正经人,生活规律,没有明显的坏习惯——这样一个理想的公民怎么可能让我如此痛苦呢?

但这是可能的,不幸的是,这就是事实。导致我痛苦的主要原因有两个:在 64 号和 65 号房之间有一扇门,这是一扇关着的门,确实也是锁着的,而且被一张桌子挡住了,但它绝不是一扇厚门。这真不幸,且无法避免。第二个原因更糟糕——荷兰人有一个妻子。她也无法通过任何合法手段从世界上或 64 号房里消失。此外,还有另一不寻常的不幸,我的邻居,跟我一样,属于相对较少的整天待在房间里的酒店客人。

如果我有一个妻子和我在一起,或者我是一个声乐教师,有一架钢琴或小提琴,一个喇叭,一个大炮,或者一个大鼓,我可能有希望与荷兰人一战。但现实情况是这样的:在一天的二十四小时里,荷兰夫妇从我这里听不到任何声音,我像对待国王和重病患者一样对待他们,他们一直享受着完全的安静——这种难以想象的恩惠,而他们是如何回报这种恩惠的呢? 他们每天给予我六个小时的喘息时间,每晚从十二点到早上六点睡觉。我有这些时间来工作、睡觉、祈祷或冥想。在剩下的十八小时里,我毫无控制权,这些时间不属于我,从某种意义上说,这十八小时在我的房间里不存在,而只存在于 64 号房。在这十八小时里,64 号房里有说话声,有笑声，有整理卫生间声，有接待访客声。我必须承认，他们没有开枪或演奏音乐，也没有打斗，但是也没有任何反思、阅读、冥想或沉默。持续不断的是交谈，有时房间里有四五个人，而晚上夫妻俩会聊到十一点半。然后是玻璃和瓷器的碰撞声，刷牙声，几把椅子的拖动声，还有漱口的咕噜声。然后床发出嘎吱声，接着安静到早上六点左右，这时夫妻中一人（我不知道是他还是她）起床，地板震动。他去卫生间，随后返回；而我的温泉时间也到了，从那时起，谈话声、窸窣声、笑声、家具移动声等不断，直到午夜前才会停。

如果我像其他人一样是个理智、正常的人，我会很容易就适应这种情况。但因为两个人总比一个人强大，我会让步，像大多数客人那样，把白天的时间花在房间以外的地方，比如阅览室或吸烟室、走廊、赌场、餐厅。晚上，我会单纯地睡觉。然而，我却沉迷于那种辛苦，怀着愚蠢且恼人的热情，花费许多白天的时间独自坐在桌前，努力思考，努力写作，常常写完后又把它毁掉；晚上，我当然有强烈的睡眠欲望，但入睡对我来说是一个复杂的朦胧过程，需要耗费数个小时，即使如此，我的睡眠也非常轻浅，非常脆弱，一丝声响便能将其撕碎。如果在十点、十一点，我已经筋疲力尽，快要入睡，但只要隔壁的荷兰夫妇继续他们的社交，我就无法入睡。当我疲惫不堪地等待午夜到来，希望来自海牙的那位先生能终于允许我入睡时，等待、倾听和对明天工作的思索又使我变得异常清醒和激动，以至于大部分本该属于我的安静时间都过去了，我才能最终入睡。

难道还需要明确地说，我知道自己要求那个荷兰佬让我多睡一会儿是不合理的吗？难道还需要说，我非常清楚他对我的失眠和精神倾向不负有责任吗？然而，我写下这些关于巴登的笔记，不是为了指责别人或为自己开脱，而是为了记录这些经历，即使它们是一个精神病患者奇异扭曲的经历。至于精神病患者的正当性这一更复杂的问题，即"在某些时间和文化条件下，牺牲所有的理想，去适应当时的环境是否更体面、更合适"这个可怕而令人震惊的问题，这个令人讨厌的问题，这个自尼采以来所有鉴别力强的人都在思考的问题，在这里我不想谈及，反正它几乎是我所有作品的主题。

于是，在上述情况下，那个荷兰佬成了我的一个问题。我无法彻底解释自己为何总是在思维和言语中只关注单数形式的荷兰人。毕竟，他们是一对——有两个人。但无论是出于本能的礼貌——我对女性比对男性更宽容，还是男性的声音和相对沉重的脚步声确实特别让我烦恼，总之，不是"她"，而是"他"，那个荷兰佬，使我受苦。在某种程度上，这种本能地将女性排除在我的憎恨之外，并将男性神话化为敌人、对手的思维方式，基于非常深层的基本冲动：荷兰佬，那个充满活力、健康、外表富足、举止得体、钱包鼓鼓的家伙，对我来说是个外来者，是一个由于自身类型而变得与我对立的人。

他大约四十三岁，身材中等，强壮，有点矮胖，给人一种健康正常的印象。他的脸和身体圆润而饱满，尽管不是特别显眼。那颗硕大的头颅带着略显沉重的眼睑，似乎是压在那短小、几乎看不见的脖子上。虽然他举止庄重，有着令人钦佩的礼仪，但他的热情和体重不幸地使他的动作和脚步比邻居所希望的更为明显和响亮。他的声音深沉而均匀，音调和音量变化不大，公正地说，他的整个性格看起来是严肃、可靠、令人放心、几乎有些同情心的。然而，令人困扰的是，他易患轻微感冒（所有温泉疗养客来说都会有），使得他大声咳嗽和打喷嚏，而这些声音中都彰显着一种生机和活力。

这位来自海牙的先生不幸成了我的邻居，白天是敌人，是威胁，常常毁掉我的智力劳动，夜间一部分时间是敌人，破坏我的睡眠。诚然，并不是每一天我都觉得他的存在是一种惩罚和负担。有一些温暖的晴天，他使我能够把工作带到户外。在旅馆花园的一片偏僻小树林里，我把文件夹放在膝上，写下我的想法，追逐我的梦想，或心满意足地读着让·保尔的书。但是在那些凉爽的雨天——这样的日子很多——我整天都要面对着墙那边的敌人。当我沉浸在自己的工作中，静静地集中精力时，荷兰佬在来回奔走，在盆里吐痰，猛地坐在椅子上，与妻子交谈，听她说笑话，接待客人。对我来说，这些时光常常非常痛苦。然而，我的工作本身极大地帮助了我。我不是什么劳动模范，不配得勤奋奖章，但我一旦让自己沉浸在一个设想或一系列想法中，如果在适当的抵抗后我决定尝试将这些想法付之于某种形式，那么我会坚定地坚持下去，对任何其他看似重要的事情视而不见。有些时刻，即使整个荷兰在64号房庆祝教堂节日，我也几乎不会注意到，因为我被那孤独、奇幻、吸引人的单人游戏迷住了，我气喘吁吁地追逐我的想法，疯狂地写字、构建句子、在大量联想中挑选合适的词语。读者可能会笑，但对我们作家来说，写作每次都是一项疯狂而令人兴奋的事，是在大海上的一艘小船上的航行，是一次穿越宇宙的孤独飞行。当一个人在三个表达自己的词语中选择一个，同时努力保持整句话的感觉和语调时，在将句子锻造成选定的结构并收紧建筑的螺栓时，他还要努力牢记整本书的语调和比例。这是一项激动人心的活动。我个人经验中只有一种其他活动具有类似的紧张和专注，那就是绘画。绘画也是一样：将每种颜色与其相邻颜色适当地、仔细地混合是令人愉快而容易的，任何时候都可以学会并练习。然而，真正将整幅画还没绘制的、不可见的部分纳入脑海考虑，并体验那种相互交织的振动网络，是极其困难且很少成功的。

　　文学创作本质上对集中注意力有非常强的要求，以至于作家在强烈的创作冲动的支配下，完全可以克服外部的障碍和干扰。在我眼中，那些似乎只能在舒适的椅子上、最佳光线下、用自己习惯的书写工具和特定的纸张工作的作者，是可疑的。当然，我们会本能地寻找一切减轻负担的便利的措施，但当它们不可得时，你仍然会继续前进。因此，我常常成功地在我和64号房之间写出一堵保护性的隔离墙，为自己赢得高效的一小时。然而，一旦我开始疲倦——这种疲倦在长期睡眠不足的情况下尤为明显——隔壁的干扰就又回来了。

　　睡眠的情况比工作糟糕得多。我不会在这里解释我那些纯粹基于心理学的失眠理论。我只想说，在工作时，我偶尔能借助灵感的力量对荷兰佬暂时免疫，集中精力忽略64号房的存在，但我的睡眠尝试却没有这种幸运。

　　不，长期受失眠折磨的人，像大多数处于重度神经衰弱状态的人一样，会对自己和周围环境产生排斥、憎恨，甚至是摧毁的欲望。对于我来说，唯一的周围环境就是荷兰佬的存在，在这些个不眠之夜里，对荷兰佬的排斥、仇视和憎恨逐渐积累。这些感觉在白天也无法消散，因为紧张和干扰持续不断。每当我躺在床上因那个荷兰佬而失眠，每当我因为疲惫和未被满足的休息需求而焦虑时，听着隔壁房间他强壮、坚定、厚实的脚步声，听着他充沛有力的声音，想到他结实有力的动作，我就会对他产生一种相当强烈的憎恨。

不过即使在这种情况下，我仍能在某种程度上意识到自己这憎恨的愚蠢，能偶尔冲这憎恨微笑几秒，从而削弱它的锋芒。但是，当这憎恨是针对我睡眠的干扰而非个人，是对我自己的神经紧张，是对那薄薄的门，当这憎恨在一天中变得越来越难以中和和排解时，情况就变得极其糟糕。这种憎恨会逐渐变得越来越愚蠢、片面和个人化，即便我告诉自己这个荷兰人很无辜也无济于事。我就是恨他，不仅仅是当夜深人静他沉重的脚步声、说话声和笑声可能确实不体贴的时候，不，我现在真的、彻底地憎恨他，带着那种真正的、天真的、愚蠢的憎恨，就像一个不成功的小基督徒店主憎恨犹太人一样，这种愚蠢的、动物性的、不理智的，本质上出于懦弱或嫉妒的憎恨，是我一直非常鄙视的，我曾认为自己不可能有这种情感。我不再仅仅憎恨荷兰佬的咳嗽和他的声音，而是他本人，他的实际存在，如果白天我在某个地方遇到他，他一副心满意足、毫不设防的样子，那么对我来说，这相遇就是与一个彻头彻尾的敌人、与一个作恶者的相遇，需要我用尽所有的哲理才能克制住自己的情绪，不让自己爆发出来。他那张平静幸福的脸，沉重的眼睑，厚实带笑的嘴唇，时髦背心下的肚子，他的步伐和举止，所有这些都令我厌恶和憎恨，尤其是他强壮、健康、不可摧毁的那些迹象，他的笑，他的好心情，他动作的能量，他目光中高傲的冷漠，所有这些生理上和社会上的优越表现。自然，如果一个人整日整夜都靠着吞噬他人的睡眠和力量，随心所欲地让房子里的空气因他的声音而颤动，那他当然可以轻松地健康快乐，扮演自满的绅士角色。愿魔鬼把这个荷兰佬带走！我模糊地回想起歌剧里那位漂泊的荷兰人——难道他不也是一个该死的恶魔和折磨者吗？尤其是，我想起了诗人穆尔塔图里曾描述的另一位荷兰人，那位因剥削马来人而变得富裕且愉悦和善的胖食客和爱钱鬼。真勇敢，穆尔塔图里！

熟悉我的思想和感情、了解我的信仰和想象的朋友们，会理解我在这种不体面的情况下是如何受苦的，理解这种对一个无辜人的无法摆脱的、未经我内心认可的憎恨，是如何严重困扰和折磨我的——确实，这一切并不是因为我的"敌人"的无辜和我对他的不公，而主要是因为我自己行为的无理性，因为我的实际感受与我所知、所信和所尊崇的一切之间的深刻矛盾。具体而言，我对世界最深信不疑的就是"统一"的概念，没有别的概念对我来说比它更神圣，"统一"即世上万物构成了一个神圣的整体，而"我"对自身太过看重。在我的一生中，我遭受了很多痛苦，也做了很多愚蠢和令人不快的事，但一次又一次，我总能设法得到解脱，忘记"我"，并顺从地进入一种统一的感觉中，认识到内外之间，"我"和世界之间的分裂是一种幻觉，并甘愿闭上眼睛进入统一。对我来说，这从来不是一件容易的事，没有人比我更缺乏走向神圣的天赋。然而，一次又一次，我都遇到了基督教神学家用"恩典"这个美丽名词所描述的那种奇迹，那种神圣的和解体验——停止反抗，自愿同意，这实际上就是基督教意义上的"我"的放弃和印度教对统一的认识。而现在，我再次完全置身于那种统一之外，成了一个孤立的、受苦的、憎恨的、敌对的"我"。当然，还有其他人和我一样，我并不孤单，数以百万计的人的整个人生都是一场斗争，是自我对周围世界的一场战斗，对他们来说，统一、爱、和谐的观念是陌生的，显得荒谬、软弱。是的，现代人的实际宗教是"我"及其斗争的美化。但要在这种"我"的颂扬和斗争中感到舒适，只有天真、强壮、未被打破的自然生物才能做到。对于那些通过痛苦获得洞见和敏锐心灵的智慧的人来说，幸福只能通过"我"的放弃，通过体验统一来实现。哦，当然，那些简单的人，他们爱自己、憎恨他们的敌人，那些爱国者从来不需要怀疑自己，因为无论国家有多少苦难和祸害，他们从来都不必负责，过错自然都在法国人或俄国人或犹太人——无论是谁，总是别人——他们是"敌人"！也许这些人，地球上九成活着的人，实际上在他们野蛮、原始的宗教中感到幸福，也许他们真的在他们愚蠢的盔甲和对极端聪明的思想的厌恶中过着令人羡慕的幸福和轻松的生活——尽管对我来说这是非常可疑的，因为哪里有一种共同的尺度来衡量他们的幸福和我的幸福，他们的痛苦和我的痛苦呢？

那是一个漫长而令人极度痛苦的夜晚，我思索着这些问题。我躺在床上，身体燥热且筋疲力尽，成了隔壁荷兰人的牺牲品，他不停地咳嗽、吐痰，匆匆忙忙走来走去；我的眼睛因为长时间阅读而疲惫不堪，（我还能做什么呢？）我感到现在，确实，必须要结束这种状况，结束这种折磨和侮辱。当这个清晰的认识，这个信念或决定在我脑海中闪过时，它明亮而冰冷，如同晨曦。当我在内心深处明确坚定地站稳立场——"必须立即结束忍耐，来一个彻底解决"时，几乎立刻，那些每个神经衰弱患者在特别痛苦时都会产生的庸俗幻想就出现在我脑海。看来只有两条路可以让我摆脱这种悲惨的境地，我必须在它们之间做出选择：要么自杀，要么与荷兰佬一决高下，抓住他的喉咙征服他。（就在这时，他又咳嗽，声音嘹亮。）这两个想法都既美丽又令人安慰，虽然有点幼稚。用一种常见的、自杀者常常考虑的方法结束自己的生命，这个念头有一种吸引力，伴随着那种典型的自杀者的感觉："如果我现在割喉自尽，那就是对你们的报应。"另一个想法也很有吸引力：不攻击自己，而是抓住荷兰佬，掐死他或射杀他，而我作为胜利者幸存下来，战胜他那粗野、无知的生命力。

　　然而，这些关于消灭我自己或我的敌人的天真幻想很快就耗尽了。人们可以暂时沉浸其中，在幻想中寻找安慰，但它们很快就会枯萎，失去魔力。在这些迷宫中短暂游荡后，我的愿望失去了力量，我不得不承认，我的欲望只是瞬间的兴奋，我并不真的想要毁灭自己或荷兰佬。他离开就足够了。现在，我试图描绘他的离开。我打开灯，从床头柜的抽屉里拿出旅行指南，费尽心思制定了一个完美的旅行计划，根据这个计划，荷兰人第二天早上就早早离开，并尽快回到他的家。这项工作让我有些愉快——我看着他在寒冷的清晨起床，最后一次听到他在 64 号房间里梳洗，穿上靴子，砰的一声关上门，瑟瑟发抖地被送到车站；我看到他上了火车，早上八点钟在巴塞尔与海关人员争吵，我的幻想把他带得越远，我的感觉就越好。但当他到达巴黎时，我的想象力已经开始减弱，整个画面在他到达荷兰边境之前就完全破碎了。

　　但这些只是消遣。真正的敌人，我内心的敌人，并不能以如此简单、廉价的方式被战胜。问题不在于对荷兰人进行某种报复，而在于我对他的态度是否能达到我所期望的积极程度。任务非常明确，我必须停止无意义的仇恨，我必须去爱那个荷兰人。然后，无论他怎么咳嗽和喧闹，我都能超越他，我都能对他免疫。如果我能成功地爱上他，那么他所有的健康，他所有的活力，都不再对他有任何帮助，他将属于我，他的形象将不再与统一的理念对立。那就开始行动吧，这个目标是值得的，如何利用好这不眠之夜由我决定！

尽管任务简单，但做起来同样困难，我几乎花了整整一个晚上来解决这个问题。我必须改造这个荷兰人，把他从我憎恨的对象，从我痛苦的根源重新塑造成为我爱的、感兴趣的、同情的和有兄弟般情谊的对象。如果我不成功，如果我不能产生足够的热量来进行这种重铸，那么我就完了，这个荷兰人将继续卡在我的喉咙里，在未来的日日夜夜让我窒息。我必须完全地履行那句奇妙的格言，"爱你的敌人"。很长一段时间以来，我已经习惯于不从道德上理解这个新约中的奇怪格言，不是作为一种命令——"你应当"——而是作为一个真正智慧的人的友好建议，他在建议我们："试着按字面意思遵循这条格言，你会惊讶于它对你的极多好处。"我知道，这条建议不仅包含了最高的道德要求，还蕴含了最深刻的幸福心理学理论，而且《圣经·新约》中对爱的全部理论，除了其他所有的意义外，还包括一个精心设计的心理技术。在这种情况下，很显然，即使是最年轻、最天真的精神分析学家也只能确认，在我和我的救赎之间，只有未实现的"爱你的敌人"的要求阻挡了我。

好吧，我成功了。那个荷兰人没有再卡在我的喉咙里，他被重铸了。这并不容易，我费了不少工夫，付出了夜间两三个小时的艰苦努力。但最终，任务完成了。

我首先在脑海中召唤出这个可怕的形象，以及尽可能清晰的细节，直到没有缺失一只手、一根手上的手指、一只鞋子、一根眉毛、一道面颊上的皱纹，直到我完整地看到他，直到我在内心完全拥有他，能让他行走、坐下、大笑和入睡。我想象他早上刷牙，晚上枕在枕头上入睡的样子，我看着他的眼皮变得沉重，看着他的脖子放松，他的头轻轻低垂。可能花了一个小时我才做到这一步。这已经取得了很大的进展。对于诗人来说，爱某个事物就意味着在想象中捕捉它，在那里温暖和培育它，与它玩耍，用自己的灵魂浸润它，用自己的呼吸赋予它生命。这就是我对待我的敌人的方式，直到他属于我，并进入我体内。没有他那短短的脖子，我可能不会成功，但他的脖子救了我。我可以给荷兰人脱衣或穿衣，给他穿上灯笼裤或礼服，让他坐在小船里或午餐桌上，我可以让他成为士兵、国王、乞丐、奴隶、老人或孩子，而无论是哪种形象，他都有一个短脖子和略微突出的眼睛。这些特征是他的弱点，是我必须抓住他的地方。我花了很长时间才成功让荷兰人变得年轻，直到我能把他看成年轻的丈夫、新郎、大学生或小学生。当我终于把他变成一个小男孩时，他的脖子第一次引起了我的同情。

通过同情的温柔之路，当我看到这个强壮活跃的男孩因为轻微的哮喘迹象而让父母担忧时，他赢得了我的心。通过同情的温柔之路，我继续前进，设想他未来的岁月和阶段并不需要什么技巧。当我看到男人再过十年，经历他的第一次中风时，他的一切突然间都变得令人感动，那厚厚的嘴唇，那沉重的眼皮，那普通单调的声音，一切都引起了我的同情，甚至在他还没有在我的想象中遭遇死亡之前，他的有限生命，他的弱点，他死亡的必然性，都以兄弟般的感觉如此接近我，以至于我早已对他失去了任何抵抗力。然后我感到快乐。我紧紧闭上他的眼睛，然后是我自己的，因为天已经亮了，我像幽灵一样悬在枕头之间，被我漫长的诗意创造之夜彻底耗尽。

在接下来的白天和晚上，我有足够的证据证明我已经征服了荷兰佬。那家伙可以笑，可以咳嗽，他可以尽情地表现得强壮，他可以大声走动或推开椅子或开玩笑，但他不再能扰乱我的平静。白天我可以工作得相当好，晚上我可以休息得相当好。

我的胜利是伟大的，但我却没有享受很久。胜利之夜后的第二天早晨，荷兰人突然离开了，再一次，成为了胜利者。

他的离开让我感到莫名的失望，因为我不再需要我那得来不易的爱和无可指责的态度。他的离开，我曾经如此深切地渴望过，现在却几乎让我感到痛苦。

他的 64 号房被一个拄着橡胶拐杖的娇小灰衣老太太占据，我很少能见到或听到她。她是一个理想的邻居，既不打扰我，也不会激起我的愤怒和敌意。但只有现在，回过头来，我才能意识到这一点。好几天，我的新邻居一直是我失望的来源。我宁愿要回我的荷兰佬，现在我终于能够爱他了。

## 沮丧的时刻

当我回想起初来巴登那几天的乐观心境，想起我那时候的孩童般的希望与喜悦，想起我对这次疗养的天真信任，想起我自认为除了一点小病痛之外，大体上还是年轻、健康，前途光明的那种志得意满、自欺，以及浅薄的孩子气的虚荣心；当我回想起最初那些日子的轻率和玩乐的心情，我对温泉疗养那像某些原始非洲土著一样的信仰，对坐浴疗法、对我坐骨神经痛的轻微和可治愈性、对温泉、对疗养院医生、对透热疗法和石英灯的信仰，我心里便起了一股莫名的冲动，想站在镜子前对着自己吐舌头。老天，这些幻想是怎么蒸发的，这些希望又是怎么消失的！那个站得笔直、恢复力强、和蔼微笑着的新来的人，拿着他的马六甲手杖，自我陶醉，在巴登街道上飘然舞动，现在他在我眼里不过是只真正的猴子而已。是的，那种乐观、光鲜、适应性强的世故哲学——我曾拿来玩弄和装饰自己，就像我手中的马六甲手杖一样——现在又剩下了什么？

当然，手杖还是老样子。就在昨天，当浴场的服务员提议在我那漂亮的手杖末端装上一个该死的橡胶护套时，我愤怒地拒绝了。但谁知道如果明天他再次提出，我会不会接受呢？

我感到极度疼痛，不仅走着会痛，即使坐着也会痛，因为疼痛不堪，所以打从前天开始，我几乎一整天都躺在床上。早晨，当我从浴缸里爬出来时，我几乎连两个小石阶也走不了。我喘着气，冒着汗，双手紧抓着栏杆把自己托上去，几乎没有力气把浴巾裹在身上，然后瘫倒在椅子上好一会儿。穿上拖鞋，披上衣袍都是讨厌的重活，我勉强撑起身体，拖步走过硫黄泉，再由硫黄泉拖步走向电梯，从电梯走到我的卧室，是一段艰辛、痛苦、几乎走不尽的旅程。早晨的行程，我几乎用尽了所有能想到的帮助，我叫浴场服务员扶我，抓着门柱和每一根栏杆，沿路扶着墙面行走，我全然不顾形象，四肢和背部以那种最笨重、最可怜、近乎半游泳的姿态前进，就像当初我戏称的那位海狮般的老妇人一样（这才多远的以前啊！）。

如果说，一个轻浮的玩笑会在惩罚中反弹到讽刺者的头上，这次确实就是这样。

早晨，当我坐在床边，害怕弯下腰去系鞋带时，或者在洗浴后，疲惫不堪、半梦半醒地坐在浴室的椅子上休息时，我的记忆就告诉我，在不久之前、也就几周前的早晨，我刚下床就会做剧烈而精准的呼吸练习，挺胸、收腹，像用腰带束紧一样，控制住呼吸，有节奏地呼出气息。这肯定是真的，但我已经难以相信了，我曾经能够伸直双腿，锁紧膝盖，颤抖地站在脚尖上，能够做深而缓慢的下蹲和其他所有出色的体操动作。

记得在接受治疗之初，旅馆里的人告诉我说，我一定会有这些反应，洗温泉浴是会令人感到十分疲倦的。许多病人在治疗初，疼痛往往会加剧。哦，是这样吗，我点头表示了解。但是我却从来没有想到，疲倦会如此令人难受，病痛会加速得这么厉害，这么折磨人。仅一个星期，我就几乎变成了一个老人。我成天不是坐在旅馆里就是坐在花园里，一遇到有凳子的地方我就立马坐下，而且一坐下来就很难再站起来了，我已无法走楼梯了，甚至进出电梯都需要电梯服务生搀扶。

而外面的事情也很令我失望。苏黎世距离此地很近，我有好几个好朋友住在那里，我来的时候，顺道拜访过他们，他们知道我来接受温泉治疗，其中两个还表示要来看我。但到目前为止，还没有一个人来。当然，没有人会来的。我暗自盼望他们来看我，只因我自己的幼稚。他们是不会来的，我知道他们很忙。这些竟日忧烦的可怜虫，在他们从剧院、从餐馆款待客人回来后准备上床时，已经很晚了。我真笨、真幼稚，居然认为这些人会乐于来探望我这个生病而又令人厌烦的人。但我这个人总是事先预想最不可思议的事情，怀抱着最大的期望，刚刚遇到的人，如对他有好感，我就总把他想象成最好的，甚至对他提出这样的要求，一旦发现事实并非如此，我便觉得十分失望、十分伤心。这种情形曾发生在住在这家旅馆的一个相当漂亮的少女身上，我和这个少女寒暄过几次，对她印象相当好。当她告诉我她喜欢的几本低俗小说后，我有点吃惊，但我马上安慰自己，虽然我在文学方面是个专家和鉴赏家，但我无权干涉别人在这方面的判断和理解。在驳斥了自己先入为主的想法之后，我又自我安慰地把一些美好而高贵的品质归于这个少女。但是昨天晚上，就在这间大厅里，她居然在大庭广众之前，犯下了"谋杀罪"！一个讨人喜欢、欢愉，甚至可说是美丽无比的少女，一位在我面前绝不会打孩子或折磨动物的少女，带着无邪的眼神，端坐在钢琴前，却出其不意地以不熟练但强有力的双手，残杀了一首可爱的 18 世纪小步舞曲！我感到震惊而悲哀，因羞愧而脸红，但在座的其他人似乎并没有意识到发生了什么可怕的事情。只有我一个人被这种羞窘得近乎绝望的感觉惊呆了。啊，我多么渴望我的孤独，多么渴望躲进我的洞穴，永远不再出来，我宁愿独自沉浸在我洞穴里的痛苦与悲愁之中，只要里头没有钢琴、没有文学闲谈，没有受过教育的同伴！

就这样，巴登的一切，全部的治疗活动，皆令我觉得十分反感。在旅馆的客人当中，我认识的大部分人都不是第一次来到这里，许多人是第六次、第十次来此治疗。根据概率来看，我所经验的痛苦应该是跟他们那些有代谢病的人一样才对：痛苦将逐年加剧，因此我必须每年来此，以期暂时解脱痛苦。医生自然一再坚持他的保证，不过，这是他的职业需要。如果我们病人外表上看起来还不错，容光焕发的话，那么这该归功于丰富的食品与石英灯——它将我们晒得容光焕发，这样我们回家时，就会像从山上回来一样，气色健康。

在这个懒散、使人衰弱的温泉环境中，人也在道德上崩溃了。我多年来养成的那点斯巴达式的习惯——呼吸和锻炼、偏爱清淡的饮食——已经丢掉了，而且还是在医生的直接建议下丢掉的。此外，初来时对观察和工作的热情几乎完全消失了。并不是说这篇"温泉心理学"会有什么重大失误——

148

相反，从一开始它就不是一部作品，不是一个有计划的创作，而仅仅是一种消遣，是眼睛和手腕的每日小练习。但懒惰在这里也占了上风，我现在很少用墨水。如果不是我战胜了那个荷兰佬——这场胜利本身却是异常艰难——我简直要得出一个结论：我已经变得堕落而懒散。在许多情况下，我确实如此。首先，是一种倦怠、一种恶劣的懒惰控制了我，阻止我做任何有益的事情，尤其是阻止我做任何轻微的体力活动。我几乎无法逼自己走哪怕是最短的路，饭后我躺在床上或躺椅上几个小时，就像在洗浴后和治疗后一样，而我的精神状态以后我会看得很清楚——如果我有机会重读这些愚蠢的笔记，这些我时不时因某种责任感的残余而折磨自己写出来的东西。我现在完全由倦怠、无聊、昏昏欲睡构成。

还有一个更可耻的忏悔是不可避免的：我不仅不愿工作、不愿思考，还几乎不愿阅读，在智力上和身体上已经失去了所有的清新和活力，但更糟的是，我开始沉溺于温泉客生活里肤浅、愚蠢、无所事事又死气沉沉的一面了。例如，中午我吃下所有丰富的美食，不再像最初那样是出于好玩，并以一种内在的优越感或至少是讽刺的态度去参与其中——不是，尽管我已经不再知道什么是饥饿，但是我吃，我狼吞虎咽那些冗长菜单上的美味菜肴，每天两餐，就像无聊、肥胖、无爱的资产阶级一样不加控制、愚蠢地暴食，晚上我通常喝酒，我养成了睡前喝一瓶啤酒的习惯，这东西我已经有二十年没有喝过了。起初我把它当作一种助眠药，因为有人向我推荐过，但现在这几天我已经是因为习惯和贪嘴而喝它。令人难以置信的是，一个人学会愚蠢和养成坏习惯是如此之快，变成一个懒惰的家伙，一个贪吃的胖市侩是如此容易！

但我的堕落才华绝不仅限于吃喝和躺着什么都不做。随着身体的放纵和懒惰，精神上的放纵也随之而来。那些我以前绝对不可能考虑的事情现在发生了。我不仅在智力追求中避开所有艰难、危险的道路，还愚钝而贪婪地在智力问题中寻找并追求那些枯燥、扭曲、愚蠢浮夸和毫无意义的享乐，而这些享乐以往我一向避之不及并且厌恶，正因为这些享乐，我时不时地对资产阶级，对城市居民，对我们的时代和文明进行谴责和鄙视。现在，我已经如此接近普通患者的水平，以至于我不再憎恨和避免他们的消遣，反而去寻找并参与其中。现在离我开始阅读宾客名单已经不远了（对我来说，这是所有患者娱乐中最令人费解的一种），然后我会花一个下午和穆勒夫人聊她的风湿病以及所有可以用来对抗它的草药，并给我的朋友们寄上带有新婚夫妇或那些滑稽的萝卜形象的明信片。

那些我曾经小心避开的赌场和音乐会，现在我经常去参加，我像其他人一样坐在椅子上，听着流行音乐，感受着那种时间流逝的愉悦感，我们这些患者有的是时间。而且，音乐本身也时常打动我，使我陶醉在其中，一些演奏得很好的乐器带来纯粹的感官魅力，但乐曲的性质和内容却没有一点传达到我的意识中。浅薄的曲目，那种曾经在其他时候让我感到厌恶的类型和风格，现在我竟能毫无困扰地听完了。我一坐就是一刻钟，有时半小时，疲倦且姿势不佳，坐在一群其他无聊的人中间，像他们一样听着时间的流逝，像他们一样面无表情地挠挠头或脖子，用手杖柄支撑着下巴，或打着哈欠，只有一瞬间，我的灵魂像一只突然在笼中苏醒的草原动物一样开始反抗，但很快又打盹，继续做梦，在地下无意识地做梦，因为自从我坐上这个音乐厅的椅子后，我就与它分离了。

直到现在，我完全成为了人群中的一部分，成为了普通的温泉客，一个无聊、疲倦的庸人，这时我才感到，我在这篇随笔的第一页上把自己表现为这个世界和这种心态的正常代表时，是多么的可笑和轻率。当时我是出于讽刺，但现在，当我真正属于这个平庸的日常世界时，当我无魂落魄地坐在音乐厅里，像人们消费茶或啤酒一样消费流行音乐时，我又感到自己对这个世界有多么强烈、多么苦涩的憎恨。因为现在，我恨的、鄙视的、嘲笑的是在这个世界里的自己，而不是其他人。不，与这个世界达成和解，属于它，在其中找到一个位置并感到舒适——现在我每一个细胞都有所感觉——那不是我的归宿，那是被禁止的，那是对我所认识的一切美好和神圣事物的罪行，而这些事物是我幸福的来源。正是因为这个原因，正是因为我此时犯了这个罪，因为我与这个世界妥协并接受了它，正是因为这个原因，我现在才如此悲伤！然而，我依然没有改变，懒惰比我的洞察力更强大，肥胖、懒散的肚子比我胆怯地抗议着的灵魂更强大。

现在有时候兴致一来，我也会跟其他病患攀谈。饭后，我们随意站在走道上，不拘形式地谈论政治局势、股票、天气、温泉，以及我们的生活哲学与家庭责任：年轻人需要权威的管束，碰碰钉子并不是坏事。对于这些话题，我的看法大体上跟他们没什么不同。不时地，我的灵魂会反抗，言辞在嘴里变得苦涩，我不得不赶紧离开，去寻找孤独（哦，在这里找到孤独是那么困难），但总的来说，我也犯下了这些精神上的罪，我也犯了愚蠢、无意义的闲聊罪，犯了懒惰、无意识的顺从罪。

在这里，我所习惯的另外一种"消遣"是去电影院。我有许多个晚上都花在这个娱乐上，如果说，我第一次去电影院的理由只是为了保持孤独，避免和别人的谈话以及逃避那个荷兰人的势力范围的话，那么第二次的理由应该说是为了娱乐，为了散散心。（现在，我已经习惯了"散散心"这个字眼，过去，在我的字典里是找不到它的。）这里的电影院我已去了多次，影像的悦目不仅吸引了我，还使我麻木，我不仅毫无抗议地接受了最令人毛骨悚然且最乏味的代替品，接受了这种冒牌的戏剧跟它那种可怕的音乐，我甚至在肉体上与心智上也可以忍受那种地方的恶劣气氛。我已开始可以忍受任何东西，囫囵吞下任何东西，即使是最愚蠢与最丑陋的东西亦然。在两三个钟头的时间里，我一直注视着一个全场都是以一个古代女王为中心的戏，片中有剧院、马戏团、教堂、善斗的奴隶、狮子、圣僧、太监……我坐在那里看着那些最高价值和符号，看着王位和权杖，法衣和光环，十字架和帝国，以及所有可能的、不可能的灵魂的品质和状态，为了拍电影这个可笑的理由，成百上千的人员和动物被安排在镜头前。然而，这本可以是一场精彩的演出，却被愚蠢又拖得太长的字幕给糟蹋了，被误导的戏剧化给玷污了，同时也被没有头脑、没有心灵的观众（我也是其中一员）弄得贬值。曾有好多次，我实在无法忍受，几乎想溜走，但对一个坐骨神经痛患者来说，溜走并不容易，于是我只好又按捺下来，把这个低俗电影看完。但是，也许明天或后天，我照样还要到那里去。如果说，我从来没有在电影中看过动人的东西，那也是不公平的。至少我看过一个比许多诗人更有启发性的法国杂技演员和滑稽表演者。事实上，我所痛恶的，激起我愤怒与厌恶的，不是电影本身，而是我自己，这个心不甘、情不愿的电影观众。谁强迫我上那儿去忍受那种可恶的音乐，去看那种可笑的字幕，去听观众的叫声呢？在刚才那部长片里，我看到十几只原本勇猛有力的狮子朝天吼叫，但两分钟以后，却又看到它们在沙土上被拖着走，变成僵死的尸体，这时我听到的是全场对这残忍、悲伤的场景如雷的哄笑声！是不是当地的温泉水里有某种盐，或者酸或碱，有某种让人改变的东西，让人们远离一切高贵、高尚、珍贵的事物，并消除对低俗的抵制？哎，我惭愧地低下头，在我撑起身体，拖着步子回家时，我终于痛下誓言，再也不去电影院了。

这是我在这里学到的最后一种坏习惯和恶行吗？不，我还学会了其他恶习。我还学会了碰运气的游戏，曾多次在绿色的赌桌上玩得兴奋不已，亦曾在一部赌博机器上投了不少银币。我玩得并不好，因为我口袋里的钱并不多，然而，我却颇擅长省下我的赌本，有两回，我足足玩了一整个钟头，结果只输掉一两个法郎。当然，这种玩法并不能给予我真正的赌徒经验，但是我多少能够从中嗅出赌博的味道，我必须承认它给我带来了极大的乐趣。我对赌博并不会感到良心不安，我对它的感觉不像我对这里的音乐会、与病人的聊天，以及电影里的狮子那样。正好相反，这种恶习所含的不名誉与反抗的气息，对我有莫大的吸引力，令我真正感到遗憾的倒是，我无法成为一个看得开的赌徒。

　　我在游戏时的感受大概是这样的：起初，我站在绿色桌子的边缘，稍微停留片刻，看着那些带编号的格子，听着转动轮盘的男人的声音。这个男人喊出的数字，是由那颗在滚动的球选择的数字，这颗球在几秒钟前还是一堆盲目而愚蠢的数字之一，现在却在男人的声音中，在球占据的空位中，在听众的耳朵和心灵中燃烧得炽热而明亮。可能是4，或是5，或是3，这个数字不仅在我的耳朵和意识中闪耀，不仅在球的圆锥路径上闪烁，还在绿色桌面上显现出来。如果数字7出现了，那么在它自己绿色格子中的那个僵硬的黑色数字7也会在几秒钟内变得光彩夺目，压倒了所有其他的数字，因为其他的数字只是可能性，唯有它圆满了，拥有了现实。可能性的实现，等待它并参与其中，就是这场游戏的灵魂。当我观看并倾听了几分钟，开始被游戏吸引时，第一个美妙而令人激动的时刻到来了：6被叫出来了。我并不感到惊讶，这个数字如此恰当，来得如此理所当然，真的就像我特意期待它一样，没错，就好像是我自己叫出了它，制造了它，创造了它。从这一刻起，我的灵魂参与到了游戏中，嗅到了命运的气息，感到自己与偶然建立了良好的关系，这是一种完全快乐的感觉，我不得不承认，它是整个运动的核心和吸引力。于是我听到了7，然后是1，然后是8，我并没有感到惊讶或失望，相信自己期待的正是这些数字，现在联系已经建立，我与这流动中的真实接触，可以随之而去了。现在我凝视着绿色的格子，读着数字，被其中一个吸引，听到它轻声呼唤（有时有两个数字同时出现），看到它轻轻地向我示意，然后把我的硬币放在那个数字上。如果它没有出现，我并不失望或心碎，我可以等待，我的6或9会在适当的时候到来。它来了，第二次或第三次，它真的来了。这个中奖的时刻是奇妙的。你已经向命运提出了请求并顺从了它，你相信自己与这个伟大的秘密建立了联系，你有一种与它友好联盟的感觉——看哪，这是真的，它得到了证实，你的默默无闻的秘密想象，你的小小隐藏的愿望之火燃烧起来了，奇迹发生了，预感变成了现实，你的数字被那象征幸福的万能之球选中了，轮盘旁的男人喊出了它，桌子旁的男人向你扔了一把闪闪发光的银币。那是极其美好的时刻，纯粹的快乐，并不依赖于金钱，因为写下这些文字的我没有保留我赢得的任何一个瑞士法郎，游戏把它们全吞了，但那些美妙的中奖时刻依然在回忆中熠熠生辉，那些美妙的、孩童般完美而满足的瞬间，无忧无虑而珍贵，每一个都像一棵完全装饰好的圣诞树，每一个都是奇迹，每一个都是节日，更是一种灵魂的盛宴，一种对内在最深层次的生命本能的确认和提升。无疑，一个人可以在更高层次、更高尚和更挑剔的形式中体验到同样的喜悦，同样的美妙幸福：对生活的深刻洞察的闪光时刻，一个内在胜利的瞬间，最重要的是创造的瞬间，发现的瞬间，灵光一现的灵感，艺术家作品中的幸运数字的得手，所有这些都与在赌博中中奖的体验一样，如同一幅画与它的倒影。然而，即使是最幸运、最有天赋的人，又能多么频繁地遇到这些神圣的瞬间？对于我们这些疲惫的、现代的晚期人来说，有哪种满足感，哪种愉快的幸福感能够在强度和辉煌上与童年的快乐幸福相比？这就是赌徒所追求的体验，尽管他看似专注于金钱。但那其实是已经变得极为罕见的天堂鸟，而那幸福感，才是他努力捕捉的，这才是他眼中燃烧着的渴望。

然后，运气在我身上起伏不定。有时，我完全与它合二为一，仿佛自己就是那滚动的球，接连赢钱，一种珍贵的兴奋感充满了我的全身，令我不禁战栗。然后，这样的高潮过去了。我在裤袋里塞满了大把赢来的硬币，继续一轮又一轮地下注，但慢慢地，那种确定感消失了。一个1，一个4，这些数字突然冒出来，令我大为惊讶，它们显得敌意满满，仿佛在嘲笑我。此时，我开始变得不安和恐惧。我在没有任何预感的情况下对数字下注，犹豫不决地在偶数和奇数之间徘徊，却仍然强迫自己继续下注，直到把所有的赌资输光。

而这种感觉不仅仅是在事后出现的，甚至在游戏进行时，我就已经意识到这种深层的相似性，看到了游戏就是人生的缩影。事情就是这样发生的，神秘而不合情理的预感赋予我们最强大的魔力，释放出最强大的力量。而当这种直觉开始衰退时，批判和理智接管了，暂时还能应付，但最终那不可避免的事情还是会在我们头顶上发生，完全与我们无关。那个已经过了巅峰却仍无法停止下注的疲惫赌徒，不再依赖任何直觉或深厚的信心，正如那些在重要人生决策时不知何去何从的人一样，不等候、不闭眼，因过度思虑和心智的过度使用而做出了错误的决定。在绿桌旁，有一条非常可靠的游戏规则：当你看到一个同伴已经疲惫不堪，运气不佳，一会儿押这个数字，一会儿押另一个数字，频繁地改变策略——此时，你每次都应该押他刚刚无果放弃并因厌恶而抛弃的那个数字，因为它肯定会出来。

赌博跟其他一切中产阶级的温泉娱乐是完全不同的。在绿色的赌桌旁，没有人看书，没有人说无聊的话，没有人像在音乐会或公园里那样编织短袜，也没有人打呵欠或抓颈背，即便是风湿病患者也不坐下来，他们站着，他们用自己的双腿勇敢地站很长、很痛苦的一段时间，而平时他们都会小心保护起自己的腿来。在这种场合里，大家从不说笑，也不谈病痛，更听不到一点笑声。人们围着赌桌站立，神情严肃，窃窃私语，报数员的声音低沉庄重，银币在绿色桌子上轻柔地叮当作响，这种崇敬、谨慎和庄严，使得这个游戏比其他娱乐更有无与伦比的吸引力。在其他娱乐中，人们是那么吵，那么邋遢，那么没有规矩。而这里，赌厅里却洋溢着一种欢腾但不失庄重的假日气氛，来宾沉默而自觉地进入赌厅，就如同进入教室一样，他们只是低声私语，并不时以敬畏的眼光注视那身穿礼服的绅士。后者的举止显然不同于凡夫俗子，他们一定是社会上的名流或身居要职者。

我无法观察出这里这种仪式性的气氛及隆重、亲善的严肃性的心理原因，是我早已承认的——我的"温泉心理学"只适用于探察我自己的心灵状态。或许，赌厅里洋溢的那种庄重态度、严肃气息，以及聚精会神的气氛，只是因为一般人所关切的不是音乐、戏剧或其他任何类似的幼稚游戏，而是他们所知最严肃的，最受人喜爱，且最神圣的东西——金钱。但是，正如我刚才所说的，我在此不打算观察这些东西，这不是我能力所及的。在此我只想重新指出，跟其他任何大众化娱乐不同的是，赌博是在一种庄重的气氛下进行的。而其他方面的娱乐，就以看电影来说吧，一般观众几乎不用去控制他喜悦或厌恶的言语或非言语的表现，而赌博则不然。赌徒即使是在最激动、最有理由宣泄情感的时候，也就是在赢钱或输钱的时候，也不得不维持住他的自律和尊严。我曾目睹同一个人，在普通牌局中因输掉二十生丁而暴跳如雷，满口咒骂，然而，当他坐在轮盘赌桌旁，即便损失了百倍之多——我不敢说他连睫毛都没动一下，因为实际上他的睫毛经常剧烈颤动。但我敢肯定，他绝对不会发出任何不雅的咒骂或大声喊叫，以免打扰到周围的赌客。

既然明智的政府对人民教育的任何贡献都感兴趣，并且鼓励和支持所有服务于此目的的机构，我在此大胆地提出一个建议，尽管我在这个领域完全是个外行——没有任何游戏、娱乐或消遣能像赌场里的游戏那样，在自我控制、冷静和礼仪方面如此有效地教育参与者。

是的，我个人的确认为赌博有一些好处，但是我亦不否认赌博有一些害处，事实上，我个人就有此经验。国家经济学家之所以反对赌博，通常是基于道德上的理由，但是我认为这种论据并非十分中肯。他们往往认为，赌徒赢钱太容易的话，往往会轻视劳动的神圣性，另外，赌徒也有输光所有钱的危险。由于长期观察珠子与银币的滚动，赌徒必然会遗忘了中产阶级经济道德的基本概念，不再重视金钱。当然，这些论调并没有什么错，但是我个人对这些危险性看得并不严重。从心理学的角度来看，我认为对许多有严重心理不安症状的人来说，突然损失一笔钱或对金钱的神圣丧失信心，不仅不是不幸，反而可以说是解除他们心理障碍最稳当且是唯一可能的手段。对当今主宰我们全部生命的"单一工作与金钱崇拜"来说，暂时将自己的命运交给机遇，偶尔尽兴玩乐，信任命运的无常，似乎是十分有益的，而且，这些也正是我们今日拜金世界里最欠缺的东西。

不，我认为赌博的问题所在，也是使其尽管有如此辉煌的一面，依然成为恶习的原因，完全是心理上的问题。根据我个人相当愉快的经验，我认为一个人每天花二十分钟在轮盘的紧张状态及赌厅里十分不真实的气氛下，是十分兴奋而有趣的事。对一个沉闷、空虚而疲惫的人来说，这是我试过最有效的灵丹之一。唯一的问题是，在赌博时，所有的兴奋之情都来自外界，是纯粹机械性与物质性的。一旦我们相信了这种始终有效的兴奋机制，我们或许就会忽视甚至丧失我们自身的努力——我们自己的精神活动。如果我们通过纯粹机械的手段——如轮盘赌——来激发灵魂，而不是通过思考、梦想、幻想或冥想，这就如同放弃体育锻炼和体操，而依赖浴室和按摩师来锻炼身体一样。同样地，在影院中通过纯粹的物质视觉刺激代替自己的视觉艺术贡献（即发现、选择和保留有趣和美丽事物的能力）的兴奋机制，本质上是同一种欺骗。

如同我们的身体除了要按摩之外还要运动，我们的灵魂最迫切需要的，不是赌博，而是其他更具吸引力的刺激——

它自身的努力。因此，思考与记忆上严格、清晰的训练，闭目想象所见之物，在夜间重构白天所发生的事情、自由联想与幻想等任何一种积极的努力，实比游戏好上百倍。我在此补充这些东西，完全是为了大众的幸福着想，也是为了修正我前述的外行人之见。因为在这方面，在纯粹心理学教育与经验上，我已不是个门外汉，而是一个相当老到的专家了。

现在，我似乎又离题了。这些笔记似乎注定无法为任何问题提供一个结论，只能将一直困扰我的一些随机联想串联起来。也许我可以认为，这只是温泉心理学的一部分。

我抛弃了原本毫无趣味的主题，转而赞美起了赌博游戏，并且不由得想要继续延展这个赞美，因为实在难以回到我的原题。但我必须这么做。让我们回到黑塞这个人，这个温泉疗养的来客，让我们再来看看这个无精打采、倦怠、步履蹒跚的满足的垂垂老人吧。他不讨人喜欢，令人没有好感，他那种单调刻板的生活，我们委实无法真心祝愿他那既不具有典范意义也不有趣的生活无限延续，无法衷心祝福他长命百岁。像他这种人，即使提早离开人生舞台，我们也不会感到遗憾，因为很久以来，他在这个舞台上并没有扮演令人愉快的角色。如果某天早晨，他在浴池里因衰疲过度，滑入水中没起来的话，我们也不会引为憾事。

然而，如果我们对这位温泉来客不感兴趣，我们只是针对他目前的状态，他即刻的身体状况而已。我们不应当忽视他状况变动的可能性，此种状况是可以重新评估的。这种奇迹在过去经常出现，而在未来的任何时刻亦有可能发生。当我们看着病人黑塞，摇头叹息说此人不该活时，我们千万不要忘记，我们所相信的不该活，其意思并不是"灭绝"，而只是一种"转化"而已，因为我们一切想法的根基以及我们的心理学基础乃是对上帝，对"统一"的信仰而已——而"统一"即使是在最绝望的情况下，也是可以透过恩典与理解重新恢复过来的。任何一个残疾人，只要跨过一步，即便是穿过死亡的一步，皆可以恢复健康而重获生命。任何一个罪人，只要跨过一步，即便是跨过行刑的一步，也可以变得清白与神圣。任何一个饱经忧患、失落而堕落的人，只要获得一点恩宠，便立刻可以重获生机，变成一个快乐的孩子。但愿读者在读到我这些肺腑之言时，不要忘记我这种信仰，我这些独到的见解。如果作者本人对统一的灵魂的认识不足以作为一种"不灭的砝码"的话，那么他本人也无法寻出他产生这些批评与奇想的勇气、理据及胆识的理由，无法得知他的悲观论与心理学究竟建基于何处。恰恰相反，我越是冒险走向一端，越是暴露自己，我越是无情地批评，越是愿意沉溺于奇想，另一端的和谐之光就照射得越亮。如果没有这种永无休止、不断变动的调适的话，我哪有勇气自我展示、做出决定、全力去感受并表达我的爱与恨，又有何勇气生存于世呢？

## 病情好转

不久之后，我的疗养生活将告结束。感谢上苍，我的病情已见好转。有整整一个星期的时间，我彻底绝望了，我感到的只是病痛、疲惫、沉闷与自我憎恶。我几乎想给拐杖装上橡皮包头；我几乎想去看看来客的名单。原本我只打算听一刻钟或半个钟头的流行音乐，但我差点儿在音乐会泡足一个钟头或两个钟头；原本只打算喝一瓶啤酒，我却差不多喝了两瓶；我几乎把所有的钱全花在赌场里。此外，我在旅馆的餐厅里还跟我的邻座打起了交道，他们都是和蔼可亲的人，我尊重他们，如果不是犯了以前那种试图通过交谈来学习的错误，我本可以从他们那里学到很多。跟没有真正关系的人交谈往往是乏味而令人失望的。更不幸的是，跟我谈话的陌生人往往认为我是专家，因此他们总觉得必须去讨论文学与艺术，结果我们的谈话都是些无聊的话题，在这种情况下，即使是最有魅力的人看起来也和十二个人中的十一个人没什么两样。

此外，还有疼痛、坏天气——这段时间我总是感冒（现在我理解我的荷兰佬为什么总是感冒了）——以及可怕的疗后疲劳，这一连串的痛苦日子简直非笔墨所能形容。所幸，这一连串的痛苦日子终于结束了。后来有一天，我因疼痛而筋疲力尽，一直躺在床上，甚至连温泉浴也不去。我罢工了，我就那样躺着，但是仅此一天而已，次日，情况突然大为好转。作为转折点的那一天是十分值得回味的，因为转变来得太突然，十分令人惊喜。一个人如果肯下决心的话，那么即使是在最恶劣的处境中，也可以杀出一条生路来，这一点我一直深信不疑。即使在我最失望的治疗期间，即使在我最沮丧的时候，我也从不怀疑我能从泥沼中爬出来。爬起来的过程，缓慢而艰难地征服外部世界，逐步寻求并找到最合理的态度——据我所知，它永远是一条可能的路，一种十分有可能、十分值得赞许的理性之路。然而，我从早先的经验得知，还有一种可遇而不可求的途径，那就是运气、恩典与奇迹。奇迹现在已十分接近我了，或许我即将脱离苦海，但这不是靠着艰难而奔波的理智或自觉性的努力，而是驾着翅膀沿那布满花朵的恩典之路，这种东西是我过去连想都不敢想的。

有一天，当我再度从恍惚状态中惊醒时，我突然心血来潮，决定继续我的治疗，继续维持我的生命，当然，我稍微休息了一下，但当时的情绪并不好。我的双腿仍然疼痛，我的背部仍然酸痛，我的颈背僵直，我站起来已感困难，更不用说步行到电梯、到浴池，回来时也是这样。到了中午，我勉强移步到餐厅，心里好生气恼，而且没有什么胃口，但是过了一阵子，我突然意识到，我不再只是脚步沉重、面无喜色、在酒店楼梯上爬行的温泉客，我同时变成了自己的观察者。在某一级台阶上，它突然发生了，我看见这个毫无食欲的客人缓缓地走下楼梯，看见他无助地把手放在扶手上，看见他经过迎宾的侍者进入餐厅。以前我也曾有过这种意识状态，我立刻将其视为一个幸运的征兆，觉得在这无果且令人烦恼的时期，突然间又重新感受到了这种状态。

我坐在窗明几净的餐厅里，独自坐在小圆桌旁，同时，我也看到自己是如何坐下，如何把椅子摆正，如何痛苦地坐下并稍微咬一下嘴唇，看到自己是如何机械地拿起花瓶并把它挪近一点，看到自己是如何缓慢而犹豫地从餐巾环上取下餐巾。此时，其他客人也陆续进来了，他们像《白雪公主》里的小矮人一样坐在他们的小桌旁，随手从餐巾环上取下他们的餐巾。然而，客人黑塞才是我观察的主要目标。一脸严肃但倦容满面的黑塞，正在往杯子里倒一点水，取一小块面包，但这完全是无意识的动作，因为他既不想喝水也不想吃面包；他喝了几口汤，用灰暗的眼睛扫视餐厅里的其他餐桌，看看画有风景的墙壁，看着领班匆忙地在餐厅里走动，看看穿着黑色短裙、披着白色围巾的美丽女服务员。有些客人三三两两地坐在稍大一些的桌子旁。然而，大多数人都独自坐在他们孤零零的餐盘前，带着克制却深感无聊的表情，慢慢地往杯子里倒些水或酒，轻轻地拨弄着面包，用无神的目光打量着别人的桌子，抬头看着墙上画的风景，观察着匆忙穿行的领班和穿短黑裙、白围裙的漂亮女服务员。墙上，那些友好、安静而有些尴尬的美丽风景在静静等待，而在大厅的天花板上，友好且不尴尬的，是某位被遗忘的装饰家的灵感，上面画着四个大象头，这些大象头在早些日子曾让我感到愉悦，因为我是印度教神祇的朋友和崇拜者，我在这些头上看到了我深深敬仰的智慧之神象神犍尼萨。当我从自己的小桌子上抬头望着这些大象时，我常常会思索为什么在我童年时被告知，基督教的优势主要在于它没有神祇或神像，而随着我年纪渐长、愈发聪明，我却发现这宗教最大的劣势在于，除了那神奇的天主教圣母玛利亚外，什么神祇或神像都没有。例如，如果使徒们不是有点无聊且令人畏惧的传道者，而是拥有各种神奇力量和自然象征的神灵，我愿意付出很多，但我只在福音书的动物中看到一个非常微弱但仍受欢迎的替代品。

现在，这个不停地注视着我及其他宾客，注视着黑塞在乏味地吃着，他同来的客人也乏味地在吃着的人，不是患了坐骨神经痛而在此地疗养的黑塞，而是一个有些反社会倾向的老隐士，不合群的孤狼黑塞，这位流浪的怪老头、诗人、蝴蝶、蜥蜴、古书及旧宗教的挚友，一个有决心、有力量面对世界的黑塞，一个不愿为填写住宿证明及安全保证所扰的来客。这个老黑塞，这个最近变得相当"消沉"与"陌生"的"我"，现在再度回来进行观察了。他观察到，这个胃口不好的客人黑塞心不在焉地把弄着叉子，切割着一条美味的鲜鱼，然后面有难色地将鱼肉一片一片地塞进嘴里；他观察到，尽管没有任何需要，也没有任何意义，他还是木然地将他的杯子与盐瓶移来移去，一会儿把脚从椅子下伸出去，一会儿又缩回来，而其他客人也做着同样无聊的事情；他观察到，虽然每一个人都没有什么胃口，但是领班及其他漂亮的服务员仍然十分周到地侍候着这些沉闷的客人；他观察到，在外头另外一个完全不同的世界里，在餐厅屋翼的大窗之后，厚厚的云层正从天空飘过。秘密的观察者看见了这一切，突然觉得整个安排显得异常古怪、滑稽甚至诡异。这些蜡像般焦虑、僵硬的人物根本没有真正活着：那个没有食欲的厌倦的赫尔曼·黑塞，其他那些厌倦的人们。这种毫无意义的庄严表演，这堆积如山的食物、瓷器、玻璃、银器、酒、面包、服务，所有这一切都是为了那几位早已心满意足的客人而设，但他们的无聊与忧郁，无论是食物、饮料还是飘浮的云彩，都无法治愈。

现在，温泉客黑塞正举起他的杯子，他只是因为无聊才将杯子举到嘴边的，实际上他并不真想喝水，只是为了给那些在餐桌上无意的、机械的假动作再添一个新动作。此时，吃着的我与观察的我突然又结合起来，我不得不即刻将杯子放下，因为我内心突然涌起一种想发笑的强烈欲望，一种十分孩子气的欢畅，我突然了悟到这整个状况的荒谬绝伦。刹那间，我从这些充满了面无喜色、生病、被宠坏而昏庸迟钝的人的餐厅景象里，看到了它所反映出来的我们整个文明生活，一种没有强烈冲动，强迫性地沿着固定的轨道行走，且跟上帝或天空里的云层毫无牵连的生活。此刻，我想起了与此完全相同的成千家餐厅，想起了那些大理石桌子上布满污渍、室内播放靡靡之声的无数咖啡厅，我想到了酒店和办公室，所有这些建筑、音乐和我们同胞生活上的所有常规……而这些东西就其真正意义与价值来说，跟我手里把玩的叉子，跟我用无神的双眼漫无目标地扫视的餐厅，几乎没有什么两样。此刻，餐厅与世界、病人与人类，在我眼里，已不可怕与悲愁，它们只显得十分可笑而已。你只要尽情地去笑，把符咒打破，把机械性毁掉，如此，上帝、鸟儿及云层，便会从我们荒凉的餐厅里飘过，如此我们便不再是温泉餐桌上的孤绝的来客，而是多彩多姿的世界里的快乐上宾。

突然想通后，我想爆笑，我尽快放下杯子。我花了极大的力气才控制住它，使它没有爆发出来。哦，这种感觉我们小时候经常经历，坐在餐桌旁，或是在学校、教堂里，心里充满了一种强烈且合理的想笑的冲动，却不敢笑出来，还得为了老师、为了父母、为了规章制度而强忍笑意。我们不情愿地倾听并服从那些老师、父母的教导，而我们感到非常惊讶，甚至直到今天依然如此惊讶：这些规矩和道德教义的背后，竟然是那个耶稣的权威，而耶稣正是那个祝福孩子们的人。他难道真的只祝福那些模范孩子吗？

这次，我还是成功地控制住了自己。我极力保持沉默，极力抑制喉咙里的压力，鼻子里的瘙痒，我迫切想找个小出口发泄，以免被呛到。当领班走过来时，捏他的腿好吗？或者用我的杯子给女服务员泼点水？不，这不行，这种事情是使不得的，就像三十年前一样。

当我想到这里时，我的笑声已被卡在喉咙里，我开始直视着我的邻桌，直视一个我不认识的女人的脸，一个面容憔悴的灰发女士，她的手杖靠在她身旁的墙上，她正忙着玩弄她的餐巾环，此时正值席间的空当，我们所有的来客都在利用着我们排遣时间的惯常手段。

一位男士正细心地阅读一份旧报纸，你可以清楚地看出，他对这些新闻已经很熟悉，但他仍在反复阅读有关总统病情和加拿大一个教育团体活动的消息；一位老妇人正在把两包药粉倒进玻璃杯里，这是她准备饭后服用的，她看起来有点像童话故事中下毒毒害更漂亮的人的可怕老妇人；一位举止优雅、略带倦容的绅士，让人想起屠格涅夫或托马斯·曼小说里的人物，举止不凡、面带忧容，正在审视墙上的一幅风景画；我仍然最喜欢我们的女巨人，她精神甚佳，姿态完美，像往常一样坐在她的空盘子前，看起来既不愠怒亦无倦容。另一方面，那位道德严明的绅士，带着额头上的皱纹和强壮的脖子，坐在椅子上，仿佛背负着整个法庭的重担，他面容严峻，好像刚刚判了自己的独生子死刑，而事实上，他不过是吃了一盘芦笋。凯瑟林先生，那位面色红润的侍者，今天看起来依旧漂亮红润，但稍显老态和疲惫，好像今天过得并不顺利，他那孩子般的面颊上的酒窝看起来既不真实也多余，就像他胸前口袋里那包刺激的小画片一样。多么奇怪又滑稽！我们为什么要这样坐着等待和微笑？为什么要等着更多的食物，既然我们早就不饿了？为什么凯瑟林要用那小小的口袋梳梳理他那诗人般的头发？他为什么随身携带那些愚蠢的画片？那个口袋为什么要用丝绸来衬里？一切都是那么虚假和不真实，这一切都是如此强烈地诱发出笑意。

于是，我就这样坐在那里，盯着那位老妇人的脸看。忽然间，她的餐巾环掉下去了，转头看着我。我们对视的那一瞬间，我脸上的笑意忍不住涌了上来，无法抑制，我对着那位妇人露出了一个极为友好的笑容，内心积攒已久的笑意从嘴角溢出，从眼中流淌而出。我不知道她对此作何感想，但她的反应十分精彩。起初，她迅速低下了头，急忙捡起她的小玩具，但她的表情却变得不安。我目不转睛地观察着她，她的脸越发扭曲，做出了最奇怪的鬼脸。她在笑！

她在挣扎，想要抵抗我传染给她的笑意，却无法控制！就这样，我们两个人，这些酒店里的其他客人眼中一贯稳重、年长的人，如同两个坐在课桌前的学童，正襟危坐，彼此偷看，而我们的脸上却因为想要压抑笑意而抽动、颤抖。大厅里的两三个人注意到了我们，开始微笑起来，有些带嘲弄和轻蔑地笑着。仿佛窗户的一块玻璃突然破碎，蓝天白云涌了进来，刹那间，一种愉快而刺痒的氛围，一种微笑，在大厅中蔓延开来，仿佛每个人现在都意识到了我们有多可笑，我们坐在那里，带着疗养地那种庄严与疲惫的忧郁，显得多么不可言喻的愚蠢和滑稽。

从那一刻起，我的生活重新变得顺利起来。我不再只是疗养地的一个病人，一个专门研究如何生病和如何治疗的病人，而是把疾病和治疗放到了次要位置。当然，我依然感到疼痛，这是无法否认的。但既然如此，那就让它痛吧。我放任这疾病自行发展，我不再整日伺候它。

餐后，一个旅馆的客人走过来跟我打招呼，这是位态度冷淡且城府颇深的绅士，他经常递报纸给我，且坚持跟我打交道。不久以前，他还跟我谈了很久有关学校系统与教育的无聊话题，我漫不经心但十分谦虚地赞同了他所珍视的一切原则与观点。现在，这个家伙又像往常一样从走道上突然冒出来，挡住了我的去路。

"日安，"他说，"你今天好像很高兴。"

"当然，我是很高兴。在午餐时，我看到云从天空中飘过去，到目前为止，我一直认为这些云彩是由纸做成的，它们是我们餐厅装饰的一部分，所以当我发现它们是真实的空气和云朵时，我非常开心。它们在我眼前飘走，没有编号，身上也没有价格的标签。你可以想象，我发现了这一点，快活到无以复加。毕竟，真实还存在着，存在于巴登！这简直是太神奇了！"

这位绅士听到这些话，似乎颇不以为然。

"哦，是吗，"他慢悠悠地说，几乎费了一分钟才弄清楚我在说些什么，"那意思是说，你一向认为真实不存在！这么说，我倒想问你，你所谓的真实是什么意思呢？"

"嗯，"我说，"那是一个十分复杂的哲学问题。但我可以简单地回答你。亲爱的先生，我所理解的'真实'就像其他人所谓的'自然'。总之，我心目中的真实并不是在巴登一直包围着我们的东西，不是有关疗养或病人的故事，不是关节炎与风湿痛之类的老生常谈，不是散步及音乐会，不是菜单或节目表，也不是浴池里的服务员或温泉客。"

"这么说，这里的宾客对你来说便不算确实存在了？举例来说，像现在正跟你说话的这个人——我——便不算是真实的？"

"对不起，我绝对无意冒犯你，但事实上，在我看来，你的确没有真实性。当你呈现在我面前时，你并没有那种令人信服的特质——真实感——你并不能让我真正觉察到什么、经验到什么，或让我感觉到发生过什么。先生，你存在着，这点我是无法否认的。但是你的存在并不在我眼里的时空感的层面上。容我坦白，你存在于纸张、金钱、贷款、道德、法律、智力、可尊敬的层面上，你是德性、绝对命令和理智的时空伴侣，或许，你所涉及的是物自体或资本主义。但你本人的确不具有我从每一块石头、每一棵树、每一只蟾蜍、每一只小鸟身上所能发现到的那种令人信服的真实。先生，我个人对你怀有无限的敬意与嘉许，我可以怀疑你，也可以认可你的有效性，但我无法真正经验到你，更不可能去爱你。你跟你的家人、亲戚，还有德性、理智、绝对命令，以及人类的全部理想共有此种命运。总而言之，你真是伟大。我们真以你为荣，但你绝对不真实。"

这位绅士眼睛睁得大大的："现在，如果我捆你一耳光的话，是否就能使你相信我的真实了？"

"如果你真的尝试那种举动，结果将对你非常不利。我比你强壮，而且，此刻，我已神奇地摆脱了一切道德束缚。此外，该举动无法使你达到目的。确切地说，我将用一种十分神奇的自我保护装置来应对你的实验，但是你的攻击并不能使我相信你的真实与你的存在，也不能使我相信存在于你身上的灵魂与意志。如果我用手臂或腿连接两根电极，我会立即遭受电击，但我不会将电流误认为是一个人，一个与我同类的存在。"

"你具有艺术家的气质，当然，这给予你了某种特权。你似乎十分憎恶智性和概念化的思想，甚至想去攻击它。但是，诗人，这跟你自己所宣称的又如何相符呢？我拜读过你的许多文章和著作，但是你说的这一套完全与此相反，你所支持的是理性与智性，而非'非理性'与'偶然性'的自然，你一再为理念辩护，并认为智性是最高的原则。现在，你怎么又会说出这种话呢？"

"哦，我果真如此吗？是的，可能是吧。你知道，在这方面我一向是很不幸的，我经常自相矛盾。而现实经常是这样，只有智性与德性不然，你自然也不这样，我敬重的先生。举个例来说，在炎热的夏天走了一段路之后，我迫切地想喝一杯水，于是我宣称水是全世界最美妙的东西。但是过了一刻钟，我却觉得水是全世界最没味道、最无趣的东西。而这正是我对吃饭、睡觉、思考的感觉方式。我跟所谓'智性'的关系，如同我对吃饭或饮水的关系一样。有时候，我觉得世界上最不可缺、最能吸引我的东西莫过于智性、抽象化、逻辑和理念。但是当我满足了这种需要并渴求相反的东西时，一切智性之物于我都如腐败的食物一样，令我厌恶异常。我从经验中得知，这种态度是反常而缺乏性格的，事实上也是不应该的，但我却无法理解它为何不合常理。因为正如我必须经常轮回于吃饭与斋戒、睡眠与不眠之间一样，我也必须游移于自然主义与智性主义、经验主义与柏拉图主义、秩序与革命、罗马天主教与宗教改革精神之间。当然，我承认，一个人终其一生不断地崇尚智性、蔑视自然，必须永远具有革命性而不可保守，这自然合情合理，而且十分稳当可靠，但是另一方面，我却认为这种态度简直是要命、疯狂，令人厌恶的，这就好像一个人活着只是为了吃饭和睡觉一样。然而，政治与知识、宗教与科学的一切派别，皆无一例外地建基于视此种疯狂行为为合理、为自然的先决条件上！你也认为，在某些时候我狂热地爱着智性，并认为它可以解决一切。而在另外一些时候，我又极度憎恶它、贱视它，而寻求以自然的率真与丰饶代之——这种反复无常的态度是不当的！为什么呢？为什么你会认为自然的东西是没有个性的，健康而

176

自明的东西是不能见容于世的？如果你能将这一点清楚解释给我听的话，那么我将欣然在口头上及文学上坦白承认，在全部的论点上，我都被你击败了。我将尽可能地承认你的真实性，我甚至愿意将全部真实性的光圈借给你。但你自己知道，你根本就无法解释清楚！你现在站在这里，在你的背心底下无疑存在着你所吃下的饭菜，但是你背心底下却没有心灵，在你伪造得很精巧的头颅里，无疑存有智性，但却没有自然性。我从来没有见过任何东西像你这么不真实、这么可笑，你这个风湿痛病患，你这个温泉客！你的纽扣孔里闪动着证件，你的接缝处洋溢着智力，但是你的心里除了报纸与关税单、康德与马克思、柏拉图与税表之外，却空无一物。我一出拳，你就完蛋！我一想到我心爱的东西，哪怕是一朵黄色的小樱草也好，你的真实便完全消失了！你不是东西，你不是人类，你只是一种理念、一种贫瘠的抽象体。"

　　当我握紧拳头、伸出手臂，向这个家伙证明他的"非真实性"时，我变得十分激动，不过情绪尚佳，我的拳头径直穿过了他，他却不见了。放下拳头时，我才意识到，我已经在没戴帽子的情况下离开了旅馆，走向空旷的河堤。我一个人站在美丽的树木底下，听河水潺潺而流，似在低鸣。此时，我再度狂热地爱上了智性的对极，我内心里头如醉如痴地爱上了愚蠢的、了无章法的偶然世界，爱上了阳光照射与地上阴影在明亮的玫瑰色地面上交织的游戏，爱上了流水多彩多姿的节奏。啊，我依稀记得这些节奏！我记得很久以前在印度的河床上，我与一个老船夫并坐而谈，他的名字我已不记得了，那像是千年以前的事情。那时，我对一元论的沉迷程度，绝对不亚于多样性与偶然性的运作。我想起了我心爱的人，想起了她的耳朵躲在她的耳际里偷窥着外头的情景，此时，我热切地准备否认并摧毁我建立在理智与理念上的一切祭坛，转而为这个若隐若现的神秘耳朵建立一个新的祭坛。世界的本质是统一性的，但是它的表现却是多样性的，美仅存在于暂时性状态中，而恩典只有罪人才能体验得到，对于这些以及其他无数深刻而永恒的真理，那对美丽的耳朵，正像伊西斯、毗湿奴或者莲花一样，可作为极好的象征与神圣标志。

那河流在石头河床上低吟，正午的阳光在梧桐斑驳的树干上歌唱！活着是多么美好啊！那在餐厅里疯狂想笑的欲望被吹散了，忘记了，眼中泛起泪花，圣河的低语声带来了劝告，我的心中充满了宁静与感激。现在，当我第一次能在树下漫步时，我才看到我最近生活中的那种抱怨、错误、痛苦和愚蠢的深渊！天啊，我看起来是多么可怜，只需要一点点病痛，一段疗养的生活，一段失眠的时光，就让我深陷到颈部都浸入的坏脾气和绝望中。我可是听过印度神灵声音的人！多么好啊，这邪恶的咒语终于被解除，空气、阳光和现实再次包围着我，我再次听到了神圣的声音，心中充满了敬畏和爱！

我细细回想那些可耻的日子，感到困惑与惊讶，感到悲伤，也略带着一丝自嘲，回顾那些曾占据我心灵的荒谬念头。不，我不再需要去喝矿泉水了，也不再需要去那庄严的赌场，我不再为如何度过时间而感到迷茫。咒语已经被打破。

如果今天，在我的疗程快要结束之前，我反思这一切是如何发生的，寻找我堕落和所有卑微经历的原因，那么我只需要读一读这些笔记的任何一页，就能清楚地看到原因。并非是我的幻想和白日梦，也不是我的道德缺失和市民责任感造成了这一切，恰恰相反。正是因为我太过道德，太过理智和市民化了！这是一个老错误，我已经犯了一百次，并且痛苦地懊悔过，它这次也发生在我身上。我试图让自己适应一个规范，我试图满足一些根本没有人对我提出的要求，我试图成为或者扮演我根本不是的角色。因此，这一切再次发生在我身上，我对自己和整个生活进行了暴力的干涉。

我突然意识到自己曾经多么想要成为一个并非真实的自我。我让坐骨神经痛成为了自己的专长，我扮演了一个坐骨神经痛患者的角色，一个在疗养地的客人，一个试图适应周围环境的酒店住客，而不是简单地做我自己。我把巴登、疗程、周围的环境以及我四肢的疼痛都看得过于严肃。我竟然认为，通过这种疗程的赎罪，我必须变得健康。我试图通过悔过、惩罚、假装虔诚、洗浴和清洁，通过医生和婆罗门的魔法，去获得只有通过恩典才能获得的东西。

这一直是我的问题。即使是在那温水中孵化出的"温泉心理学"，也是一种伎俩，一种对生活施加理性暴力的尝试，注定要失败并遭到反噬。我也并不像一段时间内我所想象的那样，是什么坐骨神经痛患者哲学的代表，事实上根本不存在这样的哲学。所谓五十岁人的智慧，那种我在序言中幻想过的东西，也不存在。也许我今天的思维方式与二十年前有所不同，但我的情感、我的存在、我的愿望和希望并没有变得更聪明或更愚蠢。今天，像过去一样，我仍然可以变成一个孩子，也可以变成一个老人，有时是两岁，有时是一千岁。而我试图适应这个标准化的世界，试图扮演一个五十岁坐骨神经痛患者的努力，和试图通过心理学与坐骨神经痛及巴登和解的尝试一样无果。

一般来说，要获得救赎有两种途径：一种是义者所采取的"正义之途"，另外一种是罪人所采取的"恩典之路"。我是一个罪人，而我却错误地企图以正义之途来达到救赎。正因为如此，我一直未能成功。正义之途对于义者来说犹如甜奶，但对我们罪人却犹如毒药，它使我们心怀恶意。但我注定要一再地犯这种错误，正如在智性方面，我这个诗人注定必须不断地努力，以思想而非以艺术来克服世界一样。我不断地孤军奋斗，长途跋涉，力图以理智克服困难，但是最后我得到的却是痛苦与混乱。然而，这种死亡往往伴随着再生，我经常灵触到恩典，痛苦与混乱也不再令我觉得可怕了，如此一来，错误的途径往往有益于未来的借鉴，失败的滋味往往变得极其珍贵，因为它们总是使我回返赤子之心，使我重新经验到恩典。

因此，我决定不再对自己进行道德说教，我将停止对自己用理性和心理学进行的实验感到愤怒，停止对疗程、失败和绝望的实验感到愤怒。我不会再为这些事情哀叹，也不再指责自己。一切都已朝着最好的方向发展。我再次听到了上帝的声音，一切都好起来了。

今天，当我环顾我的房间，65号房间，一件有趣的事情发生了：我提前感受到了即将离开时的某种思乡之情，离开这个房间让我提前感到一丝痛苦。我在这个小桌子上曾多少次写下这些文字，有时充满了做有意义事情的喜悦，有时满怀沮丧和怀疑，但我仍然沉浸在工作中，努力理解和解释，或至少坦诚地忏悔。我在这张舒适的椅子上曾多少次阅读让·保尔的书！在这个壁龛里的床上，我曾多少次度过了半个夜晚，整晚无法入睡，内心充满了对自己的困扰、争斗、辩解，把自己的悲伤当作寓言，一种谜语，必须找到解决和解释的答案！我在这里收到了多少信件，写了多少信件，来自不知名的人的信件，以及写给不知名的人的信件，那些在我的书中看到我的人格与自己相关的人，在提问和认可中，在对某种看似与他们有关的人的指责和忏悔中，寻求着我在自己的自白和诗歌中所寻求的东西：清晰、安慰、正当性、新的自由、新的纯真、新的对生活的热爱！在这个小房间里，多少思考、多少奇思妙想、多少梦想曾光临我！在许多枯燥乏味的早晨，我在这里强迫自己起床去洗澡，感受到死亡提前到来的僵硬和疼痛的四肢，读到生命短暂的字迹；在许多美好的夜晚，我在这里编织着幻想，或者与那位荷兰人交战。就在那个幸福的日子，我在这里将我的《心理学》序言读给我的爱人听，看到了她因这对让·保尔的尊敬而感到的快乐，她也同样深爱着让·保尔。总的来说，在巴登的这一段时光，这场疗程，这场危机，这场康复，这场平衡失调，对我来说都是一个重要的时期。

可惜的是，我没能在三四个星期前就学会对这个小小的酒店房间产生这种爱与家的情感！但我必须接受现实。今天能够接受并爱上这个房间和酒店，爱上那位荷兰和疗程，已经足够了。现在我的巴登之行即将结束，我看到了这里的美丽，我相信我可以在这里生活几个月。实际上，如果仅仅是为了弥补我在自己身上、在餐桌上的邻居以及隔壁房间里的邻居身上所犯的罪，我真的应该这么做，不管是对自己，还是对餐桌上的邻居，还是对隔壁房间的邻居。难道在某些完全黑暗的日子里，我甚至没有怀疑过医生，怀疑过他对我所做的保证的真诚，以及他为我带来的希望吗？确实，有很多需要弥补的东西。比如说，是什么让我有资格对凯瑟林先生的私人画廊感到不满？我难道是道德的仲裁者吗？我自己难道没有一些不为所有人所接受的爱好吗？我为什么只看到那个有皱纹的绅士是个市侩、利己主义者和自以为是的裁判呢？我完全可以把他塑造成一个罗马人，一个被自己的严厉所摧毁的悲剧英雄，一个因自己的正直而痛苦的纪念碑式的、风格化的形象。如此等等。有千千万万的疏漏需要弥补，千千万万的罪行和无爱的行为需要赎罪——如果我现在没有放弃赎罪的道路，转而投向恩典。那么，好吧，让罪恶成为罪恶，如果我们能在一段时间内不再堆积新的罪恶，那就是幸运的！

当我再次俯视过去那些邪恶的日子时，我看到在那些客人中，远远地、渺小地，映射出一个鬼影：疗养地的客人赫尔曼·黑塞，面色苍白，满脸愁容，坐在他的餐桌前，一个没有智慧和幻想的可怜家伙，因失眠而面色灰暗，一个没有爱的、病态的存在，不是患有坐骨神经痛，而是被坐骨神经痛所控制。战栗中，我转过头去，庆幸这个家伙现在已经死去，不能再来面对我。愿他安息。

如果我们不把《圣经·新约》里的话当作诫命，而当作有关我们灵魂秘密的一种深刻智慧的话，那么它所说过最具智慧的一句话——有关生活艺术与幸福的追求的一个简短陈述——乃是"爱邻如己"，而这句话在《圣经·旧约》里亦可找到。如果一个人不能爱邻如己的话，那么他就会变成一个自我主义者、逐利之徒、资本家、资产阶级，在这种情况下，他当然可以获得金钱与权势，但他无法获得一个真正快乐的心灵，因为他已背离了我们灵魂中最优美、最甜美的喜悦。或者，如果我们爱邻人甚于我们自己的话，那么他便会变成一个充满自卑感的可怜虫，他渴望着去爱每一种东西，但对自己却充满着愤怒与不满，他活在一个作茧自缚的世界里。

然而，爱的平衡、爱的能力，不靠他求而能爱自己、不减损对自己的爱而能去爱别人！一切幸福、一切福泽的秘密，皆存在于这句名言里。如果深入去探讨的话，那我们可返诸印度去求其真义：爱你的邻人，因为他就是你自己！一切智慧都是如此单纯，它们很早以前就已经如此确切而清楚地表陈出来！但是它为什么仅在偶然，仅在美好的时日才属于我们，而非永远属于我们呢？

# 回首前尘

当我写到最后这几页时，我人已不在巴登了。带着满脑子的新计划和新想法，我再度回到了我的荒原，回到了我孤独的隐居之所。谢天谢地，黑塞，这温泉疗养客，现在已经死了，他现在已不关我们的事了。现在的他已变成另外一个截然不同的黑塞了，现在的他当然仍患有坐骨神经痛，不同的是，他现在患有坐骨神经痛，但不再被坐骨神经痛困扰。

当我离开巴登时，这离别事实上是相当困难的。我已养成了对一切人和物的热情，而我现在却必须切断这种深情——我必须与我的房间、我的店主人、河堤上的树木、悉心治疗我的医生、我喜爱的黄鼠狼，漂亮而亲切的服务员罗丝丽、杜鲁蒂及其他人，赌厅、许多同病相怜者的面孔与身影……断绝关系了。再见吧，态度友善、性情和善、热心助人的热疗机助手们！再见吧，荷兰女巨人，还有你，一头金发的凯瑟林！

我跟海立根霍夫旅馆主人的离别之情尤其令人回味。他笑着听我的致谢以及我对他旅馆的溢美之词，然后问我，医生给我治疗的效果怎么样。当我告诉他，医生对我的病况赞扬有加，我有治愈的希望，因此现在我可以信心十足地离开巴登时，店主人却神秘兮兮地笑起来。他友好地用手拍了拍我的肩膀，说道："您可以信心满满地上路啦！我衷心地祝贺您。但是，听着，有些东西或许您不知道：您会再回来的！"

"我会再回来？回到巴登？"我问道。

他大声地笑着："是的，不错，是的，不错。他们全都会再回来，不管是否治愈，迄今为止，每一个人都回来过。您也会变成这里的常客。"

我并没有忘了那个临别之言。或许，他说得对。或许，他日我会再回来，或许还会回来许多次。但是下次回来时，我跟这次的我一定不一样。我会再度洗温泉浴，我会再度接受电疗。我会再度吃得饱饱的，我会再度开酒戒或赌戒，我或许又会觉得垂头丧气，但一切的一切都会跟现在完全不同，正如这次回到我的荒郊野外，会跟我先前的每一次不同一样。

细致观察，每一件东西都是相同的；宏观审视，每一件东西皆是相似的。然而，每一件东西都是新而不同的，因为高居其上的星星并不相同。因为生命并不是一种计算，它不是一种数学的总和，而是一种奇迹。因此终其一生，每一件东西皆卷土重来，同样的需要、同样的欲望与喜悦、同样的诱惑，不断地干着同样愚不可及之事，重遇着相同的境遇，然而，它却永远是一种新的游戏——它永远令人感到美丽、危险与兴奋！我曾千百次激扬奋发，我曾千百次精疲力竭，我曾千百次幼稚无知，我曾千百次年老无情，而这一切都没有持久，一切都在不断轮回，却又从未完全相同。

我所崇敬的一体性隐藏在多样性的背后，它不是乏味的、灰色的、思想性的、理论性的一体。事实上，它就是生活本身，充满游戏，充满痛苦，充满欢笑。它表现在湿婆神的毁灭之舞中，也表现在许多其他的形象上。它不排斥任何表现形式，也不排斥任何比喻。你可以在任何时候进入它，当你没有时间，没有空间，没有知识，没有非知识，当你抛弃传统，当你沉浸在爱中，向所有的神，所有的人，所有的世界，所有的时代臣服时，它就属于你。在这种时刻，你同时体验合一和多样，你看到佛陀和耶稣从你身边走过，你和摩西说话，你看到锡兰的阳光又看到极地的冰雪。自从我从巴登回来，在这短短的时间里，我已有十次进入这种境界了。

所以我没有痊愈。我好多了，医生很满意，但我还没有痊愈，它随时都可能再发作。巴登赐予我的，除了切实的健康改善之外，还让我学会不再过度关注我的坐骨神经痛了。我明白，它是我的一部分，就像我的花白头发一样，它是我辛辛苦苦挣来的，企图简单地抹掉它，或是用魔法驱逐它，都是不明智的。让我们好好跟它相处吧，让我们与它和解而赢取它吧！

若我某日重返巴登，我依旧会沐浴在温泉之中，但所感所想必将不同。我将与邻里以另一种态度相处，所忧虑所游戏的也将有所差异，我的笔下亦将呈现不同的风采。我会犯下新的过错，我会以新的方式去寻求上帝，但是我确信，我这个行动、思想、生活着的人，必将认识它的真面目。

当我回顾这几周的疗养生活，心中涌起一种令人愉快的幻觉，以为自己优越、富于理解和洞察，青年时代每当进入生活中的新阶段而回顾过去时，我都非常享受这种幻觉。我不久以前的苦恼、身体上的疼痛和心灵的危机已经成为过去，那种可怕的情况已经度过，在我看来，那个前不久在巴登举止滑稽的黑塞，远不及今天这个聪明的黑塞。我看到，作为温泉疗养客的黑塞，是如何对那些可笑的琐事反应过度，我看出他那些所谓的禁忌和情结游戏是多么的滑稽，不过我忘了，这些琐事仅仅是因为它们不再存在了，才显得微小可笑。

但是，什么是大或小，什么叫重要什么叫不重要呢？心理医生认为，一个对小挫折、小刺激、小的自尊心伤害反应敏感而激烈的人在情感上是有问题的，而这个人可能会镇静地承受大多数人认为非常糟糕的痛苦和冲击。而一个被认为健康和正常的人，即使你不断踩他的脚趾，他也不会注意到，他能忍受最贫乏的音乐、最可怜的建筑和最脏污的空气，而不抱怨或指责，然而，一旦他在打牌时输掉了一点点钱，他却会拍桌子大声咒骂。在公共场合，我常常看到那些有良好声誉、被认为完全正常和值得尊敬的人，当他们输掉一局游戏时，尤其是当他们认为是搭档的错时，会如此狂热、粗俗、野蛮地咒骂、暴怒，以至于我真觉得这些不幸的人该被送进精神病院。衡量事物有很多标准，每一种都有某种程度的有效性，但要认定其中哪一种是神圣的，无论以科学的标准还是现行的公共道德，我都无法做到。

而读了疗养客黑塞的自述而能够大笑，并且觉得这个家伙相当滑稽（也确实如此）的人，如果他读到关于自己的思路以及自己日常对外界反应的详细记录和分析，他会非常惊讶。本来不可见或丑陋的东西，比如一片污泥，在显微镜下可能变为奇妙的星空，同样，在真正的心理学（这种心理学目前还不存在）显微镜下，每一个最微小的灵魂运动，无论它本来是多么糟糕、多么愚蠢、多么疯狂，都会成为神圣而虔诚的景象，因为我们只会看到一个例子，是我们所知最神圣的东西的肖像，是生命的象征，是生命的比喻。

如果我说我多年来的所有文学努力都不过是朝着那个遥远目标的一种努力，那种真正的心理学的微弱预感，在那种普遍的目光下，没有什么是渺小、愚蠢或丑陋的，而一切都是值得尊敬和神圣的，尽管某种意义上这确实是真的，但这仍然显得自负。

如果要对我在巴登的生活做一个总结，投去最后一瞥的话，那么它至少有一不满之处、有一美中不足之处、有一可悲之处。此种悲哀并不在于我的愚昧、我的缺乏耐性、我的神经质、我轻率的判断，简言之，不在于任何我个人的不当与失败，事实上，这种缺憾乃是生为人类所不可免的。不，我的悲哀、空虚与痛苦是在文学方面的——我无法真实而坦诚地将生命，甚至是生命的一小部分记录下来。我必须承认，我所感到苦恼与羞愧的不是我的罪恶和缺憾，而纯然在于我语言实验的失败，在于我文学造诣的贫瘠与匮乏。

事实上，这正是我失望的根源。或许，我可以打个比方来说明。

如果我是一名作曲家，我可以毫不费力地写出一首双声部的旋律，一首由两行、两排相互呼应、相互补充、相互斗争、相互限制的曲调，但在任何情况下，每一个瞬间、每一个序列的点上，都有最深刻的相互关系和相互影响。任何懂音乐的人都可以阅读我的双重旋律，并始终看到和听到每一个音调的对位音调，它的兄弟、它的敌人、它的对立面。而我想用自己的媒介——我自己的文字——将之表现出来的正是这种双重声音、双重乐章，此种不断前进的对比，我奋力以试，但始终未能成功。如果说有什么东西为我的作品增添了张力和重量，那就是这种对不可能的东西的强烈关注，对无法实现的东西的疯狂努力。我想为双重性找到一种表达方式，我想写出曲调与反曲调永远同时存在的章节和句子，在那里，统一与多元并存，严肃与玩笑并存。我认为，生命的真谛即在于此，在于这两极的起伏，在于世界这两个基本支柱的来回变动。

我总想指出世界的多样性，同时不断地提醒人们，这种多样性以一体性为基础，我总认为，美与丑、光明与黑暗、罪恶与圣洁，经常在暂时之中形成对反，但是它们亦不断地彼此交会。对我来说，人类的金玉良言都是寥寥数语，这寥寥数语用神秘的象征将此种二元性表达出来，在这些神秘的隽语与譬语里，伟大的世界对立同时被视为必要性与幻影。

中国的老子曾以短短数语道出了生命的两极，一刹那使彼此触碰。耶稣也以高超、简单、浅白的方式道出了同样的奇迹。我不知道世界上还有什么比这更深刻地触动人心：一种宗教、一种教义、一个心理学流派经过千年的发展，不断更微妙、更严格地阐述善与恶、对与错的教义，对正义和顺从提出更高的要求，最终却在顶峰时产生了神奇的洞察，那就是在上帝眼中，九十九个义者不如一个悔改的罪人有价值。

或许我们当今世界的不幸就在于此——世界上最高的智慧随处可见、唾手可得，但是孜孜求利的苍生却视若无睹。如果一个人能穷数年之功，甚至不惜冒生命之险去捕捉这些珍贵的真言，一如他追求生命中的其他事物的话，那么他最后将会有不虚此生之感。

　　而这正是我个人的问题与困境。这方面我一向说得多做得少。我一直未能成功地将生命的两极结合在一起，也未能谱出生命乐章的二重声音。但是，我永远听从我内心的呼唤，永不放弃这种努力。这正是推动我前进的主要动力。

# 第八章　纽伦堡之旅

　　不幸的是，游记的作者，通常不被列入能为自身的行动做解释的人；更不幸的是，他自己也不相信，这种解释对自身或他人而言，是合情合理的。所谓的解释，也可以说是理由，在我看来，通常是模糊不清的，因果关系是永远无法在现实生活中获胜的，它只能在思想上获胜。一个彻底知性化的人，或确切地说，一个完全"超脱"其本性的人，应该能够认识他生命中的一种永续不断的因果关系，并且有理由认为他的意识中可及的因果关系与冲动是唯一的，因为他的存在完全依托于意识。然而，我却从未碰见过这样一个人，或这样一个神。事实上，世上没有一个人根据"理由"而行事。一般人只是拼命地装着他们是根据"明理"而"行事"的，

193

且装得很卖力的样子，但是，他们只是为了自己的虚荣和攀附所谓的美德，而向别人夸示，他们是依理而行的。我至少能够依自己的情况举出一两个例子来证明，我自己的行动的冲动，不是我个人的"理由"（理智）或"意志"所能解释清楚的。如果今天，我自问自己踏上从提契诺到纽伦堡的秋季之旅的理由何在——前后长达两个月——我必然会严肃应之，但无言以对。我越仔细地追溯原因和动机，就越会旁生枝节，甚至可以想到遥远年代与此毫不相干的事情上。我看到的，不是作为线性的因果序列，而是一张重新排列的大网。最后，这场本不重要的偶然旅行似乎是由我早年生活中无数的人生时刻决定的。

在这张大网上，只有几个最为粗糙的节点是我能触及的。一年以前，当我在施瓦本短暂停留之时，我那位住在布劳博伊伦的朋友曾向我抱怨，因为我未曾到他的家中拜访。我向他承诺，下次再来施瓦本时一定尽力弥补这个疏忽。表面上看，这是我此次纽伦堡之行的第一个动机。但即使是这个承诺也有其背景和间接的理由，这是我后来才明了的。尽管我内心渴望去看望一位热情邀请我的朋友，但我天生是个喜欢安逸的人，且一向极力逃避旅行和人群。对于性格如此的我来说，去一个遥远的小村庄旅行，似乎是难以置信的事情。

事实上，我做出这个承诺不只是出于友谊或礼貌，还有其他原因——布劳博伊伦的名字背后，潜隐着一种魅力和神秘，潜伏着潮水般的回忆、记忆与诱惑。首先，布劳博伊伦是一个古老可亲的施瓦本式的小乡镇，一所古老的修道院所在地。其次，修道院有一些著名且珍贵的东西可看，特别是那个歌德式的祭坛。当然，只是艺术史的诱惑还不足以推动我前行。在布劳博伊伦的情结里，还有其他东西的回响，一种带着诗意的东西，这种东西特别令我迷恋：在接近布劳博伊伦的布劳托普曾住着一个可爱的劳小姐。这个劳小姐曾由布劳托普的地下游行到侬涅霍夫的地窖，在一个空旷的泉水中出现，然后从水面上浮上来——这个神话故事的作者如是写道。而我对布劳博伊伦的渴望也就是源于这个迷人的神话。但是隔了相当长一段时间，我才认识到，看一看布劳托普的真面目以及可爱的劳与侬涅霍夫的地窖里的浴室，才是我的目标，也是我答应前往布劳博伊伦一游的主要原因。我发现，不仅是我，即使是那些能为自己的行动提出理由的可羡的人儿，实际上他们的行为更多是出于某种爱意，而非那些"理由"。我个人绝对不否认自己的这种特殊的爱意，因为它乃是我年轻时候最美丽、最强大的动力之一。在我年轻时，两位文学作品中的女性乃是指引我诗性及感性的幻想力的高贵典范，一个是爱德华·默里克创作的《地精》里的可爱的劳，另外一个是戈特弗里德·凯勒创作的《格林·亨利希》小说里的美丽动人的朱迪斯。许多年来，我一直没有想起她们，也没谈起她们的名字，更没重读她们的故事。现在，我突然想起了布劳博伊伦这个字眼，再度看到了可爱的劳，看到她浮在水面的胸脯，看到她撞在地窖温泉的石块边缘的双臂，我心中一闪，顿时明白我此行的动机何在了。除了可爱的劳之外——我几乎不敢巴望在她先前的住处里看到她——在我此行的憧憬里，还交织着我年轻时候以及它所热切追求的梦幻世界的回忆，我对诗人默里克、古老的施瓦本的俗语、游戏、神仙故事，以及我童年时代的语言与景物的怀念。说来，不管是我的故居或我孩提时居住的城市，都无法在我身上产生类似的魔力，我重访过它们太多次了，它们对我已完全失去了魔力。但是"布劳博伊伦"这个声音所唤起的意象，却将我的心灵与我的青春、故土及同僚的羁绊都集中了起来。所有这些羁绊、回忆与情感皆在爱的象征——可爱的劳——之下浮现出来。当然，没有比这更强大的魔法了。

我对一切懵然无知，它们还没进到我的意识里，刚开始，此行完全只是为了一个承诺，而这个承诺也许在两年或十年之后才会兑现。随后，在早春的某个日子里，我收到了一份邀请，邀请我前往乌尔姆进行一次公开的文学朗诵会。如果在其他任何时候，我一定会循例写一封礼貌的拒绝信，然后事情便了结了。但是来自乌尔姆的这次邀请却在一个特殊的时刻来到，是时我的生活很不如意，我被忧虑、责任、沉闷压得喘不过气，而且来日也嗅不出一些欢畅的气息，在这种静极思动的情况下，出外一动自然是一件乐事。正因为这样，我没有写一封拒绝信，而是再次仔细阅读了邀请信。我意识到乌尔姆就在布劳博伊伦的附近，所以邀请信在书桌上放了一两天后，我决定接受这份邀请，但有一个条件：朗诵会不能在严冬举行，而最好提前到秋天或是延后到春天。最后乌尔姆的有关人士将时间安排在了 11 月初，我接受了，但内心还是有些犹豫。我总是对那些遥远的约定抱有顾虑，尽管如此，我最终还是接受了，因为我暗自想："如果到时候我真的无法应邀前往的话，再发一封电报来表达我的歉意也为时不晚。"

由于当时是春天，距离 11 月尚远，我对这个约定并没有想太多。我的脑海被各种思绪和顾虑占据，即使偶尔想起乌尔姆朗诵会的事情，我也会带着一丝遗憾地意识到，自己再度被自己都不相信其价值的一种场合所诱惑了，那时它又将变成一个烦人的责任。演唱者、演奏者与演员的职业要求他们在公众面前展示才华，因此他们必须在预定的表演日期前六个月或一年的时间里，持续进行那些可能令人感到枯燥的练习。他们的职业还要求他们控制表演时的情绪和想法，以便能够自由自在地进行表演。但是对于一个作家，一个深

197

居简出的乡下人，一个学究式的沉默寡言的人来说，想到不远的将来的某一天，要在某个城市举行一次公开的朗诵会，无论如何是会感到恐慌的。如果他必须妥协，那么他就得放下手头的所有事务，准备行李，检查行程，前往一个陌生的城市旅行，住进旅馆，然后在一群不熟悉的人面前大声朗读自己的诗作。因此，如果一个诗人出于虚荣、追求名声，或贪恋风景而被诱惑来从事公开朗诵的话，那么他往往必须为此而付出昂贵的代价。

那些从事固定工作的人有着自己的生活习惯，通常在早上八点和下午两点开始工作，收到电报时在最短的时间内踏上漫长的旅程，他们将一个自由的下午视为小天堂，并且用手表计算着他们的休闲时间，这样的人根本无法了解诗人那种懒散、杂乱和任性的生活方式！当然，也有一些诗人意识到自己的责任，他们以一定的规律和毅力投入工作，每天早上定时开始工作，这些人不在意天气的变化、外界噪音的干扰，对自己的情绪和感受力也毫无察觉，他们是英勇而卓越的人，我愿意解开他们的鞋带，但模仿他们对我来说是绝对不可能的。至于我自己，我相信如果有人知道我对时间的价值是多么的漠视，我是如何挥霍每一天、每一周，甚至是几个月的时间，以及我如何玩物丧志，没人会愿意和我握手。没有任何雇主、办公室或规则规定我早上什么时候起床，晚上什么时候睡觉，什么时候工作，又是什么时候休息。我的工作没有截止日期，我创作三节诗歌，是花一个下午还是一个季度都没有关系。当一天对我来说太过美好而无法浪费在工作上时，我就会去散步、画水彩画或什么都不做来纪念它。当一天对我来说太灰暗或太压抑，太冷或太热而无法工作时，我就会躺在沙发上看书，或者在纸上画满复杂幻想的蜡笔画，或者只是待在床上，尤其是冬天来临，或是身体不适时。如果我把钢笔弄丢了，或者觉得需要思考下印度和中国神话的区别，又或者早晨散步时遇到一位美丽的女士，那么我就无法再去工作了。另一方面，尽管工作不是我的强项，本质上也让我厌恶，但我认为时刻准备工作是一项庄严的义务。我虽然有时间无所事事，却没有时间去进行旅行、社交、钓鱼等其他有趣的事情——不，我必须始终待在工作室附近，独自一人，不受打扰，随时准备应对可能的任务。如果我被邀请去卢加诺吃晚饭，我会困扰不已，因为我不知道明晚是否会出现一个稀有而美丽的时刻，当那只魔法鸟向我歌唱时，工作欲望也被激发起来？对于像我这样的懒散之人——一个需要时刻准备好工作的人来说，几乎没有什么比提前几个月就得知，必须在某时某地完成某项任务更让人不快的事情了。

　　如果要为我那不规则且无所事事的生活辩解，我可以举出一些事实来为自己开脱。我可以这么说，一年之中，我很少有机会能将自己投入到工作的旋涡中，不论天气如何，健康状况如何，没有任何烦恼，没有白天也没有黑夜，像苦行僧一样狂热，忘记了世界和自己，随后我会疲惫不堪、渺小且破碎地从中脱身。我也可以说，我挥霍时间并不仅仅是由于懒惰无序，而是对现代世界最疯狂、最神圣的格言"时间就是金钱"的有意嘲讽。从本质上讲，这句话完全正确，人们可以轻易地将时间转化为金钱，就像可以轻易地将电流转化为光和热一样。这个人类最愚蠢的格言中最疯狂、最庸俗的地方就在于——"金钱"被毫无保留地看作是最高价值的代表。但请允许我略去自我辩解。事实上，尽管有所有可能提出的反证，我确实是一个游手好闲的人，一个浪费时间的挥霍者，一个满足于逃避工作的懒人，不提其他的罪过。无论我是因为这个被人鄙视还是被人羡慕，除了我自己，没有人知道我为我的罪过付出了多大的代价。不过，说到这里就够了。

然而，我确实需要说一句关于"时间就是金钱"的话，因为它与我的旅行经历密切相关。我对现代世界这一信条以及现代世界本身——我指的是整个机械文明——的厌恶是如此之深，以至于只要有可能，我就鄙视遵守它的法律。譬如，在今天，日行千里被视为一种成就，而我认为，人类忍受在移动的火车车厢中待上四五个小时已经是惨无人道的事情了。如果是我，这种一天来回的旅行，至少需要一周。对沿路接待我的朋友来说，有时会有些麻烦，因为如果我在中途某个地方感到不自在，那么我可能会挣扎，往往要花几天时间才能决定继续旅行，打包行李，面对车站和火车上那一整套丑陋而疲惫的事务。许多智者的生活规则中有这样一条训示：活在当下，仿佛每一天都是最后一天。那么，谁会在最后一天呼吸着烟尘，拖着行李，挣扎着穿过车站的旋转门，执行所有那些与铁路旅行相关的滑稽动作呢？其中唯一令人愉快的事情就是与其他人无差别地被关在一起，尽管这可能很好，但几个小时后它就会失去吸引力。而如果幸运地发生了这样的意外，你发现自己坐在火车车厢里，身旁的人注定会成为你最亲密的朋友，没有他你再也无法生活，那么如果你不设法说服他在某个迷人的车站与你一起下车，并帮你确定草地和花朵，蓝天和白云是否仍然存在，那你就算是个失败者了。

我无法否认，以我的方式旅行并不能让人迅速前进，甚至有点中世纪的味道；如果我决定去柏林（到目前为止，我成功地避免了这一点），这趟旅程至少需要十二天。要欣赏这种旅行方式并看到它的巨大优点，必须完全不具有现代观念。当然，这种方式也有缺点，例如，我的方式旅行相当昂贵。但另一方面，我的旅行给我带来了许多通过现代方法完全无法获得的满足感，而且我非常愿意为这些满足感付出一些代价，因为总体来说，我是个极其热爱享乐的人。

很多人注定要以悲伤和痛苦来体验生活，这不仅仅是一种理论上的文学—美学悲观主义，而是身体上和实际上的。这些人——不幸的是，我也属于其中——他们在感受痛苦方面比在感受快乐方面更有天赋。呼吸、睡眠、吃饭和消化这些最简单的动物功能对他们来说都会带来痛苦和困扰，而非快乐。尽管如此，根据自然的法则，这些人内心仍有一种确认生命的冲动，认为痛苦是好的，不要屈服，因此他们对一切能给他们带来些许喜悦、能让他们稍微感到快乐和温暖的东西特别执着，并且赋予这些愉快的东西一种普通、健康、正常、勤劳的人所没有的价值。事实上，这就是自然如何创造出一种极其美丽和复杂的东西，几乎每个人对它都有某种敬意——幽默。在那些受苦的人中，那些过于虚弱无助，过于贪图享乐、寻求安慰的人中，时不时地会产生一种被称为幽默的东西，这是一种只有在深刻而持久的痛苦中才能生长的结晶，但它却是人类更好的发明之一。奇怪的是，这种由受苦者产生的幽默，使他们能够忍受生活的痛苦，甚至赞美生活，却对那些健康的非受苦者产生了相反的效果，仿佛是一种对生活的狂喜和失控的快乐的爆发。这些健康的人会拍着大腿哈哈大笑，但当他们不时地读到这样的报道时，往往会感到惊讶并有些被冒犯：某位备受喜爱和成功的喜剧演员竟在一场绝望的发作中不明不白地投水自尽。

如果能宽容地看待我拥有这么多空闲时间，并在不同主题之间跳跃，那么我会立即回到我的主题上来。或者如果我未能做到这一点，只需问问自己：一个像我这样的人能对一场旅程说些什么呢？一个拒绝铁路却仍然使用它们的懒汉，一个把时间浪费在寻找消遣和游戏中的人，一个接受邀请参加朗诵会却对这种活动极为怀疑的人，一个把拒绝和嘲笑严肃、真实、现代、勤勉的生活当作一种恶劣游戏的人？不，这样一个浪漫主义者对一场旅程的描述没有任何意义，任何倾听这个小丑的人都冒着这样的风险：这个小丑像所有幽默家那样，一次又一次地失去他表面上的主题，并且不得不费力地去寻找它。可能他是一种类型的幽默家，但所有幽默家，无论他们写什么，都只是用他们的标题和主题作为借口。事实上，他们只有一个主题：人类生活的极度悲伤，恕我直言，这生活的糟糕程度令人震惊，并令人惊讶的是，这样悲惨的生活仍然可以如此美丽和珍贵。

在我出发前的几个月里，情况是这样的：夏天来到了，是时，我生命的旋律并没有好转，我对外界的挂虑一直笼罩着我，同时，我过去热爱的绘画与阅读已失去了它们大部分的魅力，因为我的眼疾越来越严重。我清楚地感觉到，我期待的事情可能无法实现，我的生命得在一种新的指引下才能重新找到意义。经过多年的努力与妥协、牺牲，我已成功地为自己建立了一个隐居之所，我可以隐藏在这个安乐窝里自得其乐，也可以在我这个小世界里追求我的游戏与罪恶、思想与幻想，阅读、作画、饮酒、写作。现在，这个希望总算实现了，但是我却将这个实验完全享受光了，虽然我的眼睛又灵活起来，但是我的工作——包括阅读与作画——却已不再是一件乐事。当这种状况变得令人难以忍受，令人有如坐针毡之感时，某种新的状况，一种对生命的新尝试，一种新的"肉身成道"——如我时常经历的——便出现了。现在的问题是去体会我痛苦的极限，闭起眼睛，尽量把自己看淡一点，默默地接受命运。从这点来看，11月初的乌尔姆之旅毋宁说是一件乐事。即使此行一无所获，它至少可以给我带来转变、新的景物、新的人儿。再说，它还可消除我的寂寞，使我尝一下人间烟火，多关心人间世事。总而言之，它毕竟是我一个入世的机会。很好，这是值得一试的。于是，我便开始制订旅行计划。在前往乌尔姆朗诵会之前，我要先行到访布劳博伊伦——无条件地先访布劳博伊伦。我要到那儿去看看我可爱的劳，看看我的老友，我绝对不愿意把我在公开朗诵之后经常发生的失望与厌恶，带到那里去。因此，我准备在10月底就动身。但是从我住的提契诺到布劳博伊伦有相当长的一段路，因此我必须设法把这段遥远的旅程切成好几个写意的小片段，尽量使其愉快一点，易于消化一点。无论如何，我决意在苏黎世稍事停留，在那里我有不少朋友，在那里我无须担心住在旅馆的恐怖，我可以略微享受一下城市生活，音乐，美酒，电影，或许还有剧院。但另一方面，我仔细一算，这次的旅行可能要花不少钱，乌尔姆朗诵会的酬谢金只够几天的旅游费用，光靠这些钱是无法负担几个星期的旅游的。因此，当突然接到另外一个来自奥格斯堡的朗诵会邀请时，我毫不犹豫便接受了。据我所知，从奥格斯堡搭火车去乌尔姆只有两个小时的行程，甚至不需要中途停留。我特别指定，奥格斯堡的朗诵会必须在乌尔姆朗诵会之后两天举行。我们达成了协议。现在，我的旅行计划变得更重要了，而且成行的可能性也更大了，因为现在我欲到访的已不只是乌尔姆、奥格斯堡，以及那些古老可敬的城市，从奥格斯堡，我可以顺道前往慕尼黑，我在那儿有许多朋友。在许多年以前，我在那儿度过了一些美好快乐的日子。

我临时将我的计划通知我的苏黎世、乌尔姆及慕尼黑朋友，他们热情的反馈与邀请更使我的游兴倍增，在经过一番考虑之后，我认为在一天的时间里，由苏黎世赶到布劳博伊伦并不是不可能的事。当然，在这种情况下，我必须在早上七八点钟就出发，这在晚冬时分是有点早的，但做一点小牺牲是值得的，我会心地笑了一下，把火车的时间记了下来。

在夏季里，我的主业并不是文学，而是绘画，因此只要我的眼睛状况允许，我便坐在我们美丽森林边陆地带的栗树下，勤奋地画着水彩画——阳光普照的提契诺山丘与村落的画面。四年前，我以为我对这个地方比世界上任何人都要熟悉，而四年后，我对它的一草一木甚至更为熟悉，且更感亲密。我的绘画纸夹变得越来越厚，它就像时间的流逝一样轻盈，一样悄无声息。在不知不觉之中，田野变得更黄了，清晨变得更冷了，而黄昏的山色也变得更浓了，我青色的色彩必须加上更多的金色和红色。突然间，麦田变得光秃一片，9月来了，夏日之后的清澈来临了。在一年中的其他时刻，我无法像现在这样清晰地聆听到生命如此清脆的乐章，在其他季节，我也不会像现在这般饥渴而小心翼翼地啜饮着大地的色彩，仿佛品酒师喝下了他最后一杯名贵葡萄酒一般。此外，我在绘画方面也有一些小成就——我对绘画始终怀有相当的野心——我卖出了几幅画，而一家德国月刊也答应由我来为别人写的有关提契诺的散文配插画。我已经看过插画的清样，也收到了报酬。我半开玩笑地想到，有天我或许能够彻底逃离文学，而以更具吸引力的画画为生。就这样，我过了几天好日子。但是当我欣喜过望、用眼过度，从而导致无法继续画画时，许多秋天的景象开始出现，不安的情绪再度袭来。我现在的生活状况正在下降，如果我决意出外走动、旅行游览、改变一下环境的话，那么，我还等什么。于是，在 9 月底，我便决定动身了。

现在，突然间我有许多事情做了。我现在必须为几个星期的旅行打点行李。此行我无意过一个旅行者的生活，我只想舒舒服服地到处停留，能抽空画画或写点东西。无论如何，我必须随身携带我的绘画材料及我中意的几本书。西装和衬衫必须准备齐全，纽扣必须配齐，破损的地方必须补好，我所有的衣柜与抽屉全都打开了。但在最后一刻，我准备在朗诵会上穿的黑色西装，样式不好看，必须修改一番。在行李箱关上之前，我又接到了纽伦堡寄来的一封邀请信，希望我能直接由奥格斯堡前往纽伦堡。这个邀请有待考虑。纽伦堡十分适合我的这次旅行，而且额外的花费也不大。于是我接受了，但我提出要在奥格斯堡待五天之后才能前去。中间这段时间，或许足够我以悠闲的姿态云游于奥格斯堡与纽伦堡之间吧。

## 卢加诺

现在，我可以动身出发了。苏黎世是我的第一个目的地。之后，我打算在巴登稍事休息，那儿有硫黄温泉，我可以做一次温和的疗养。但是我的行李已经出发了，当我带着手提包准备出发时，9月的阳光开始明亮地照射万物，葡萄园已长满成熟的蓝葡萄，在这个时节前去阴寒的苏黎世旅行，真是活受罪。但是我根本没想到，此行我将错过葡萄的丰收季！打开行李，足不出户，再缩回我急欲逃避的"过热之茧"，简直是不可思议的。但是在卢加诺，我有几个许久不见的朋友。在那儿，我不必跟阳光和葡萄道别，便可开始我的新生活。于是，我决定先往卢加诺一游。

在这里，我被一座小镇及其风景所吸引，多年以前我就熟悉这里的每一条河谷和每道缝隙里爬满蕨类植物和红色林下石竹的田埂。战争期间这里曾三次庇护过我，安慰过我，使我再次感到幸福，且心怀感恩。卢加诺人生来和善，因此这里刚被选为外交会议的举办地，整个城市刚刚经历了一番整修装扮，景象非常壮观，美不胜收。如果斯特雷泽曼先生在卢加诺逗留期间，坐在广场上漂亮的长椅上，一定会把他的西装弄坏，因为这些长椅刚刚都被粉刷一新。

我做了一个正确的选择，卢加诺的确是我旅行的一个好的开始。我在布廖内与哥戈尔多拉的艳阳高照的山边，吃了好几磅的甜葡萄，或许是因为独处太久了，我十分乐于坐下来与此间的朋友谈天说地，用话语或眼神来表达心中的想法，将最精华和最独特的想法诉诸文字。在交际这门艺术中，我是一个门外汉和初学者，但在那些难得的机会中，我能在轻松的氛围里实践这种艺术时，它却无比吸引我。塔马罗山阳光灿烂的日子一日接着一日，即使西瓦皮亚纳湖岸边的那条奇妙小路不再有二十年前或十年前遗世独立的魅力，这片湖区依然是一个可以宽慰人的避难所。一旦离开了酒店和几条最常走的乡村道路，进入陡峭崎岖的山区，便仿佛走出了欧洲，走出了时间，与石头和灌木、蜥蜴和蛇为伴，置身于一个贫穷但温暖友好的国度，那里充满了色彩和一些小而温柔的魅力和亲切。过去的岁月里，我在这里研究蜥蜴、蝴蝶和蝗虫，抓过蝎子和螳螂，第一次尝试绘画，带着一只名叫里奥的流浪狗，度过了炎热的日子，越野游荡。到处都是那个时代的芬芳，到处都有突然唤醒我的记忆符号——房屋的一角，花园的树篱——向我述说着我在早年生活里度过的坎坷时光。除了黑森林我真正的故乡，卢加诺周围的这片地区是唯一让我有归属感的地方，很多事情仍然伴随着我，带给我愉悦。

我在卢加诺一共待了四五天，第三天一早，我就感受到了旅行的好处之一：我居然没有收到信件！邮件所带来的一切烦恼、一切请求，以及对我的眼睛、心灵和情绪的一切不合理的要求，都突然不见了！当然，我知道这只是一种暂时的解脱，当我在下一站停留更长时间时，不愉快的事情就会随之而来，至少，信件会紧随我的脚步。但是至少今天、明天及后天，我是没有信件的，我又像个人，像个上帝之子了，我的眼睛、思绪、时间和情绪将再度属于我，仅属于我和我的朋友。出版商不会来催我，印刷厂不会来向我要校对稿，也不会有人来问我要签名，不会有年轻的诗人或学生登门向我求教，更不会有来自某个协会的威胁信与谩骂信的骚扰，一切令人气闷的事绝对不会侵袭我，我可以享受到安静与平和！老天，只是因为一连两天没有接到信，我才第一次意识到自己每天要忍受那么多毫无价值且令人难以忍受的垃圾（信件）。同样，几天不看报纸也令我意识到我一天要看多少没有用的信息（尽管我已好几年不看报纸了）。每天浪费这么宝贵的晨间时间去看这些腐蚀人心的、微不足道的东西是多么不值得啊！现在有机会摆脱掉这一切，随心所欲地决定思索些什么、忘掉些什么，以及幻想些什么，是多么快意的事啊！更重要的是，不必频繁地被提醒文学的存在，提醒着自己所属的阶层与职业——一种身份不明而且并不十分光彩的职业，但许多入世未深的年轻人却误将自己的才气投入这一行！我经常试图退出这种骗局，而每次在失望之余，我都不得不承认这个世界是十分残酷的，它对诗人的要求不是他的诗作与思想，而是他的地址与名气。喜欢他时便对他尊崇备至，不喜欢他时便把他一脚踢开；看上他时把他捧上天，看不顺眼时便把他贬得体无完肤；中意他时不计代价地宠溺他，不中意时便翻脸唾弃他。所谓世态炎凉，莫此为甚。有一次我借由匿名之助，用一年的时间，成功地表达了我的意见与幻想，既不受盛名与敌意之累，也不受冷嘲热讽所干扰，但是后来我被识破了，新闻记者蜂拥而来，把我团团围住。在众人的严加逼问之下，我不得不承认自己曾匿名写稿。我短暂的喜悦至此结束，其后我便成为黑塞，这个大名鼎鼎的文学作家了。在这种情况下，我唯一能向自己施加的报复乃是拼老命写一些只有极少数人才能欣赏的东西。这样一来，我的生活便变得平静多了。

然而，我还是无法完全免于别人的注意。一个我认识的读者居然热烈地高呼我为《乡愁》一书的作者。这真叫我脸红。面对这样的人，我能说些什么？我是不是应该告诉他，我已经记不得那本书了，我已十五年没读过它了，它在我的记忆中已跟约瑟夫·维克多·冯·舍费尔的那首感伤的抒情诗《沙金根的号角手》混在一起了？而且，我嫌恶的并不是作品本身，而只是它对我生活的影响。确切地说，由于我的作品获得完全出乎意料的成功，我被迫永久投入文学。后来我虽然花费了极大的努力，但是仍然无法从中脱身。他可能完全不了解这些，他会把我对文学的嫌恶，解释为虚伪做作或故作谦逊。无论我怎么解释，他都会误解我，因此我只是羞涩地不发一语，并尽早逃开。

# 苏黎世

当我继续我的旅程之时，我决定直接前往苏黎世，这样就能再次体验旅行的便利。只要一上路，道别便变得容易多了。记得前几回，当我辞别我卢加诺的朋友时，我总觉得我们下次相聚可能要等待很长时间了，在这种离情依依的情况下，分离对我来说，往往是一件困难而令人沮丧的事。在这方面，我自己不是一个看得开的人，因为我不轻视也不憎恶感情与情怀。我往往会自问：我们究竟依赖什么而生活？如果不在我们的情感之中，那我们到底要往何处去寻求生命呢？行囊装得满满的，银行一大堆存款，锦衣玉食，甚至美女相伴，如果没有情感滋养的话，又有何用？不管我多么厌恶他人的感伤，但是对于我自己的感伤，我却始终珍爱有加，甚至有点溺爱它。情感、爱意，以及对情感激荡的敏锐感知，这些都是我的天赋，为它们我必须付出自己的生命本能。如果我是一个依赖体能为生的摔跤手或拳击手的话，人们会认为我应当将体力视为生命的首要本能。但在现今这个时代，对诗人的期望以及诗人的自我期许却是要他们厌恶那些使他们成为诗人的特质——对灵魂的易感性、恋爱的能力、热爱生命及放射生命光芒的能力，将自己投身于感情世界，并自其中体验超乎古今世俗的东西——他们被要求憎恶这些东西，必须引此为耻，必须警戒一切所谓带有感伤色彩的东西。好吧，既然他们如此执迷不悟，就让他们这么做吧。我个人可不愿与他们为伍，我个人的情感比世界上所有聪明的东西更亲近我心，亲近千倍，只有它们才能使我在战争期间，避免涉入这些聪明人的感伤，介入他们对枪林弹雨的欢欣鼓舞。

就这样，我怀着欢畅的心情离开了。因为踏上的不是归乡之路，而是走向世界之道，告别便没有什么沉重可言。你会感到比留下的人更优越，不加犹豫地承诺很快会回来。你也相信这一点，反正你已经在路上。这种愉快的告别回响在我耳边，成为我离开卢加诺，进入圣哥达山口时的最后记忆。我还决定，在苏黎世不接受信件转寄，而是让信件直接寄到巴登。

沿途有许多地方在我的生活中扮演了角色：格舍嫩、弗吕埃伦、楚格，特别是布鲁嫩，去年夏天奥特马尔·朔克在那里完成了他的《彭忒西勒亚》的作曲——在他小屋里的钢琴旁度过的那个下午，成为我心中一段灿烂的记忆。我马不停蹄地经过了这些地方，我情愿沉醉在苏黎世里。当然，苏黎世对不同的人有不同的意义。对我来说，它意味着有着亚洲文物的地方，在那儿，我有好几个在暹罗生活过许多年的朋友，在他们家里，我可以寻回成百个有关印度的回忆，我可以嗅到大海与远方的气息，稻米与咖喱的气味迎面扑来，金光闪闪的暹罗神庙照射着我，神情肃穆的佛陀神像直视着我。从这个异国情调的洞穴中走出来，进入音乐、展览、剧院，甚至是电影院的优雅现代世界，无疑是一种"纯粹的喜悦"。

即使在今天，我对这个城市仍然怀着田园式、孩童般的态度。我发觉自己很难将这个城市全部吸收进来，因此我情愿让自己被它的一景一物所迷惑。在有轨电车上，我观察众多的面孔，阅读海报；我钦佩那些在拥挤的街道上骑自行车的装配工或学徒，他们的手插在口袋里，我试图辨认他正在吹口哨的曲子；我仔细观察站在十字路口混乱中的警察，他用他戴着白手套的手指挥着疯狂的车辆；我被电影院的广告所吸引；我目不暇接地望着一家家商店的橱窗，惊异地发现居然有这么多书本、玩具、皮衣、雪茄，以及其他迷人的东西。我偷偷溜进小巷后街里，看看果菜摊贩、二手货商店，以及一些廉价品的零售店，然后我再次来到主要街道上，在车流中冒着生命危险穿行，以至于我很快就很高兴能够坐下来，当然不是在咖啡馆或餐厅，而是在鱼店和二手店附近的某个地方，在一家烟雾弥漫的小旅馆里，那里的邮差和穿着罩衫的清洁工坐在小杯白葡萄酒前，吃着放在桌子上的一堆椒盐脆饼、香肠或是煮熟的鸡蛋。无论是在米兰或苏黎世或慕尼黑或热那亚，我逛街的最后一站通常都是这种脏乱的小巷，而我最后的歇脚处不是在郊区的运动俱乐部，便是在布置简陋而低俗的小酒馆。

酒馆里唯一的装饰是两条金鱼或一束纸花，墙上挂着一张发黄的拿破仑三世或郊区体育俱乐部的照片，让我想起学生时代第一次偷进酒馆的经历。在这里，我用厚玻璃杯喝着本地产的上好白葡萄酒，再吃些东西，比如撒了茴香籽的姜饼、长长的椒盐脆饼、小而厚的香肠。在这些地方，你能听到纯正亲切的方言，从人们的衣着和制服中辨别出他们属于哪个阶层。一位穿着皮大衣的司机进来了，站在吧台前喝了一杯白酒，拍了拍店主的背，又踢了他的狗一脚，擦了擦嘴，砰的一声关上了门；一个面色惨白衣着破旧的女人走了进来，恭顺地站了一会儿，小心翼翼地找到老板娘，拿出围裙下藏着的空瓶子，开始窃窃私语，最后被赶了出去。一个年轻人探头进来喊道："罗伯特在吗？"店主摇摇头："他今天在七十五号。"一个仆人扛着一把红色的天鹅绒椅子和一盆小棕榈树进来了。他把椅子靠在墙上，把棕榈树放在桌子上，坐下喝了一大杯啤酒。出于我未曾探究的原因，所有这些行为都令我着迷，我可以长时间地观察它们，不厌其烦。

我那不太精致的品位还让我光顾了电影院。如今，我是卓别林最真诚、最知心的崇拜者之一，我也非常喜爱意大利的马奇斯塔，而那些关于王公贵族的历史剧我则避免观看，因为它们试图教化人。

我还参观了一次国际艺术展览，看到卡尔·霍费尔的画作在纷乱的现代画作中展现出如此美丽而强大的效果，我感到非常欣慰。之后，我又和几位画家、作家坐在咖啡馆里，不久就了解了艺术界的最新动态，因此在一段时间内，我在这个领域也是见多识广的。

每次这样的出行后，我都会心满意足地回到我的"暹罗"，在佛像和中式壁画之下休息。对于一个隐士和孤独者来说，旅行中最美妙的事情莫过于再次见到朋友，在温暖和善意的包围之中，与人聊天，与人碰杯。我从未成功地长期属于某个圈子，拥有一个归属并参与其中的生活，与他人建立某种持久的共生关系。作为对此的补偿，我总是很幸运能够在较短的、过渡性的时期内转向亲爱的朋友们，享受畅所欲言、无拘无束、毫无政治色彩的对话所带来的满足感。即使是那些最亲近、最了解我所有疯狂和怪癖的朋友，仍然对我保持忠诚，这是我为自己这有些滑稽的存在所能提出的唯一合理的辩护。

就这样，在苏黎世度过这几天之后，我的旅行暂时告一段落。我在巴登的弗雷纳霍夫定居，准备在这里住上一段时间，整理写作和绘画的材料。我发现等着我的信件堆积如山，这些信件是我躲避了十天的结果。现在我不得不再次写那些明信片："尊敬的先生，非常感谢您的合作邀请，但不幸的是……"其中也有一些讲座邀请，有一个还挺有趣的：邀请我就现代欧洲对东方、印度和中国的深厚感情做一次讲座。在这个主题上，我本来可以说点什么的，可惜讲座的地点在偏远的北德，我也没有驾驭这种题目的才华。对我来说，有机会展示亚洲人质朴生活的结构和意义，算得上一桩趣事。然而，讲座并不是我的强项，我只尝试过一次，虽然勉强过关，但那天的舞台恐惧是我一生中最严重的，比任何庄重或重要的场合还要严重。所以，抱歉了。"尊敬的先生，我对您邀请我讲授东西方文明的报告十分感兴趣，但遗憾的是……"

我还收到了一些年轻诗人的手稿，起初，即使我看得唉声叹气，还是打算看在上帝的份坚持看完，但在处理完第二天的邮件后，我的眼睛也彻底受不了了，我坐在那里，一边是剧痛的眼睛，一边是冰冷的信件。此外，其中一位诗人附带的信件极为不讨人喜欢，充满了虚伪谄媚的尊敬与奉承，这让我更容易做出拒绝的决定。不过，我还是给这三位诗人写了几行礼貌的回信，说因为我眼睛疲劳且没有秘书帮忙，所以无法阅读他们的手稿。于是，我将手稿地址填好，贴上邮票，寄了出去，并接受了十天休息毫无成效的这一事实，我再次意识到自己必须非常小心，避免过度用眼。于是，我更加专心地投入到温泉疗养中去。我在别处已经描述过这段疗养经历，所以不打算重复。我和医生共度了许多愉快的时光，而我的房东也是我的朋友，经常在晚上对我说："黑塞先生，来一瓶波玛酒怎么样？"同时，我时不时还有访客光临。

我的老朋友皮斯托留斯来了，我已经很多年没见过他了。在这段时间里，他发生了翻天覆地的变化，我也没有幸免。我们一起回顾了他那暗光闪耀的、充满神圣符号的心理世界，我也和他说了这些年发生在我身上的事情，还有我们曾一起种下的树苗现在长势如何。急脾气的路易斯也带着行李来了，他只待了几个小时，计划前往巴利阿里群岛作画，他热情地邀请我同行，但自那之后我就再也没有听到他的消息了。

巴登的时光结束得比我预期的要快得多，而这次也和往常一样，我随身带了太多的书和东西，现在我又得忙着打包了。把所有的书和脏衣服都带到德国似乎毫无意义，我只得把一切可有可无的东西都塞进了大箱子里，叹了口气，然后寄回了家。但在最后一个下午，当我收拾手提箱时，我发现剩下的东西已经装不下了。于是，我不得不把我的黑色西装塞进一个纸板箱里，并用绳子捆起来。更糟糕的是，这几天我睡得非常糟糕，第二天早上七点左右就要再次开始旅行，直接去布劳博伊伦，这实在让我极为不适。我站在那里，拖着那个该死的手提箱，发现我把旅途中一些必需的东西也塞进了大箱子里，在那一刻，我再次体会到轻率地承诺意味着什么。我原本应该第二天早上七点出现在苏黎世，但我还在巴登，并且已经厌倦了打包，我最想做的事情就是再在硫黄泉水中泡上三个星期。一夜未睡（如果我在鸡鸣时分就得起床，我怎么能吃安眠药呢？），我本该在图特林根换车后，疲惫愤怒地抵达布劳博伊伦，而这一切仅仅是为了两天后在乌尔姆向一些陌生人朗读我的诗歌，然后去奥格斯堡，然后再去纽伦堡！我真是疯了才会同意这样的计划！不，算了，现在我只会先去苏黎世，在那里过夜，然后和我的朋友们讨论这些不愉快的事情，接着起草三封简洁的电报，就说"男高音"先生因为严重的感冒无法前来。啊，感谢上帝！

想着想着，终于到了苏黎世，事先我拜托我朋友的太太爱丽丝到车站来接我，感到难受的我坐在车站的餐厅等她，并叫了一杯马孔的葡萄酒。天气很冷，我打着寒战，嗓音嘶哑。我后悔没在巴登停留，后悔没有早点回到提契诺。还好，没多久爱丽丝就来了，我们搭车到她家，一进门就看见她家的那尊大佛像，轻蔑地俯视着我。我朋友的太太赞成我继续旅行，表示如果我继续怨天尤人，事后一定会后悔的。所谓怨天尤人，我想，你们这些比较正常的人一定不知道我们这种人的情况是怎么样的——我们晚上没有睡好觉，次日一大早就必须起床，在火车上坐上好几个钟头，安排计划，履行义务。我在气恼之下，次日便拒绝早起，一直睡到我满足为止。反正起床之后，我还有充分的时间去电报局打电报。

谢谢老天，昨夜跟今晨总算过得还不错。我朋友回来了，我们一起进餐，喝了一杯酒，我吃了一点安眠药，当晚的确睡得不错，次日约在 10 点至 11 点之间才起床。吃过中饭之后，我又开始任由命运的摆布，往德国的边境行进。

## 图特林根

现在，我才清楚地认识到，一开始我一路往布劳博伊伦走的马不停蹄的旅行计划，以及一大早在火车上的苦苦磨蹭，根本是错误的。我不应该直赴布劳博伊伦，而应该在图特林根下车，然后在那儿过一夜，一天之后再按之前的约定去拜访朋友和铅头山。我只好听天由命地坐在车厢里，对面坐着一个胖胖的生意人，膝上盖着一张毯子，正沉睡着。窗外的景色飞逝而过，昔日我所熟悉的博登湖、莱茵河，以及莱茵瀑布一一呈现。海关人员进来检查护照时，黑高山脉已呈现在我们眼前，我情不自禁地回想起昔时我生活在这里的种种情景。没多久，我们就到了锡根站，我突然想起，我有几个朋友仍住在这里，我不应该过此而不去拜访他们。但我很快就了解，在我的旅行计划中，我何以没有想起锡根和这些朋友，因为我不太愿意回想起我住在博登湖的岁月。当我打开窗户向外张望时，有一位穿着制服的人走过来礼貌地对我说，火车将在这里停留四十分钟。这样也好，我下了火车，打电话到城里，我的朋友带着他的太太跟儿子飞奔而来。我上次看到他儿子时，他还是个小孩子，如今已变成大学生了。我们见面时相谈甚欢，很快四十分钟就过去了，我匆匆上了车，像是了却了一件心事，人轻松了不少。

在抵达图特林根之前，天色已黑，灯光亮了起来。我对面那个生意人，一个撒克逊人，醒来立即开口说话。他似乎满腹怒气，他是从意大利来这里做生意的，不管在意大利或在瑞士，他似乎都干得不如意。"听着，"他说，"我自己知道得很清楚，你是骗不了我的。生命根本就是骗人，人生就是这么一回事，你能骗多少就有多少。"我完全同意他所说的内容，但是不同意他的语气，我一直保持沉默。

到了图特林根，我心里觉得很舒服。现在我已到施瓦本，也就是我的家乡了，我打算在一个施瓦本式小镇度过一夜。车站里有个饭店来的脚夫，我跟着他前去一家古雅的旅店。这家旅馆是一座建筑坚固的古老大厦，房间很舒适，我用冷水清洗一下我那仍然发热的眼睛之后，便叫来一份鸡汤当晚餐，鸡汤很对我胃口。我对这个城市仍很陌生，因此决定到城里四处逛逛再回旅馆睡觉。我将外衣的衣领翻起，点上一根雪茄，然后出外溜达。我已经熟悉了主要街道，于是我转入了旁边的小巷，跨过一堆废弃家具，爬上了一个杂草丛生的斜坡。突然间，月亮出来了，皎洁的月光反射在一池清幽的水面上，尖尖的屋顶直指苍茫的天空，四周静寂无声，后院的篱笆后传来了吠声。我沿着起伏不平的路面踱步，过了一道小桥后才折了回来，冷水的清香触起了我的思情，这里的尖屋顶与我家乡的一样，当我想起了家乡，想起了我愚蠢的人生以及我孤寂的老年时，月亮再度露出面容，从屋檐下看过去，它显得又小又宁静，此时我又忆起了我的童年。我想起了我立志当一位诗人的那一刻（虽然在此之前，我已写过诗了）。

事情是这样的：在我十二岁那年，拉丁学校的课本里有常见的诗歌和故事，有关于腓特烈大帝和大胡子埃弗拉德的逸事，我愉快地阅读了这些内容。但在这些读物中，还有别的什么，一些了不起的东西，一些完全令人着迷的东西，那是我遇到的最美丽的东西。那就是荷尔德林的一首诗，残篇《夜》那寥寥数行，我反复朗读。在既感神妙狂热，又觉畏怯之中，我终于得到了一个信念：这就是诗歌！这是一位诗人！我平生第一次从我父母所操的语言中，感受到一种深度、一种圣洁、一种震撼力，当我还是个学童，完全不解其含意时，这些不可思议的诗歌居然在我心田激起了一种预言的魔力、一种诗的秘密！

> ……夜月出来了，
> 在众星的烘托下，出奇冷艳，
> 它唯我独尊地放射着皎洁的光芒，
> 目中无人地升起于山巅，
> 悲凄的冷漠里，
> 不失其雍容华贵的气质。

无论我在年轻时多么频繁、多么热情地阅读，都没有一位诗人的诗句像童年时那样彻底地让我着迷。后来，在我二十岁首次读到尼采的《查拉图斯特拉如是说》时，我感受到同样的震慑力，荷尔德林的那首诗立刻又浮现在我的脑海中，我童年时首次与艺术相遇的那股惊异之感重新涌现。

因此，这次前往施瓦本的旅行，"因对可爱的劳和诗人默里克的黑暗记忆而生"，注定要唤醒我早年的记忆，并告诉我一切是多么根深蒂固且无法逃避。即使从现在起，我的旅程只带给我失望——在图特林根的月光下，荷尔德林的诗句意外浮现，这已足够作为奖赏。我们这类人很容易满足，但又只满足于最高尚的事物。在痛苦、绝望和对生活的极度厌恶中，哪怕只能再次在神圣的瞬间听到对这一生意义问题的肯定回答，尽管在下一个瞬间我们可能再次被昏暗的洪流淹没，但这对我们来说已经足够。从那一刻起，我们可以活相当长一段时间，不仅仅是活着，不仅仅是忍受生活，而是爱它、赞美它。在图特林根的月光下，我沿着溪旁的沉睡街道，慢慢地踱步回到我的旅馆。与自己年轻时代的一个庇护所不期而遇，这既叫我震惊，亦令我感到快慰。有很长一段时间，我继续在我年轻时代的深井里，听到那种声音。啊，这些年来它诱惑我到了何方，远离所有对其他人、非选中者来说有价值和重要的道路。它带给我多少深刻、无法传达、孤独的幸福时刻，比我们生来就有的人性更高贵！它引导我进入与所有现实的冲突和疏远，进入冰冷、不可改变的孤独，进入自我蔑视的可怕深渊，进入虔诚的神圣提升。即使今天，在生活压力的不断增加下，我在幽默中逃避，并从它的喜剧角度观察所谓的现实，哪怕只是为了一个过渡阶段的短暂时期，这也是一种对那神圣声音的肯定，试图通过脆弱的飞行桥梁瞬间跨越它与现实、理想与经验之间的深渊。悲剧和幽默不是对立面，或者更确切地说，它们只是对立面，因为一个不可避免地要求另一个。

次晨，在用过了早餐之后，我发现图特林根已失去了魔力，这错不在我，也不在于我无法在白天发现这个城市的有趣之处，而是我自己的观察使我确认，整体来说，图特林根是一个相当沉闷的城市。然而这个发现并没有使我感到难过，我照样沿着湖边的路走回那个有尖屋顶的地方，除了月亮和夜晚的优雅氛围之外，所有的一切皆跟昨夜一模一样。我暗自庆幸，我昨夜来到这里正是时候，因为在那个宝贵的时刻，图特林根正好是一座玄妙的童话城市。现在，我可以了无牵挂地离开这个地方了。我买了一份三明治，在车站里领回我的暹罗手提箱，心满意足地登上了火车。

## 布劳博伊伦

这班拥挤的星期日列车是开往美丽的多瑙河河谷的。我看到了明艳阳光下的博伊龙与韦伦瓦格，我很想下车前去探访这些引人的胜景，但是一想到我布劳博伊伦的朋友因为我昨日没有出现而大感失望，他们可能正焦急地在等着我，我便强令自己安静地坐定。不久，火车便投入浓雾里，在河谷的一个弯道，晴朗的天空消失了，我几乎分辨不出车站月台上的地名。

当我在午后不久到达布劳博伊伦时，我发现这儿的天亦同样的灰暗、薄雾茫茫。我亲爱的朋友来了，我们站着对看了一下。这些年来，我们都没有什么改变，我相信我们彼此都感到深深的真诚的喜悦。至少对我来说，二十年来我一直远离我的童年家园，发现自己从小认识的朋友居然没有什么改变，他们用我的学生时代的绰号称呼我，激动之情，真非言语所能表达。我们之间的友谊可以回溯到我们十四岁之时，在我的印象中，他一直保持着他那时候的娃娃脸，即使他现在走起路来带着一种教授型的稳健步履，蓄着一个大胡子，一脸沉重的表情，且头发已经斑白——这一切无法骗过我，直到他的死亡之日为止。我敢说，我这位童年时的朋友，在我心田里仍将保持着他十五岁左右时的模样。我相信，我在他的印象里也是这个样子。

久别话旧是人生一大乐事，我们兴致勃勃地沿着沉闷的街道一直走下山谷，一面走路一面聊天，由于谈兴正浓，我居然没有注意到这个洋溢着喜气的小城市里到处都是雕着山墙、屋顶华丽的老房子，过了住宅区，我们便进入了幽静的修道院区。突然间，我想起了可爱的劳，我向我朋友提起她的故事，提起她在依涅霍夫地窖里的石板浴室，并告诉他，对我来说，这个地窖和这个浴室是布劳博伊伦最重要的东西，我要求他带我去看看这个浴室。但是我朋友对地窖及浴室的事一无所知，现在我也开始怀疑，这个故事是否只是默里克杜撰出来的一个美丽故事而已。

后来，我们碰上一个人，他是修道院的管理者，一个负责的看管者，且是布劳博伊伦名贵古物的鉴赏家。当我向他解释我的请求，详细地描述默里克故事里所叙述的情节时，他的脸突然亮了起来。是的，的确有这么一个地窖，而且确实还有一个连接它与布劳托普的地下水道。我们约定次日见面，见面之后我们便相偕前往我朋友现在住的一个大宅，它在过去曾是修道院的一部分。他的太太热心地接待我们，并招待我们吃午饭。我吃了施瓦本的马铃薯沙拉，喝了一些上好的淡贝西海默酒，这是我回到故乡后首次用施瓦本语讲话，我现在已不是外地的绅士了，而是本地的同胞，我现在已不是一个土里土气的隐士了，现在当地人已找我问东问西，打听昔日的同窗好友、过去的师长，以及他们的子女的消息了。在此地的修道院，我遇到了一位教授，他的父亲是我过去就读的拉丁文学校的董事。我约定明天要见面的另外一个同学，现在已是一名乡间牧师，他的孩子现在也在这所拉丁文学校就读。当我的主人很小心地进食，摸着他的大胡子，以及跟他的太太用极其体面的话交谈时，我仔细地端详他，看到了他眼角的小皱纹，但是这一切对我来说，并没有什么分别，他在我心目中仍然是个小男孩时代的威廉。

　　我在布劳博伊伦一家修道院的附属建筑住了两天，建筑的形状极其吓人，但是我倒觉得它十分可亲。然而我并非一天二十四小时都觉得很快活，夜晚我难以入眠，且周身都感到不适。我忧虑地想着乌尔姆的约会，我渴念地忆起我在南方的"老窝"，有时我则以十分羡慕的眼光望着我的朋友——他已有了地位，积极投身于工作，每日肩负着必须履行的责任——但是这些在我心里只不过是芝麻小事，我并不把它们看得太重，而除此之外，其他的一切皆十分重要而写意。碰到昔日修道院的几位老师，真有一种意外的喜悦，他们过去常把我看成怪物，因为在我十五岁那年，我因忍受不了学校生活而逃离了修道院，后来这件事几乎变成一个传奇故事，在这所学府流传。但是现在的情形如何呢？这些面庞光滑柔嫩、洋溢着青春活力的学生，是否和我们在修道院学校就读时同龄呢？在这些额头和金发背后，是否同样沸腾着我们曾经拥有的同样问题，拥有对辩证法和哲学的同样渴望，以及同样炽热的理想？我的朋友也认为，时下的年轻人在修道院里的学校生活比我们那时候轻松多了，他们虽跟我们一样面临同样的问题，但他们所受的困扰却少了许多。不过谈到这些话时，我亲爱的威廉已不再是个十五岁的少年了，而我当然也已年华不在，我们的眼角边已有许多皱纹，我们斑白的头发已清晰可辨。

　　我们第一次去布劳托普的远足庄重而美丽，在树下，黄叶在传说中的水面上漂浮，堰坝和小溪里满是鸭子和鹅，美丽的劳深藏在大地之中，透过蓝色的水域微笑，旁边孤独而无望地立着一个早期国王的纪念碑，感人又滑稽。一切都散发着家的气息，施瓦本的气息，黑麦面包和童话的气息，我再次因这片生机勃勃且非凡的风景为现代德国画家知之甚少而感到惊讶。劳无处不在，到处都是青春和童年的气息，梦想和姜饼的味道，还有荷尔德林和默里克的气息，那里没有纪念他们的纪念碑并没有让我感到遗憾。这是可以理解的，施瓦本历来诗人比国王多。

我们的侬涅霍夫地窖之行多令人兴奋呀！我们的向导带领我们走下一个古老的梯道，经过了一个阴暗的地下室入口，进入一座高耸、建筑坚牢而古朴的石壁地窖，向导为我们指示绕行处，地下水道便是自此伸展出去的。这时我已忍不住问起有关浴室的事，向导用手电筒照射着屋内的一角，在粗糙的石壁之间终于显现出一块铺设较为平滑的水泥地，它看起来显然比其他石壁新一点，这就是劳的浴室！这块倒霉的水泥地涌出了秘密的冷水，可爱的劳便在这里游泳，而她的胸脯也就是在这里浮起的。幸运的是，建筑设计师至少在水泥上留下了一个圆洞，用水泥盖子覆盖着，我们抬起盖子，手电筒微弱的光线中，黑色的水波轻轻闪烁，直到我们又沉默地重新盖上洞口，就像人们覆盖一个亵渎的尸体。

我们并没有问起，今日的施瓦本人是否已完全不相信神明了，他们是否真的不知道神明附身在劳及默里克身上，不知道这些神奇的事迹，在这方面，施瓦本比德国其他地方都要来得丰富。我们宁可让那些恼人的问题存而不论。幸运的是，这样的东西有很多。我们参观了著名的祭坛、唱诗班座椅、迷人的拱门、议事厅、墓碑。当我在夜晚打了微不足道的一刻钟的盹时，我没有梦到劳游进她的浴缸并用头撞到水泥盖上，而是梦到了一些无限珍贵的东西，我不能向任何人透露。对于我们这群朋友来说，在我们参观了更多虔诚时代的纪念物之后，布劳博伊伦还远远没有被探索完。还有我们自己的中学时光，对我们来说更亲近，拥有的魅力一点也不少，它们是我们的青春。现在我们检查了那个传奇时代的遗迹，那些荒谬的、亲爱的班级照片，在其中我是找不到的逃学生，还有教室、宿舍、餐厅以及我们青春时期特别珍视的伙伴们的信件——这肯定会让我们在阿尔滕堡的茨维考大街上的朋友的耳朵发热。

施瓦本的神学家和语言学家似乎都有赶火车的习惯，然而在最后一刻钟，他们却都能赶上火车。我们的情况也是这样的，中学时光以惊人的速度结束了，我也必须赶往乌尔姆做公开的朗诵。我差点错过了火车，因此我们避掉了话别的依依之情。次日黄昏时分，我抵达了乌尔姆。

# 乌尔姆

现在，我突然想起我忘了提起我在巴登做客期间的一个小事件。有一天，在医生的诊察室里，我遇见了一个来自乌尔姆的人，他邀请我住在他家，说他现在正跟我一个乌尔姆的老相识在火车站等我，这位老相识早在二十几年前就带我到这个城市游览了。我被带到一个其乐融融的家里，这一家的大大小小都让人觉得和蔼可亲，我在这里并不觉得陌生，我人还是在施瓦本。但另一方面，我在这里却必须履行我的责任。既然来到这里，我就必须开始思考我的朗读，虽然我一肚子不情愿——即使到现在，我还是无法弄明白自己的态度。

我个人之所以不喜欢公开朗读，不只是我不情愿面对社交场合里的孤立感，事实上它是很容易克服的，主要是在这种场合，我必然会面对我自身本质上根深蒂固的混乱与冲突，而它乃是由我对整个文学的不信任所造成的。在公开场合里大声地朗读，特别是朗读我自己的作品，基本上就是一种酷刑。我个人并不相信我们当代文学的价值。我了解每一个时代皆必须有自己的文学，正如它必须拥有当代自身的政治、理想和风格一样。我深深地相信，我们当代的德国文学正处于一种过渡而动向不明的阶段，它先天的种子不良，后天的土质亦不好，外表虽然多彩多姿，但内部却问题重重，我可以断言，它无法结成充实、成熟而坚实的果实。依此发展下去，我认为今日的德国诗人（包括我自己在内）是绝对无法产生真正的创作，真正的文学作品的。几乎在当前的每一部诗作里，我都能够看到某种模式僵化、陈腔滥调的痕迹。另外，我倒也能看出过渡性文学的价值，我亦能看出，一种动向不明及诗魂未确的诗，却能以其最大的诚意，表现其自身及其时代的缺陷。基于上述原因，我对今日诗人的许多优美而结构完美的诗作虽未能欣赏与赞同，但是对年轻诗人许多粗糙而结构欠佳的诗作却抱着同情的态度，因为它们至少毫无保留地表现出他们的诚意。这种差异也适用于我自己的小世界及一般文学。我喜好 1850 年以前那个阶段的德国诗人，我喜欢浪漫主义诗人，歌德、荷尔德林、克莱斯特，我认为他们的作品乃是真正的不朽之作。我反复阅读让·保尔的作品，布伦塔诺、霍夫曼、施蒂夫特、艾兴多夫的作品使我百读不厌，就像我一遍又一遍地听亨德尔、莫扎特和所有德国音乐，直听到舒伯特一样。这些作品的完美性几乎是无可置疑的，即使到了今天，它们虽已无法表现出我们的感情和问题，但它们已是超乎时间以外的"完成品"，至少对我们今日许多人而言，它们仍是如此。从这些作品中，我学会了热爱诗歌，它们的旋律在我的感觉之中，正如空气和流水一样地自然，它们是引导我生活的典范。多年来，我已认识到，模仿这些优美的典范是徒劳无功的。我深知，我们今日的文艺价值不在于为我们这时代或千秋万世树立一种形式，一种风格，一种古典主义，而是在我们的痛苦之中，以最大的诚意表现出我们心中的呐喊。在这些要求坦率、让步、自我舍弃的要求和我们从年轻时就熟悉的另一种要求——对美丽表达的要求之间，我这一代人的整个诗歌在困惑中摇摆不定。即使我们为求最大的诚意，乃至不惜自我舍弃——即使在此种情况下，我们又何以去寻求表现它的工具呢？我们现今的文学语言无法为它提供此种工具，而我们的学院派语言亦无法为它提供工具，我们的书写方式早已固定了。在孤立的状况下，有些具有绝望的勇气的作品，像尼采的《瞧，这个人》似乎力图指出一条途径，但是到头来，只是更清楚地显示出我们根本没有任何途径。心理分析似乎能为我们提供某种助力，但是它却未能带来任何进展，不管是心理分析学家或是任何受到心理分析训练的作家，皆未能使此种心理学家摆脱太过狭窄、太过武断，且徒劳无功的学院派的迷信。

够了，我已经说得差不多了。现在，假设我以一个作家的身份被邀请做一次公开朗读，站在听众面前手持着我的手稿，在这种情况下，我必须在众目睽睽之下，以尖锐的形式面对这个问题，如此，我手中的文稿便会变成无用的废物，我必须毫不考虑到美的因素以追求坦诚。在这种情形下，我最好把灯熄灭，告诉听众："我没有什么东西可以对你们朗诵，也没有什么东西可以告诉你们，我只能说我在努力使自己不说谎话。这一点务必请你们帮助我，好了，现在就让我们回家吧。"

虽然有这种禁忌，但是在好几次的公开朗诵里，我却极力说服我自己，务必不要辜负主办者的期望。但是每一次，我都吃惊地发现，虽然只是短短一个钟头的大声朗读，但它却能使人筋疲力尽，甚至会使人崩溃。如果这是一个抽象化或理想化的诗人去面对一群抽象化或理想化的群众的话，那么整个事情将完全不同，在这种情况下，必然是纯粹悲剧性的，再不然，必然会导致诗人的自杀或遭听众丢石头。所幸在现实的经验世界里，事情完全不同，我们还有一点欺骗的余地，在理想与现实之间，尚有一种古老媒介——幽默——存在的余地。在这样的夜晚，我往往尽量运用这种东西，尽量利用每一种幽默，特别是令人感到啼笑皆非的幽默。现在，且让我简单地介绍一下这种纯粹光线的折射，这种对现实的卑劣适应。

现在，假设一个对自己和诗歌努力的价值有最深刻怀疑的诗人站在满是听众的大厅前，而这些听众本身对于受人尊敬的诗人灵魂中的纠结过程丝毫没有察觉。在这种情况下，这位诗人何以能够高声朗读他的诗作，而不是逃跑并上吊自杀？我认为最重要的原因乃是在于诗人的虚荣心。即使他不把自己或是听众当回事，他还是免不了带有虚荣心的，因为每个人都有虚荣心，即使是禁欲主义者或自我怀疑者亦然。我说这些话并非出于害羞，我相信就自我的抽象化而论，我是比欧洲一般人优秀的：我比任何人都更了解我们身上的"永恒自我"及省察"道德主义"的状况，我能带着同情、嘲弄与中立的眼光去省视它。否则，我如何将我的"我"暴露在所知不及我的读者的嘲笑的眼光下呢？正因为我所知比一般人为多，所以我才能冷静地去注意诗人的虚荣心。这远远超出了人们对一个倾向于思考的人的期望，但思索的天分与虚荣心是相互排斥的这一观点只是一种错误。事实恰恰相反，没有人比知识分子更虚荣、更仰求于回应与肯定。关于这种虚荣心，我虽不比任何诗人强烈，但至少也有几马力，而它在我现在面对听众这种绝望的情况下，确能给我一些帮助，这些听众期望从我身上得到一些东西，但是我却没有什么可以给他们。在我内心的某些东西，其中三分之二是由虚荣心组成的，此种东西使我拒绝向聚集在大厅里的人群投降，使我坚拒向他们承认我的无价值。我内心的某些东西使其看起来值得支配这群人，值得去吸引他们的注意力，并使他们静听着我的思想与诗品，虽然其意义与意向完全不同于听众的意义与意向。于是，我咬紧牙关做最大的努力，因为在知识方面，一个人的力量总是强于一群人，所以我赢得了胜利。听众鸦雀无声，听着我的朗读，我故意制造一种印象，使他们相信我所说的一切皆是肺腑之言。然而，这一切我只能勉强支持一个钟头左右，再下去我必须停止，因为我差不多已经筋疲力尽了。

在日常经验的阴郁层面里，能够为我提供动力、使我肯定自我的，则不只是关乎我愚蠢的虚荣心，我个人动物式但极为狡猾的激情帮助了我；听众自身以及我与他们的关系亦提供了一臂之力。而这一点正是我比我许多同事强一点的地方。听众怎么样，根本不是我所操心的，他们的反应如何，我其实无动于衷。即使听众与我之间发生了最坏的情况，例如我的朗读完全失败，甚至被嘘下台，我也不太在乎。我心里头甚至也有一个人主动地附和着台下的嘘声。不，台下大厅里的听众既不会使我感到害怕，我也对他们不抱任何期望。我现在已不年轻了，我对这一切了如指掌。我知道许多这类管账者后来会当面或通过私信向我提出要求，纯粹是自私的事情。我知道有些人在一个著名的客人面前会卑躬屈膝，但是背地里却对他放冷箭。我知道有些野心勃勃的人在你面前会大献殷勤，对你恭维一番，直到他们发现他们近乎卑屈的奉承得不到什么回应，甚至遭到白眼之时，他们才悻悻然掉头而走。我也知道，当一些智识低下之人看到聪明才智之士及大众瞩目的人同样是人，也同样有可笑之处，有虚荣心或窘态之时，往往会暗自窃喜，我知道他们这种卑微的心理、这种恶意。我知道鲁登道夫的演讲会吸引一百倍的人，一场拳击赛会吸引一千倍的人。由于我自己生活在中产阶级社会以外，我只是以客人的身份参与其中，因此我在那个社会是否获得成功，是否赢得尊严，我个人是完全不在乎的（只要我不被自己的虚荣心吸引到那个社会即可）。我享有一切外人的优点，我是一只脚跨在印度生活的隐士，我无所求于世俗，而世俗也无法从我身上取走什么，我很了解这些优势。

但是使我能够排除万难与禁忌，偶尔做一次公开朗读的，并不完全是我对公众的满不在乎及我虚荣心的推波助澜。谢谢老天，还有其他某种东西亦具有一定的影响力，一种比较好的东西，唯一好的东西——那就是出于爱。这一点似乎跟我说的我对听众的冷漠相互矛盾，但确是真的。我是凭着由经验得来的灵巧性，将更大的爱、更温暖的热情，从我对公众的冷漠，转移向个别的人。如果这个我所爱的人，我乐于为他献出自己灵魂的人，他果真在座的话，那我会把全部的注意力集中在他身上，针对着这个人朗读。如果他不在场，或我看不到他的话，我总想着他，假想他在我眼前，我可以想着我不在场的朋友，或我所爱的人——我的姐妹或是我的儿子，或者，我也可以把目光集中在大厅里某张聚精会神的脸庞上。我会紧盯着他，爱他，将我所有的热情、所有的注意力、所有的殷切之情投注在他身上，以期获得知心。而这就是帮助我脱离苦海的护符。

而乌尔姆的情形则不然，在这里的大厅，我不但可以看到一些友善而熟悉的面孔，同时也处在朋友之中，这儿是施瓦本，是我的，这里的一切都显得适意而轻松。我们是在一幢十分漂亮的建筑物——市立博物馆——里晤面的，这次的朗读会是由这个博物馆长主办的。他邀请我次日去参观博物馆，而他跟其他人也来到我主人的家聊天喝酒。整体来说，这次的朗读会没有任何不愉快的事情发生。这次的朗读会总算过去了，我感到很疲倦，但也相当快乐。

现在我在乌尔姆还有将近两天的时间，一个人对美丽的事物的记忆并不十分可靠，在我年轻时，我曾来过这个美丽而不俗的城市一次，但是我忘掉了许多这里的景物。不过，我并没有忘记城墙和教堂祭坛，以及拉萨斯古楼，我记忆中的印象跟我现在所看到的差不多。而另一方面，也有许多景物看起来就像初次看到一样，斜靠在河边的渔夫住处、城墙上的小地精庙、狭窄街道上的中古世纪民房，还有古怪的人字形屋顶、雄伟的大门等。我带着老照相机猎取我所喜欢的每一个镜头：一只博洛尼亚犬，窗帘半掩后面的施瓦本面孔，文具店的橱窗内摆满的琳琅满目的小装饰品，流露出一些圣诞节的气息——这些东西是令我着迷的。在一个陌生的城市里，店主和工作人员的姓名，阅读这些对我来说是必要和愉快的，就像我在阅读的小说一样，里面的名字总是非常重要，而且经常信息量巨大。在阅读商店招牌时，人们不仅了解到一个城市里是天主教徒多还是新教徒多，是否有很多犹太人，还可以从天主教的名字中了解到这些人的思想及其来源，了解他们的偏好和守护神。到处都是我长时间没有听到的施瓦本方言。这就像再次来到自己的记忆世界的白垩或砂岩，树木和花朵中，好像突然又尝到了一种水，一种酒，一种食物，一个苹果，一种药物，多年来都没有尝过，而这些却附着成千上万的无名记忆。我徘徊于这些景物之间，流连于无名的回忆里。我听到了不少乌尔姆的笑话与故事，在这期间我看到了主人的孩子，给他们看了我前一天大声朗读的童话，上面有我画的一些彩色小插画——在战后通货高涨期间，这些插画曾帮助我度日。

一天下午，我们和鲍姆教授一起参观了乌尔姆博物馆，这是非常有益的。在舒适的空间里，充满了美丽和非凡的物体，我和在我年轻时第一次向我展示乌尔姆的熟人一起喝咖啡，吃蛋糕。在那里，我再次深深地卷入了对默里克的回忆，因为我的熟人拥有大量的默里克纪念品。他在书中做了笔记，强调了他最喜欢的段落，还有关于他计划明年春天种在花园里的种子的笔记，蔬菜很少，花很多。一个旧式的绣花帆布包被制作出来，默里克曾经在旅行中带过。在这个房子里有很多宝藏，它们在正确的位置。我进入这个房子时过度疲劳，神经质，筋疲力尽——我几乎不知道旅行时的满足感本应是什么样子了——不一会儿，我的心里就有了一种轻松、平静的感觉。

我在乌尔姆停留的最后一个晚上，当我躺在床上时，我想起了此次施瓦本之行的种种情形，我想起了锡根、图特林根、布劳博伊伦、乌尔姆等地方，还有那个可爱的博物馆，突然间我想到，这一切受过去的影响有多大，许多逝者曾加入谈话，甚至有许多生动的部分是由逝者口述的。在这次旅行中，逝者几乎无时无处不在。这些早已逝去的逝者的话语一直活在我心中，他们的思想教育我，他们的作品使沉闷的世界变得美丽而麻醉，这些贫病交迫、受苦受难的人是由于需要，而非出于快乐而从事创作，这不是很奇怪的事吗？这些伟大的建筑师是出于对现实的憎恶，而非接受才去从事巧夺天工的事业，不是很奇怪的吗？毕竟，中世纪的城市居民都是面包商、生意人，他们都是舒服、健康、丰满的人，他们是不是真的建立了这些大教堂，真的想要它们？他们是不是因为其他少数人的不满而被迫去建的？如果现实世界是对的，如果我们这一类人只是神经衰弱症患者，如果我们应该安分守己地当个公民，当个一家之主，当个纳税者，努力从事本业，生儿育女，才算对的话，如果工厂、汽车、办公室才是男人的正途的话——那么他们为什么又建造了这些博物馆？他们为什么还雇用管理员去看管布劳博伊伦祭坛呢？他们为何展览了这么多的绘画、平面艺术，并由政府赞助大笔钱呢？为何保存了这些古怪的东西、无稽之物，这些是艺术家的病态游戏，那为何去收藏、保管、展示，并为其广为宣传呢？这些微不足道的东西是否真有其意义，真正值得保存呢？为什么乌尔姆的住民以拥有保存他们古老的市政大厅的眼光为傲，而把一些古老的危楼、厂房与民房拆掉呢？为什么我听说乌尔姆地方的最高荣誉乃是在于它的现代化建筑十分适合于它古老街道的类型呢？为什么今天所有的一切东西都显得如此丑陋呢？从苏黎世一直到乌尔姆，只要是经过人类双手改动过、修建过的地方——除了少数拥有古代建筑的几个小岛之外——几乎每一处皆不堪入目呢？放眼看去，到处尽是火车、工厂、公寓住宅、仓库、军营、邮局，一处比一处丑陋，一处比一处令人失望，它们只能引起人们的反感，使人想解脱。

我提出这些问题，并不在于说明它丑陋与令人失望的理由，我对人口的增长与经济法则都没有兴趣，我只对一个问题感到好奇：你，旅行中的疯狂诗人，真的疯了吗？你生病了吗？生活如此痛苦，以至于你常常变得非常悲观，只是因为你没有调整自己去适应"现实就是这样"？虽然我曾准备再次思索这些现实问题，但是我所得到的答案跟自己过去所得到的一样：即使你不接受这个世界，你也是对的。

我再度感觉到两极——现实与理想、现实与美感——深渊里的闪电，我可以感觉到那种空中桥梁的摆动——幽默。是的，只要带一点幽默感，我是可以忍受火车站、军营，甚至是文学朗读会的。只要一笑置之，只要不要把它看得太重，只要经常记着它是可以毁灭的，那么一切事情皆可以忍受。有一天机器会疯狂地相互撞击、军火库会爆炸……是的，我们大可不必把这个滑稽的世界看得太认真！

## 奥格斯堡

奥格斯堡的旅馆接客车把我安置在旋转的玻璃门前，旅馆内正播放着留声机音乐，这是现代人发明的聪明玩意儿，即使在他休息和放松的几分钟里，也使他免于说话、集中注意力、思考甚至变得有意识。我走到柜台前面登记房间，一个脚夫随即走过来，眼前的一切都显得十分摩登——餐厅、走道与衣帽间。服务生带我到二楼，打开电梯门，到了二楼，他为我开了门，一个高大而明亮的房间立即呈现在我眼前，而窗户则朝向冬日的花园。在偌大的德国城市里，我见过的旅馆没有一家比得上这家的漂亮与脱俗，能够找到这种地方，我真感到喜不自胜。在这个房间里，唯一令我感到刺目的是那个电话——这种玩意儿真是危险。还好，如果不用它，我就把它拿掉或甩掉。但是，首先我必须利用它向我的赞助人宣布——夜晚的艺术家已经抵达。然后，我要坐下来休息一会儿，打开行李，整理一些东西，叫一杯牛奶和白兰地。我的大衣口袋里有《痴儿西木传》，里面有我非常喜欢的林格尔纳茨的旅行信。当有人敲门，他们来带我去朗诵会时，我意识到我已经睡了好一会儿。天色已黑，且天气转冷了，我被带到一个演奏厅，这次我并没有把场面把握得很好，也没有把我惯用的心理伎俩搬出来运用，但不久之后，我又在听众之中挑出了一张面孔，我将目光转向他，勇敢地大声朗诵我的作品，偶尔啜一口清凉的饮水，在我内心开始对这场朗读会产生反感之前，整个事情已结束了。还好，事情总算过去了，我匆匆地赶到会客室，穿上我的大衣，燃起一根雪茄。现在，听众开始涌进来，我佯装笑容，一一向他们致意，且内心暗自庆幸在这个城市里我没有任何一个熟人——但是这时我面前却站着一位双颊红润的女士，她笑着用施瓦本方言说："你完全认不出我了，是吗？"她来自黑森林，是来自我家乡的一个女人，过去跟我妹妹读同一个学校，后面站着的是她的女儿，一个漂亮的女孩，双颊也是红润的。我们会心地笑了一下，并决定找个地方坐下来聊一下。但是我随即发现，那天晚上我有点昏昏然，有个绅士拿着我的一本书走到我面前要求我签名。那时我心里头正想着纽伦堡，于是我便在书扉上写了一些东西，随即带着友善的笑容把书还给他。这个人读了一下又把书本交还给我。我读了一下："纽伦堡之夜留念！"它不得不被擦掉并更改。

于是，我们便相偕前往我的旅馆喝杯酒，这个来自卡尔夫镇的女人谈起卡尔夫的种种逸闻，我们聊起我们记得的每一个卡尔夫镇人，她的女儿坐在一旁，觉得我们的旧事十分有趣。当我从堂皇的梯口走回房间时，夜已深了。事实上，从事朗读这种事情原只是为了赚取面包而已，但是我欠缺的并不是面包，而是空气——有生机的空气、有内容的空气，以及相信我的职业与活动的空气，但是奥格斯堡并没有这种空气，而我也没有得到任何酬报。相反（这也是上帝为男高音和音乐家提供那种愉快的自信加成的原因），如果一个人像男高音和吟游诗人一样穿越城市，成为文学娱乐晚会的表演者，这恰恰提供了最好的机会，让一个自负的艺术家对他的不重要性、他的可有可无性、他的个性和他的专业完全无意义性感到信服。文学俱乐部的成员是在听托马斯·曼还是格哈特·豪普特曼，或者是男爵蒙豪森还是男高音黑塞，无论是柏林教授在讲荷马还是慕尼黑教授在讲马蒂亚斯·格吕内瓦尔德，都是完全一样的，这些专业都只是计划中的一笔，织物中的一根线，计划被称为知识活动，织物被称为教育产业，无论是整体还是任何单独的专业都没有丝毫价值。主啊，不要让我失去幽默感，让我再活一段时间，让我参与一些更有意义、更有价值、比这个乡村集市更有意义的工作。与其为这些演讲付钱，与其给予荣誉，与其奉承，不如让我呼吸一口新鲜的空气。

怀疑论者声称至今没有人因为心碎而死。他们同样会否认一个文学人能因缺乏空气而死亡。好像文学人能呼吸任何东西，能从每一种气体和恶臭中提炼出小册子一样！

次日天气很好，我走到外面去看看奥格斯堡的街头景况，后来才知道这一天是个集日。我从历史并没有学到多少，我的知识完全来自诗人，我从默里克诗中所得到的有关布劳博伊伦的秘密，比我从当地教授口中听到的还要多，我从阿尼姆的《皇冠的守护者》一诗里，得悉了有关奥格斯堡的种种，从瓦肯罗德及霍夫曼诗里的记忆中，获知了有关纽伦堡的种种传说。毫无疑问，纽伦堡是一个十分美丽的城市，但是对我具有特别吸引力的东西却不在此。在市场里，你可以看到难以计数的黄油、乳酪、水果、蔬菜，以及其他各色各样的食物，我发现许多农人，尤其是农妇，跟他们身边的小孩都穿着他们古老的民俗服饰。我高兴得几乎要搂住我遇到的第一个人的脖子，我在货摊间跟着她走了很久。绣着许多小花的紧身胸衣，紧围着手腕的皱边衣袖，还有那有趣而别具一格的头巾——它们使我想起我的童年以及卡尔夫的牛畜市场，在那儿有成百个农夫及农妇，每个人都穿着他们的民俗服装，从远处可以区分来自不同地区，来自森林或邻近的谷物区的农民——通过他们皮裤的颜色！

　　我在奥格斯堡的最后几个小时是最好的，也最令我回味无穷。我在这座城市里运气很好，之前把它和纽伦堡混淆在一起，非常不公平。除了所有已经发生在我身上的好事和亲切的事情外，还有一个特别的惊喜在等着我。在奥格斯堡，有一对十四年前读过我的一部作品的夫妇写信告诉我，他们那时候生下来的一个女儿，便是用书里的一个人物的名字取名的，现在这对夫妇特地跑来看我，并邀请我一起用餐，然后开车在几个小时内带我看了老奥格斯堡最重要和最美丽的景点。虽然他们的这份情意以及他们对我现在自己觉得一文不值的作品的厚爱，使我感到有点亏欠，但是这几个钟头的确是我在奥格斯堡期间最美的时刻。啊，我在这个传奇性的城市里，看到了多么美丽而别出心裁的东西！圣莫里茨的圣器收藏室里面有许多弥撒祭袍，其威仪不亚于罗马的，而附近小教堂里，则有尊摆着坐姿的主教，不是木制或石雕的人像，而是身穿华贵礼服的木乃伊。我认为最美丽的莫过于教堂的青铜门。然而，这座庄严的教堂里面还有另一处景象在等着我。在那里，我看到一个留着棕色大胡子、身着浅绿色衣服、背着一个背包的乡下人走进来。我看着他在宏伟的大教堂里走着，似乎在找寻什么东西，最后他像是找到了他要找的东西，在礼拜堂内跪了下来，他赤着脚，目光注视着祭坛上的画像，双臂敞开，双手作恳求状，之后，他开始祈祷，他的眼神、他的嘴唇、他的双膝、他伸展的双臂、他敞开的双手、他的灵肉，全神贯注地祈祷，他对外界几乎听而不闻，视而不见，对于我们这些在圣堂里寻求歌德式窗户而非上帝的充满着好奇眼光的不信神的人，他完全不理会，也没受到干扰。我把这个虔诚祈祷的男子和穿着民俗服装的妇女珍藏在我最私密、最钟爱的相册之中，金色音乐厅、壮丽的喷泉、市民宫殿并不在其中。

## 纽伦堡、慕尼黑及返程

当晚我旅行到了慕尼黑，在那儿我有几天的休息时间，可以让我清理一下混乱的思绪，我遗憾地想到我现在还得继续前往纽伦堡。有一个晚上相当危险。我拜访了公园酒店的总经理，由于他曾经在世界其他地方认识我，知道我是一个好酒之友，便自娱自乐地摆出了他酒窖里几种精心挑选的陈年美酒给我。我虽然确实是个饮酒的人，但不习惯大量饮酒，到了晚上快结束时，我不得不努力振作起来，但总算是熬过来了。而且——除非这是由酒引起的愉快幻觉——突然间，我的巴登的主人和朋友坐在那里笑着和我碰杯。次日，为求增广我的见识，我特别跑到一家大报社的编辑室，但是我在那儿并不觉得舒服，一刻钟也待不下去……也许，我不该对慕尼黑要求太多，因为我在那里始终觉得良心不安。我在慕尼黑有不少过去一度十分亲切且彼此之间相当熟悉的朋友，我很喜欢他们，我应该去拜访他们。但这种任务似乎是太过艰巨了，如果我前去拜访他们，将会发生什么事呢？三十几个朋友会以友善的态度询问我日子过得怎么样，我最近在做些什么，我是否满意我的生活，我的健康情形怎么样，我日常做些什么活动，诸如此类令人不胜其烦的问题，而我只能微笑地坐在一旁，不住地点头，这些简直烦闷得可怕。尽管如此，我还是见了其中一些我认为是真正的朋友，但不是在他们家和他们的妻子、孩子在一起，或在他们的工作中，而是愉快地在晚上某个地窖或客栈里，开怀畅谈天下大事，讨论经济萧条，并畅饮着瓦尔杜尔默或阿芬塔勒酒。我们谈起我们的旧事，谈起博登湖的夏日，意大利之旅，或在战争中遇难的友人。在这些日子里，我的情绪并不是很好，这不只是因为我对文学已感到十分厌烦，如果我不继续前往纽伦堡，我会付出很大代价——而且还有其他原因。

六个星期的旅行即将结束，我从提契诺顺道游览至此，几乎到了最后一站。在旅途上，我的内心一直盘旋着一个问题：再下去会发生什么？你在旅途中曾发现什么？你曾得到什么？你是否能够返回你的工作岗位去过你的隐士生活？你是否能够带着伤感独自生活在你的书房里，或者从事其他事情？这些问题迄今并没有得到任何答案。我已经做过了公开的朗读；我曾跟朋友享受过开怀而热切的谈话；我几乎到任何一地都畅饮过美酒；我曾在温暖而友善的气氛里，与朋友度过最美妙的时刻；我也迫使自己忍受最难以忍受的场合。在凭吊古老建筑的一刻，我曾忘我地陶醉在悠远的古意中，而在旅途劳顿之时，我偶尔又会渴念我遥远的隐居地——但是一切并没有什么改变，什么东西都没有得到解决。我越来越感觉到这种情势的压力，因此当我最后完成纽伦堡之旅时，我并不十分愉快，也许是这种恶劣情绪的影响，纽伦堡之旅叫我十分失望。

我是在一个雷雨交加的阴郁日子里离开的，我再次旅经奥格斯堡，看到了天主教大教堂与圣莫里茨教堂隆起于市街上，经过了一个不知名的乡村，最后，我到达了一个荒凉、崎岖、无人居住的地方，这个地方长满了大松树，松树的尖端已被暴风雪吹落了。这是一个美丽而神秘的地方，但是对于一个像我这样的南方人来说，它却是恼人而烦人的。如果我继续朝着这个方向走下去，我暗自想，那么毫无疑问，更多的松树将会显现出来，雪也会飘得越来越多，再下去可能是莱比锡或柏林，然后是斯匹次卑尔根岛和北极。谢谢老天，假设我接受邀请前去德累斯顿的话，那情形将难以想象！就这样，旅程已经够长了，当我抵达纽伦堡时，我内心感到十分快乐。在这个歌德式的城市里，我暗自期许着各种奇迹出现，我希望碰到霍夫曼与瓦肯罗德的幽灵，但是这类事情根本没有发生。这个城市给我的印象十分恶劣，当然这不应该责怪这个城市，而应该责怪我。在这里，我看到了一个真正迷人的古老城市，它的古迹比乌尔姆更丰富，它的古意比奥格斯堡更浓厚。我看到了圣洛伦兹大教堂及圣塞巴德教堂，我看到了拉萨斯古老僧寺天庭里古雅而迷人的喷泉，这一切景物皆十分美丽，但它却被一个庞大、非人性、商业化的城市所包围，到处都有引擎声，汽车蜿蜒前行，每一件东西在不知不觉之中，皆似乎配合不同时代的节奏而颤动着——一个不知道如何去建造拱形屋顶和雅致喷泉的时代——所有的一切都似乎要在下一个钟头崩塌似的，因为它已不复有目的或灵魂。啊，我在这个疯狂的城市里看到多么美丽而迷人的事物呀! 这里不乏名胜、教堂、喷泉、丢勒的故居、古堡，更可贵、更令我珍惜的是，它还有许许多多稀奇的小东西。在一家标有地球标志的药剂师店铺里，我的双眼舒舒服服地洗了一次澡，在一个坚实而美观的古老建筑里，我看到了一个初生鳄鱼的标本、鳄鱼的蛋壳，以及其他许多稀奇古怪的东西。但是这些并不能鼓起我的游兴，因为我是在该死的机器的烟雾弥漫之中看到这些东西的——所有的一切似乎都被一个非人的撒旦世界所吞没，在这种非人的世界里，一切皆处于垂死状态，每一件东西皆濒于毁灭与崩溃，厌生而无意旨，虚华而无灵魂。即使是我在文学俱乐部所领受到的友谊，即使是我办成了最后一场朗诵会而松了一口气之时，也无济于事。在酒店里，过度活跃的蒸汽散热器整晚都无法冷却，由于街上喧闹的交通，不能开窗，还有房间里那个卑鄙的装置——电话，它在一整晚不眠的痛苦之后，又在早上夺走了我最后一个小时的睡眠。人们啊，你们为什么要这样折磨我，不如给我一个痛快!

同时，我内心的观察者以其一贯的冷静接受了所有这些发现，好奇的只是这一次这个家伙会不会爆发，或者不顾一切地继续下去。我内心的观察者（一个不属于这位叙述者人格的人物）与旅行吟游诗人的偶然喜悦和痛苦无关，除了记录它们之外，这位观察者在场，并且将来会在某种场景讲述这些经历。今天，只有我这个旅行的"男高音"在说话，我身体里无特指的一部分，经历和承受着所有的偶然事件。

在纽伦堡，我觉得自己老态龙钟，而且有行将就木之感，在这里，我唯一敢想象的是入土为安，也许是因为这种垂老心境的影响，我很喜欢接近年轻人。其中有一个年轻人，是大学生，他曾让我十分困窘。他请求我在我一本书上写些文字，当我想不出要写什么时，他建议我写一些希腊语——一句出现在我的一本书中的《圣经·新约》的引文。二十年来我从来没有写过希腊字母，天知道会写成个什么样！另外一个年轻人是诗人，我在纽伦堡短暂停留时，大部分时间都跟他在一起，我很高兴有他的陪伴。我过去就对他怀有好感，部分原因是他曾写过一篇评论我的作品的杰出论文。在该论文里，他精辟地描写我在诗的领域里的成就以及他为什么这么认为；另外一个原因是他写过一篇短文，该文的主角格拉贝是个诗人，且拥有真实的魔法本领。这位年轻人跟随我来到纽伦堡，一到夜晚，他就耐心地陪着我在酒店里消磨时间。虽然他不喝酒，但他和蔼可亲的脸、他细小的双手，有时使我觉得他像是天堂派来的小天使，要保护我度过我在这个陌生的城市里最无聊的时间。

然而，我只是若有所思地坐在那儿，心中想的只有一件事，尽快离开这里。我突然想起我在慕尼黑有一个要好的朋友、一个十分可靠的朋友，于是我便打电报告诉他，我实在无法忍受纽伦堡的一切，我想搭快车到慕尼黑去，希望他能接我。我随即把我的日常衣物匆匆地塞进行李箱里，离开大饭店，赶往车站，然后离开纽伦堡，虽然崩溃，但我对我的解脱感到高兴，这座城市对我来说仍然似乎是注定要毁灭的。这班火车设备很好，直达慕尼黑，但是车行甚久，我在抵达以前，几乎无法忍受，我像个垂垂老矣的老翁，头脑混乱，眼睛灼热，双膝无法伸直。这或许是我旅行中最优美的一刻，我终于保住老命来到慕尼黑了！我将过去一切不愉快的事情抛诸脑后，我已不需要再举行任何公开的朗读会了。我的朋友就站在我面前，高大而强壮，双眼含笑地帮我拿行李箱，他简单地告诉我说，小酒馆里有熟人正等着我们。

说实在的，我宁愿上床睡觉，但是酒馆实在太迷人了，因此我随即一口答应下来。文学界及文艺评论界的名人都齐集在一个大桌子旁，等着我们，正宗摩泽尔白葡萄酒随即端了上来。酒中的谈话与讨论十分有趣，我觉得很满意，因为话题完全没有扯到我身上，我乐得坐在一旁洗耳恭听。我端详着每一张熟悉的面孔，畅饮摩泽尔白葡萄酒，恍恍惚惚之间，似觉睡神已降临到我身上，如果我喜欢的话，明天我将躺在床上，躺一整天，一整年，甚至一整个世纪，任何人都不能对我有所要求，没有火车的汽笛声来扰我，没有在讲台上站着，我无须写希腊文或其他文字。

我跟朋友在邻近的乡下待了好多天，一方面是为了静养以恢复元气，一方面则是为了安排我的回程之旅。我内心突然感到不安，或者应该说我害怕回家，最后我决定先通知仆人把信件转来给我。结果，信件果然如潮水般涌来，使我忙碌了好几天，在所有不太重要的事情中，有些东西却是十分有趣。有个年轻诗人写了一封书信，他的手稿我必须寄回给他。过去他写过阿谀奉承的虚伪书信给我，使我对他的印象相当恶劣！现在他终于对我表示，他觉得我笨拙、愚蠢、令人讨厌，他这番坦白话倒使我觉得很开心。放胆去说，年轻的诗人弟兄，继续努力下去吧！我们期之于现代文学的不是文饰之辞，而是坦诚。

我成功地将我最亲爱的巴伐利亚朋友从上巴伐利亚的村庄引诱出来，度过了一个感激的温馨夜晚，每忆及此，胸中感怀之情油然而生。现在，我无俗虑缠身，我对文学与冒险事物又持着比较率真而坦然的态度，我可以私自前去拜访我几个同行。我曾跟伯恩哈特晤谈了个把钟头，虽然谈得并不投机，毕竟，新教徒与天主教徒是永远谈不拢的。我也曾跟托马斯·曼共度过一个夜晚，我对他表示，长久以来，我对他的敬爱丝毫未变。我想知道，这位深知文学事业的暧昧与绝望，而又能本着其良知与尊严从事其文学工作的可敬作家，是如何完成其名山伟业的。我坐在他的桌旁，直到夜深，他幽默的言谈中不失热情与嘲讽。这个夜晚亦令我感怀不已。

现在，我想前去拜访另外一位杰出作家约阿希姆·林格尔纳茨，他写出了非凡的《痴儿西木传》。我们共饮了各种美酒，愉快地度过了一个夜晚。辞行之后，我走到电车车站，搭乘电车回家，在尽兴之后安然而眠。然而，林格尔纳茨的工作在那个时候才刚刚开始，他还得做他的歌舞厅表演的工作，我并不羡慕他。

在纽芬堡，我被照顾得无微不至，几乎要被宠坏了。我可以整天用凉水洗眼睛，在巍峨的古老树木下走来走去，看枯叶在秋风里轻快地飘落。我经常带着悲伤望着它们，也经常带着笑脸望着它们。而就像它们一样，我今天赶往慕尼黑，明天又赶往苏黎世，我极力想摆脱痛苦，拼命想拖延死期的到来。人为何要如此保护自己？我哀伤地自问。因为这乃是生命的游戏，我自我解嘲地回答道。

因为笑声是沉闷生活的最佳解毒剂，我特别向我朋友打听，慕尼黑是否有真正的古典式喜剧演员。有的，我的朋友就认识一位，对方叫瓦伦丁。我们从报纸查到他正在一家小剧院主演一出叫作《慕尼黑的橡皮骑士》的戏剧。该剧院在10点以前上映的是斯特林堡的戏剧，10点以后才轮到瓦伦丁演出。该剧虽侧重于表现瓦伦丁的滑稽动作，但有时亦喜中含悲，令人哭笑不得。例如，他在寒夜里坐在城墙上，拉着手风琴，想起他年轻时的生活、战争与死亡，往往令观众为之鼻酸。或者，当他用哲思口吻叙述梦见自己变成一只鸭子，噬食一条小虫时，观众内心往往会情不自禁地感到一股莫名的悲哀。这幕戏以最简单的形式，将人类悟性的不当神奇地表现出来。这种悲惨的处境，就像另一个手风琴的场景，也引起了观众的哄堂大笑，我从未见过比这更快乐的观众。人们多么喜欢笑啊！他们大老远从郊区赶来，冒着寒风，排着长队，付了金钱，直到夜深才归，只是为了能够笑。我也笑得很厉害，如果这场滑稽剧能够上演到天亮的话，我会觉得更开心。天晓得，我什么时候会再有发笑的机会。一个越伟大的喜剧演员，越能将人类的愚昧状况表现出来——而且表现得十分露骨、难以救药，而观众也会笑得更厉害！我后座的一位少女居然忘形地将双肘靠在我肩上。我转过头看她，心想她可能爱上我了，但事实上，她只是笑得失态而已，好像着了魔似的。瓦伦丁是我这次旅行最珍贵的回忆之一。

但是，现在我在慕尼黑已经流连太久，也打扰朋友太久了。作为一个男子汉，我提醒自己，该走就得走。然而，这儿不是卢加诺，我实在舍不得说再见，我无法带着优越感回顾留下的一切，现在，我要回到我的笼子里，回到我冷酷的小天地，回到我的放逐之地。落叶虽然在风中拼命地挣扎，但是终归是要回到风儿要它去的地方。现在，我将走向何方呢？我到底能把我的归家之日拖延几天呢？或许我要继续旅行很长一段时间，或许是整个冬天，也许我今后的岁月将随风而去。不管到哪个角落，我终归是会找个朋友的，我将在夜晚进酒吧聊天，或许在某一个微明时刻，我将重逢我的元气与我青春的圣堂。不管在什么地方，我不只会为阴风与落叶含悲，我也会为之发笑。毕竟，正如我所自视，我身上是带有幽默家的气质的。我只是还没有将此种幽默气质发挥得淋漓尽致而已，也许我在这方面所下的功夫还不够吧。

# 第九章　迁入新居

迁入新居不仅意味着开始新的事物，同时亦意味着放弃旧的事物。现在在我迁入新居之时，我心里当然十分感激将这幢住宅送给我的好友，这份感激之情与恒久不渝的友谊，使我想起了他跟其他一些帮助我们整修房子的朋友。但是对这所新居做个陈述，用叙述文将它表现出来，赞美它、歌颂它，却是我做不到的，因为在从事新事物的第一步之时，我们如何去行文礼赞及吟歌赞颂呢？在夜晚到来之前，我们如何去庆贺明天呢？当然，在为新居献词之时，我们在心里头可以暗自祈祷，也可以恳请朋友们为我们新居及我们新居的未来祝福。至于为新居说什么话，发表什么感想，宣布与它的任何关系，则等个一年半载再说。

但是，在迁入新居之时，我应该回忆一下我先前曾住过的其他房子——为我的生活与工作提供庇荫与保护的处所。对于先前我住过的每一所房子，我皆心存感激，因为每处皆为我保存无数个回忆，并帮助我回溯起我住在那儿的时间的本来面目。因此，正如一般人会在家庭聚会中谈起过去的时光，忆起故旧一样，今天我也想回忆一下先前住过这所漂亮的房子的人，回忆他们在我心中的印象，并将有关他们的种种告诉我的朋友。

虽然我居住在一个风格独特的古老大宅，但在我年轻的时候，我太缺乏教养了，我只顾自己，根本没有注意及爱惜我所住的房子。对于房子的大小，它的墙壁、角落、高度、色彩，以及地板等，我既不感兴趣，也不怎么喜欢。我唯一关心的是如何将我带入房子的物品摆开、垂挂、安置妥当。

一个十二岁的男孩装饰他的首个房间，其布置方式并不依赖于他的品位或对室内装潢的理解。实际上，布置房间的冲动远远超出了审美的范畴。因此，在我十二岁那年，当我骄傲地占有我的第一个房间时，我既没有想到要把这个大房间分隔一下，也没想到用色彩或其他家具将它布置得更漂亮、更好住，也没有注意到睡床的位置、衣橱的摆置等，我只注意到房间里的一些地方，对我而言，这些角落不仅是方便之处，同时也是神圣之所。

当时，我最重视的乃是我的立桌，它是我要了很久才得到的，而在这个桌子上，乃是它斜盖下的空间，我费了不少心血在这儿摆放一些秘密战利品——一些别人不需要也不愿买的东西，但这些东西对我却独具纪念价值，并兼有部分魔法属性。这些东西包括一具小动物的头颅、枯干的树叶、一个绿色厚玻璃碎片，还有其他杂七杂八的东西。这些别人所不知的东西，乃是我私人的秘密，对我来说，这些东西比我所有的其他一切东西更有价值。

仅次于这个秘密宝藏的是桌盖的上端，这个地方已不再是隐秘处，而是装饰、展示及自炫的地方。在这里，我不是要藏匿及保护些什么，我想展示及夸耀一些美丽而动人的事物，例如一束美艳的花朵、大理石的碎片、照片，以及其他图画等。我最大的希望乃是在这儿摆上一个塑像，不管是什么样子的，只要是立体的艺术品即可，什么样的形状皆无所谓。这种强烈的愿望驱使我曾经偷了一马克，用来购买一个价值八十芬尼的小型泥塑恺撒半身像，这是一种大量制造且价值不高的产品。

这种十二岁时的渴望，一直到我二十岁时仍然存在着。我在图宾根当书店学徒时，用赚来的钱买的第一个东西就是普拉克西特列斯所塑的"赫尔墨斯"的雪白石膏半身像仿造品。如果是在今天，我很可能不愿将它摆在任何房间里，但在那时，我对雕塑品的原始魅力的感受，就跟我是小男孩时对泥塑半身像的感觉一样强烈。由此看来，尽管赫尔墨斯塑像在形式上比恺撒的半身像要高贵一些，但在鉴赏力方面，我几乎没有进步可言。我得说，在我住在图宾根的四年里，我对我住的房子与房间根本漠不关心。我在赫雷里伯格街待了四年，这个房间是我父母在我到图宾根时安排的：一个不起眼的街道的丑陋房子里的一个陈旧而沉闷的房间。虽然我对许多形式的美皆十分敏锐，但是我对这个陋室却安之若素。事实上，它并不算真正的陋室，因为从早到晚我一直在书店里工作。当我回到家时，天色已黑，而我除了独处、自由自在地看书、做我的工作之外，已别无所求了。在那，我心目中的漂亮的房间只是有装饰的房间而已。因此，我在房间里弄了很多装饰品，钉上了不下一百张我所崇拜的人的画像，有些是大型照片，有些是从期刊里剪下来的小型照片。我至今仍然清楚地记得，我以高价买下了一张年轻时候的格哈特·豪普特曼的照片，以及两张尼采的画像：其中一张是留着长胡子、眼睛向上看的著名画像；另外一张则是在户外坐着轮椅的油画照片，画中尼采满面戚容、满脸憔悴、神情空洞。我经常站在这张画像前，仔细端详。此外，那儿还摆着赫尔墨斯的塑像，以及我能找到的最大的一幅肖邦画像的复制品。

1899年秋天，二十二岁的我离开图宾根前往巴塞尔，在那儿我第一次真切地感受到与版画艺术的严肃生命联系，在图宾根时期，我的全部精力几乎都集中在文学与知识方面的领域里，特别是歌德与尼采的作品，更令我如痴如醉。

　　而到了巴塞尔之后，我眼界大开，我开始注意到建筑与绘画，而后在这两方面也颇有心得。在巴塞尔教导我的那一小圈子的人深受布尔克哈特所影响。布尔克哈特前不久刚过世，而他在我后半生的地位，已取代了先前尼采在我心目中的地位。由于有着版画艺术的熏陶，住在巴塞尔的几年间，我首次试图以一种讲究品位与尊严的方式去生活。我在一处古色古香的巴塞尔式屋宅里租下了一间十分漂亮的房间，这个房间颇具旧式风格，有一个古老的大瓦炉。我的运气实在不好，那个房间虽然华贵，却并不温暖。老壁炉里烧了许多柴火，但房间依旧寒冷。而且，从清晨3点钟开始，从阿尔邦开来的牛奶车与市场车就在窗外的卵石路街道上轰鸣，使我无法入眠。最后，我不得不放弃，搬到一处现代化郊区里的一个漂亮的房子里。

　　此外，我再也不愿住进一个不期而遇的房间，我一再搬家，而且一定挑选我最中意的房子。在我1904年的第一次婚姻及1931年我迁进"博德默尔家宅"之间的二十多年间，我前前后后地换了四次不同的房子，且自己建了一幢。这些事情我至今还记得。

到了此时，我已不愿搬进丑陋的房子和普通的房子了。

我曾看过许多古代艺术，我到过意大利两次，此外，还有其他一些东西亦曾改变及充实了我的生活：在放弃了我过去的职业之后，我决定成婚并迁到乡间定居。我的第一个太太玛丽亚曾参与这项决定，以及我们居住地与房子的选择。她决定在乡下过一种简单而健康的生活，日常之需力求简单。但是，她却十分强调生活的美学，亦即，住在景色优美的堂皇住宅里——她要求的住宅既需美观又需特别。她理想中的房子是半农庄木屋，半宅邸式的，屋的四周有参天古木，屋顶有苔藓，而进门之后有喷水池。我也有同样的梦想与期望，这也是受了玛丽亚的影响。因此，我们所寻找的房子，预先已有了腹稿。刚开始时，我们在巴塞尔附近的漂亮村落里寻找。之后，在我初次造访了埃米斯霍芬的"埃米尔街"之后，博登湖亦列入我的考虑，最后，当我回到我双亲在卡尔夫的老家，撰写《在轮下》之时，我太太发现了温特湖的盖恩霍芬村落教堂对面一处安静的小广场上空着的农村屋宅。我同意了，于是我们乃以一年一百五十马克的租金租下了这所农村屋宅。这笔房租在当时并不算少，但我们觉得它很便宜。

1904 年 9 月，我们开始布置房子，我们苦等了好久，家具与睡床才自巴塞尔运到。接着我们的兴致便开始高涨，我们动手将二楼的大房子及一楼的两个房间涂上油漆。

实际上，我们租的只是半幢建筑物而已，另外一半是仓库及畜舍，农夫留着自己用。这个半木造的生活空间，楼下一层包括一个厨房及两个房间，较大的一个房间是用大瓦炉取暖的，它充作我们的起居室及餐厅。墙壁旁有一排粗木凳，室内既温暖又舒适。较小的一个房间供我太太使用，室内摆着她的钢琴与桌子。起居室有一个旧式的木板楼梯通到楼上，起居室一直通达二楼的一个大房间，房间角落里有两扇窗，由窗户望向教堂，可以看到一部分的湖泊与湖边景色，这便是我的书房，书房内有一个我建造的大书桌。这个大书桌至今我还在使用，这是那时候一直留到今天的唯一一件家具。同时，室内还有一个立桌，而墙壁旁则摆满了书籍。进门的时候，我们必须格外留心那高高的门槛，一不小心，脑袋就会撞上那低矮的门框，这已经发生过许多次了。当年，年轻时的茨威格第一次前来我的住处时，他急匆匆而又兴奋地跨进门来，在我未及警告他时，他头部已撞上了横木，他足足躺了一刻钟才苏醒过来。这层楼有两张床，楼上还有一个宽敞的阁楼。这幢房子没有花园，只有一个小草丛及两三棵果树，以及房子边缘的一小块土地。我沿着屋子的边缘地带栽种了一些红醋栗及花儿。

我在这所房子里住了三年，在此期间，我的第一个孩子出生了，同时我也写下了许多诗作与小说。在我的"图画书"及其他作品里，我记述过这段时间生活的许多形貌。

事实上，以后的房子所能给予我的东西，再没有像这所房子所给我的那么珍贵与独特了。就这点而言，它可以说是独一无二的！它是我婚姻的第一个避难所，我的职业的第一个工作室。在这里，我首次感觉到恒久感，出于这个原因，我偶尔也会有拘禁感，一种被界限与责任所包围的感觉。

正是在这里，我第一次沉浸在创作的美妙幻想中，并在我亲自挑选的地方找到了某种归属感，尽管这里的一切是由简陋而原始的工具打造而成。我在这些墙上一根一根地钉进钉子，不是我特意买来的钉子，而是从我们搬家的包装盒里取出来的钉子。我把麻絮与纸张塞进楼上的空隙里，并把它涂上红色。为了栽种花朵，我设法改善房屋边缘恶劣的土质，改善它的干燥度和遮荫条件。我是本着一般年轻人的活力以及为自己的行动负责的意识，并为我们全部生命而设想的信念去整顿这座房子的。我们试图在这所木屋里建造一种简单、诚实、不追求时髦的自然乡间生活。这种理想及我们所追求的理想源自罗斯金、莫里斯及托尔斯泰。它部分获得成功，部分却归于失败，然而我们两人都以同样的热情全心投入，每一件事我们都以忠诚和虔诚的态度去实践。

每当我回想起那座房子以及我们在盖恩霍芬度过的最初

几年，总有两个场面、两种经验浮现在我们的脑海里。第一个画面是一个温暖而阳光普照的夏日清晨，我二十八岁生日那天的早晨——

那天我起得很早，是被一阵不平常的声响所吵醒，或应该说是吓醒的，我跑到窗口一看，底下站着一支管乐器的乡村乐队，他们演奏着进行曲与赞美歌。该乐队是我的朋友卢德维格·芬克由邻近的村落里召集来的，号角与长笛声在清晨的阳光里飘荡。

这是与这种古宅有关的场面之一。另外一个场面亦跟我的朋友芬克有关。这次我也是从睡梦中被吵醒，但却是在半夜。当时站在我窗下的不是芬克，而是我的朋友比舍雷。比舍雷告诉我，芬克为了他年轻的妻子购置并精心装修的小屋不幸遭遇了火灾。我们默默地走过村落，眼见天空一片血红，这座古怪而有趣的小屋刚刚经过扩建、上漆与装饰，现在却烧得片瓦无存了，而现在他们还在度蜜月。明天他将带着他的新娘回到他们的新居。在我们去迎接这对新婚夫妇，并向他们传达这个不幸的消息时，废墟中仍然冒着烟。

当我们向我们的农庄屋舍说再见时，我们心里并不十分难过，因为现在我们已决定要兴建属于自己的房子了。做出这个决定之前，我们考虑了诸多因素。外在的环境对我们是有利的，由于我们一向过着单纯而节省的生活，因此每年都有余钱省下来。而且，长久以来，我们一直渴望拥有一个适当的花园，以及一个视野更宽阔、位置更高的地方。另外，我太太的健康状况一直不是很理想，并且我们已经有了孩子，因此像浴缸和热水器这样的舒适设施，已不再是三年前那样完全可以没有的奢侈品了。

我们又想到，如果我们的孩子要在这个乡间长大，那么，能在自己的土地上、自己的房子里、自己的树荫下成长，岂不是更好？我现在已经不记得，我们是如何为这个决定自圆其说的，我只记得我们认真地思考了这个问题。

或许这背后没有什么，只是中产阶级家庭观念的情怀，尽管这种情怀在我们两人中都未曾强烈过——但最终我们还是被我们初次成功时的丰盈岁月所腐蚀。又或许，是我们血液里确实潜藏着农人的理想。即使在那时，我仍然无法确定我们的农人理想，它可能源自托尔斯泰或戈特赫尔夫，并得到了当时德国一股相当活跃的从城市逃离、回归乡村生活的新生运动的支持，此一运动具有道德及艺术上的基础。这些优美但措辞不当的信心信条仍然活现在我们的心里，正如我在《乡愁》一书所表现的情况一样。同时，我也无法确知所谓"农人"一词，究系何指。直到今天，我所能确知的只是，我正好与农人相反，我是一个游牧者、一个猎人、一个不安定的孤狼。

当时我的想法可能跟今天没有太大不同，但是当时我下的定义不是"农人－游牧民族"，而是"农人－都市住民"，所谓的农人，我的理解并不是离开城市的那种偏远性，而是接近自然与根据直觉而非理智生活的那种安全感。至于我乡间生活的理想本身是否只是一种理智的命题，我根本不管。而我们天生似乎亦具有将生活哲学加以伪装的惊人技巧。我在盖恩霍芬生活的失败，并不在于我喜欢陶醉于农人生活的虚伪理念里，而在于我个人有意识地追求某种跟我的真正本性所要求的截然不同的东西。我无法断定，在这件事情上，我受我太太玛丽亚的理念与希望的引导到达何种程度。然而，我现在回想起来，在早先这些年里，她的影响的确远超过我所能承认的。

总而言之，我们是决定买土地自己盖房了。我们在巴塞尔有一个建筑师朋友，而我的岳父母则为建造费用提供了大部分的贷款，至于土地，在哪里都可以买到便宜的。我想每平方米约两三个"格罗申"就可买到。就这样，在我们住在博登湖的第四年，我们终于买下了一块土地，并开始盖一幢漂亮的房子。

我们在村外选择了一个适当的地点，在这儿望向温特湖的视野更为宽阔。我们可以看到瑞士的国土、赖谢瑙、康斯坦茨大教堂的尖顶，以及其他更遥远的山脉。这座新盖的房子比我们原先住的宽敞得多、舒服得多，有小孩的房间、仆人的房间，还有客房。屋内皆附有衣柜与洗手间。现在我们已不必像过去一样跑到屋外的水源去取水了，屋里备有自来水，地下室有酒窖、地窖、我太太冲照片的暗房。在我们搬进去之后，曾发生过一些令人失望与担忧的事情，污水池经常塞住，污水积满了厨房的水槽，几乎要溢出来，我跟水匠费了好大劲，用杆子与铅线将污物清除出来之后，水流才恢复畅通。

整体来说，这所房子整理得还不错，住起来很舒服，此外，屋里还有许多过去我从不敢奢想的小奢侈品。我的写作房有一个造在墙内的书架，一个可折合的大桌子。四周墙壁挂满了图画，我们现在已有几个艺术家朋友，这些图画有些是我们买的，有些是他们赠送的。自从比舍雷搬走之后，又有两位来自慕尼黑的画家——布吕梅尔与伦纳夏天在我们附近居住。我们很喜欢他们，且一直跟他们保持友谊。

后来，我又想到要在我的书房装设一个精心设计且豪华的取暖系统——一个绿瓦砌成的大壁炉，煤炭放在里面可以慢慢燃烧。为它我们费了很大劲。刚动手建造壁炉，我就将一车子的瓦退回工厂，因为它们并不像当初我想要的那般青绿美观。然而，这个壁炉也暴露了所有便利和技术进步背后的阴暗面。坦白地说，壁炉本身是不错的，但当天气变得恶劣，暴风雨来临时，它会产生无法排出的瓦斯，随后伴随着一声巨响爆炸——我至今仍然记得那声巨响——那一刻整个房间都被煤炭瓦斯、浓烟和煤灰所充斥。我必须尽快将煤炭弄出来，将它熄灭，然后匆匆赶两个钟头的路去拉多尔夫采尔叫陶工来。在随后的许多天里，这个书房无法生火，我也暂时无法在里面工作。

这种意外事件发生过三四次，有两次在发生意外后，我便立即离家。发生爆炸时，房里充满了浓烟，于是我便提起皮包，匆匆离家，先到拉多尔夫采尔叫陶工，然后从那儿搭火车到慕尼黑，我在那儿的一家杂志社担任助理编辑，这样至少可以找点事做。

对我来说，这所房子的花园甚至比房子本身还要重要。过去我从未拥有自己的花园，现在既然有了自己的花园，那我就按照自己乡居生活的原则，自己动手设计花园，自己栽种花木，照顾它们，这项工作我一直持续不断地干了许多年。我自己动手在花园内盖了一个木棚，以放置燃木与整理花园的工具。我跟一个农家小孩一起工作，他指导我怎么做。我用木桩造小路，栽种了胡桃树、菩提树、山毛榉，以及漂亮的果树等。果树在冬天皆被兔子及小鹿咬坏了，而在其他季节，它们盛开得十分美丽。在那时，我们不愁没有草莓、覆盆子、花椰菜、豌豆及莴苣吃。同时，我亦为大丽花设了一个栽植床，同时在进口路旁的两侧种了几百株向日葵，而其下则广植数千株红色与黄色的蔊菜。

至少有十年的时间，我亲自栽种了无数蔬菜与花朵，为栽植床施肥浇水，清除道上的杂草，砍伐所需的柴火。这类工作开始时干起来很有趣，但到了最后，它简直变成折磨人的事情。农人的活如果当成一种游戏的话，那自然很好玩，然而，一旦它变成了一份杂务和责任，那份乐趣便悄然无存。

我们的朋友鲍尔在他的著作里，曾指出这段盖恩霍芬的插曲的意义，虽然他对我的朋友芬克未免太不客气且有欠公平。事实上，我们之间的友谊比他写的更温暖、有更多纯真的乐趣。

我们的心灵如何深刻地重塑我们周围环境的形象，如何伪装或修正它，以及我们记忆的图像受我们内在生活的影响有多大，可以从我对盖恩霍芬的第二个家的回忆中得到证明。即使到了今天，我对这所房子的花园仍然记忆犹新，我仍然可以清晰地看见我书房内的每一处细节，甚至能够指出每一本书的摆放位置。但是我对其他房间的记忆，在离开那所房子的二十年之后，已变得模糊了。

因此，我们便在这个永久的居所中安静地安顿下来，我们的大门旁有一棵高耸的树，一棵强壮而古老的梨树，我特别在树旁制作了一个木凳。我忙着整理花园、种植花草树木，我的大儿子也拿起他的小铲子跟我一起劳作。但是，好景不长，我逐渐对盖恩霍芬感到厌倦了，那里对我来说已经渐渐失去了活力。

我经常短途旅行，外面的世界显然宽阔许多，在1911年，我甚至远走印度。今天的心理学家，满脑子都是卑贱，居然称此为"逃避"，当然，这种因素亦存在于其他人身上。但是，无可否认，它同时亦是希冀获得透视与整体观的一种企图。1911年夏天，我前往印度，而在年底才返国。

但是这些还是无法令我尽兴。这时我们内在与外在的不满交缠而来，男人与太太最容易引起纠纷的问题接二连三地到来了。我们的二儿子与三儿子出世，长子已到了入学的年龄，我的太太偶尔怀念起瑞士，怀念起城市、朋友、音乐，我们逐渐把我们的住宅看成市场上的地方，把我们在盖恩霍芬的生活视为一个插曲。1912年，当我们为这所房子找到买主时，这段日子便算了结了。

在盖恩霍芬住了八年之后，我们现在想搬去的地方是伯恩。当然，我们并不想住在城市里，这显然违背了我们的理想，但我们想要一个安静的乡村房子，在伯恩附近，最好能找到一幢像我一个画家朋友韦尔蒂居住多年的那种高雅的古老房屋。我曾在伯恩拜访过他几次，他的典雅而古拙的住宅很令人喜欢。我太太则是因为年轻时候的回忆而深爱着伯恩，它的生活方式，以及古老的伯恩住宅。对我来说，是有像韦尔蒂这样的朋友在那里影响了决定。

但是，当我们决定离开博登湖，迁往伯恩时，情况却有了很大的变化。在我们搬家前几个月，我们的朋友韦尔蒂跟他的太太相继过世，我前往伯恩参加葬礼。现在情况已演变为，如果我果真想搬到那儿的话，那么我最好是接替韦尔蒂的房子。我们内心不太愿意住他的房子，因为那儿有太多死亡味道了。我们在邻近一带寻找其他房子，但几乎找不到适合我们的。韦尔蒂的房子并不是他们自己的，而是伯恩的一个贵族家庭所有，因此我们是可以接下租约，并接管某些家具及韦尔蒂的狼狗的。

伯恩附近的梅尔亨布赫尔路上的房子，靠近维蒂根科芬城堡，从各个角度来看都是我们自巴塞尔时期以来越来越坚定地扎根在我们心中的旧梦的实现，是像我们这样的人的理想房子。它是一种伯恩式的乡间住宅，具有伯恩式的圆形屋顶，此种圆形屋顶由于比例不对称，使得房子的形状反而具有一种特殊的迷人之态，尤其对我们而言，它似乎结合了农舍与地主宅邸的混合形貌，半带原始风味，半带优雅的贵族气息。这所房子可远溯至 17 世纪，其后在帝国时代进行了增建与内部重修，房子四周广植古树，而整座房子完全为一棵高大的榆树所遮蔽，房子的每一个角落皆充满着异乎凡俗

273

的气息，有时它令人觉得十分适意，有时则令人觉得十分神秘。其旁有一片农地及一间农舍，它们皆租给一家佃农，我们常去这家农舍买牛奶及花园用的堆肥。

我们的花园坐落在房子的南侧，它经由石阶直通极为对称的两个阳台，距离屋子约两百步的地方乃是所谓的"小树林"。树林里栽植了几十棵古树，其中有一些是山毛榉，小树林坐落在俯视邻近四周的小丘上。

房子后面有一个漂亮的喷泉喷出汩汩水流，朝南的大走廊上长满了巨大的紫藤，从这儿我们可以看到邻居家及通往山脉的许多丘陵。我在我残缺不全的小说《梦幻之屋》里，曾精确地描写过这里的房子与花园，此一未完成的作品的书名是献给我的故友韦尔蒂的，他最出色的画作之一即以此为名。

房子里有许多有趣和珍贵的东西：古雅的瓦炉、家具、优雅的法国大摆钟、古色古香的长镜，以及一个大理石壁炉，每个秋天夜晚我都在这儿生火。

总而言之，我们无法想象出比这更合我们心意的东西了。但从一开始，我们就觉得阴气沉沉、闷闷不乐。因为，无论如何，我们新生活的开始是源自韦尔蒂夫妇之死，在我们的感觉中总像是一种不祥之兆。但也无可否认的，在开始时我们还是享受着房子的优势：无与伦比的视野、醉人的日落景色、美好的水果，还有我们可以找到朋友、聆听动人音乐的古城伯恩，一切的一切皆显得适意而柔和。直到多年之后，我太太才对我承认，从住进这所房子一开始，她虽然跟我一样地爱上了这个住处，但她内心里经常有一种压迫感与恐惧感。是的，她经常感觉到一种突然死亡或幽魂式的恐惧。

这种气氛慢慢形成了一种压力，逐渐改变了我的生活方式，甚至部分地损坏了它。我们搬到那儿不到两年，第一次世界大战就爆发了。这次大战不但摧毁了我的自由与独立，同时也使我感受到严重的道德危机。在这种情况下，我不得不开始为我的全部思想与工作寻求新的根基，此时，我的幼子患了严重的慢性病，同时我太太的疾病的征兆也开始显现，而我自己则因为战争的缘故，一直被公共责任压得喘不过气来，眼前的道德危机又越来越令人绝望。过去还能使我感到一些快慰的东西，现在几乎完全崩塌。战争后期，我苦待在那遥远的房子里，既没有灯火，也经常没有煤油。一到夜晚，我们就必须在黑暗中摸索。同时，我们的金钱已逐渐耗光了。最后，在经过了漫长的恶劣时日之后，我太太的疾病终于爆发了。她不得不长期住进疗养院，而偌大而乏人照顾的住宅，我个人根本无力料理。于是，我只得把孩子们送到外面寄宿，有好几个月的时间，我跟一位忠仆住在这个荒凉的房子里，如果不是我战争的职务在身的话，我早已远走高飞了。

1919 年，当我战争的职务结束时，我再度获得自由之身。我决意离开我住了将近七年之久的伯恩鬼屋。我离开伯恩并不困难。我已清楚地认识到，从现在开始，在道德上我只有一种生存的可能性：不计一切专注于我的文学工作，只为它而生活，不要把金钱上的困难或其他杂务看得过重。

　　我旅行到卢加诺，在索伦哥住了几个星期，寻觅新屋，然后在蒙塔诺拉找到了卡萨卡木齐古宅，并于 1919 年 5 月搬到那儿。我只把伯恩的书桌与书籍寄到那儿，其他的家具都是租来的。这是我至今所住的最后一所房子，一共住了十二年。前四年我整年都住在那里，在第四年以后，我只有在比较温暖的季节才住在那里。

　　现在，我即将要离开的这座华贵而古怪的住宅，对我具有非凡的意义；它是我住过或拥有过的最美丽，且最具独特风格的房子，确切地说，我并没有拥有整幢房子，我只是租下了一个四房的公寓而已。

　　我现在已不再是大官邸的主人了，我已不是拥有自己的房子与孩子及仆人的一家之主了，我不再养狗，也没有花园可以栽种，我现在只是一个一文不名的小文人，一个衣着破旧而来历不明的异乡人，每天靠牛奶、米饭与空心面为生，而在秋天，则从森林里带回栗子当晚餐。这种生活形态虽然只是一种实验，但是它居然获得了成功。虽然这些年的日子过得十分辛苦，但是生活却是美丽而充实的。它就像是从多年的噩梦中惊醒过来一样，我重新呼吸到自由、空气与阳光，我生活在孤寂之中，默默地写作。在第一个夏天，我相继写下了《克林与华格纳》以及《克林索尔的最后夏天》。在完成了这两部作品之后，我内在的压力终于松弛下来，因此在冬季，我开始动笔写《流浪者之歌》。由此可见，我并没有被摧毁，我振作起来，我仍旧能够集中精神，能够工作。在物质方面，这些年来，若不是我的几个朋友不断支援我的话，我可能根本无法活下去，继续我的写作生涯。如果不是我的温特图尔的朋友，以及来自暹罗的朋友的支援的话，我将无法创作这些作品。此外，我还必须特别感谢爱米亚特的友谊，因为他代我抚养我的儿子布鲁诺。

就这样，过去十二年来，我一直住在卡萨卡木齐古宅里；这幢古宅与其花园曾出现在我的《克林索尔的最后夏天》及其他作品里。我曾给这幢房子上了几十次漆，画了无数次画，并试探过它复杂而怪异的形式，特别是在前两个夏天，为了跟它话别，我特别在阳台、窗口，以及各个方向的平台上、屋角及花园的墙壁上，作了无数幅画。

我的意大利式宅邸，一个巴洛克式狩猎小屋的仿建宅地，是二十五年前一个提契诺建筑师的奇想之作，那儿住过许多不同的房客，但是没有像我住得这么久。我相信也没有人比我更喜爱它。古宅的大门敞开着，房子台阶一直向下延伸到花园。到了花园之后，又有许多平台、台阶、斜坡与障蔽物继续延伸到一个深长的狭谷，在那儿可看见南方盛产的各种树木，树与树之间有紫藤及各种藤蔓交缠着。

这所房子几乎掩藏在村子里。从底下的山谷望上去，它正俯视着平静的山脊树林。这座拥有螺旋状台阶与小屋塔的古宅，看起来就像艾兴多夫小说中的乡间城堡一样。

在这十二年间，这里的一切改变了不少。我的生活改变了，这所古宅跟花园也有所改变。在花园尽头的巍峨的老槐树，是我见过最大的一棵，它年复一年地盛得如此繁茂，到了秋冬季节，它那紫红色的豆荚看起来非常奇特，但最终在一个秋天的暴风雨中倒下了。克林索尔的夏莲接近我的小阳台，那幽灵般的、巨大的白色花朵几乎长进了我的房间，却在我外出时被砍掉了。

有一年春天，我久离家门自苏黎世归来之时，竟然发现我忠实的老正门不见了，那个地方好像被封起来似的，我满腹狐疑地站在它前面，居然找不到进门处，我甚至怀疑自己是不是身在梦境里：他们没有通知我，就对房子做了一些小整建。但是这些整建并没有改变我对这所房子的眷恋，毕竟比起先前的房客，这个房子更像是属于我的，因为在这里我并不是一个已婚的男人，也不是有了孩子的父亲，我单独住在这里，且怡然自得。在经过了一次几乎完全绝望的大风浪之后，我独个儿在此疗伤、止痛、静养生机，我奋力地度过这些令人气馁的艰辛岁月。在这儿的多年岁月里，我独享着最深切的孤寂，同时亦身受其苦，但是我却写下了许多诗作，作了不少画，我独自以吹泡沫自娱，自我年轻时以来，几乎找不到任何环境比它更令我眷恋。为了对这所房子表示感激之情，我经常为它上漆，为它高歌，我尝试许多方式去补偿它所给予我的，以及它对我的意义。

如果我仍旧是单身的话，如果我没有再次找到伴侣的话，我可能永远不会离开卡萨卡木齐古宅，虽然在许多方面，它对一个垂垂老矣而身体欠安的人来说有点不方便。

在这段神话般的时日里，我经常觉得很冷，我也忍受了其他一切的苦楚。因此近年来，我偶尔也想到，虽然我并不把它看得十分认真，或许，我可以再搬次家，买的也好、租的也好，甚至自建的也行，我将为我的迟暮之年，找个比较舒适而健康的避难所。但是这些只是我的希望与想法，别无其他。

不久之后，这个可爱的神话竟然实现了。1930年春天的一个夜晚，当我们坐在苏黎世的"大侠之家"聊天时，话题突然转到住家，我觅屋的偶发性念头突然被提起。我的朋友B君突然站起来，放声大笑。他大声说："你将可以如愿归宿。"

起初，我觉得它只是个笑话，是喝酒后的即兴之谈。但是，这个笑话却当真起来，当初我们梦寐以求的房子，现在居然矗立在那儿，巍峨而壮观，而且它将由我支配一生。现在，我得重新安顿下来，这所意外得来的房子将是我"终生"的栖身之地，希望这次我果真能找到终生的栖身之处。

要为这处居所写故事，我想只有留待他日，毕竟，我才刚进这个"窝"。

现在，搬家的其他事宜皆已就绪。我们要当面举杯庆贺，并感谢诸好友的汗马功劳。现在，且让我们举杯，一饮而尽，为我的诸好友及这所新房干杯。

# 第十章　巴登疗养札记

　　自从一位慈善的医生初次送我到巴登疗养，迄今，已有二十五年了。对于这一次巴登疗养之行，我是有备而去的，因此我能在那儿得到新的体验与观念，而我的一本小书《温泉疗养客》便是据此写成的。直到最近，即使在老年的凄凉之中，我亦认为这本小书是我较好的作品之一。而事实上，我本人亦时常带着一种纯粹的同情态度，回味这段往事。

　　或许，部分是由于我不习惯于温泉旅寓的闲散生活，部分是因为我结识了新的朋友，看了新书。在这段夏日的疗养时光里，我意外获得了一种沉思与自省的气氛，一种客观地观察我的环境与我自己的气氛，也就是介于《德米安》与《荒原狼》之间的中途气氛。当时，我正处于无心的怠惰与高强度的工作之间的摇摆阶段。

由于疗养院与旅馆、交谊厅的音乐会与懒散的散步所代表的逸乐生活实在微不足道且无关紧要，因此我思索与写作的欲望，很快地便集中在另外一种比较有分量，比较有生气的题材——我自己身上。我试着去探索艺术家与文人的心理学、写作的热情、严肃性与虚荣心，对这方面的探索，就如所有的艺术一样，我在试图寻求某种不可企及之物，而即使它获得成功，其结果亦必然无法符合或近似于一个作家所追求及企求的东西。它只能为他补偿一些什么而已，正如冬天里暖房窗户上的冰花一样，我们已无法从它身上看到两种敌对温度之间的交战，而只能看到灵魂与梦的森林的神奇景观。

确切地说，在过去二十年来，我仅重读过《温泉疗养客》一书，而这也是因为战后这本书重新发行的缘故。在这次重读的过程中，我得到了一切艺术家与作家所熟悉的所有经验，但这并不意味着我们对自己的作品有着更确定和稳定的判断，而是说，在我们的记忆中，它们可能会有惊人的改变，变得更渺小或是更美丽或是更没有价值。

新版《温泉疗养客》是与《纽伦堡之旅》合成一书出版的，这两个作品无论在题材或写作的时间上，都有紧密的联系，而在我重读这两部小书时，我心里头则认为《纽伦堡之旅》比《温泉疗养客》更好。由于这种判断已几乎成为定论，因此在我重读完毕而必须做出相反的结论时，我着实吃了一惊，在某种意义上甚至有些失望。我的结论是，这两部作品轮廓虽然相似，但《温泉疗养客》还算是比较动人且比较有价值的作品。由于这个新的结论，有一阵子，我甚至认真地考虑要把《纽伦堡之旅》从这部新的合集里剔除。这次审慎重读的结论让我发现，整体来说，我几十年前所写的《温泉疗养客》，不仅是一部比较诚实，同时也是一部赏心悦目的作品。这样的作品，我在今天几乎无法写出来。

自从这次发现以后，时间很快溜了过去。对老年人来说，它飞逝得近乎神奇，比起过去坚实而稳健的岁月，老年人的岁月具有纤维素劣质布料的那种易于破损的性质，现在距离我写下《巴登疗养札记》已足足有二十五个年头了。我必须承认，每次我重返巴登，这些札记皆会引起我的某些焦虑，因为在多次聚会中，与我同席的客人总是在读完那本书后要求我分享我过去的经验，而无意间被人搭讪，被迫忍受一些不必要的谈话，在这些年里，已着实令我感到反感与困扰。在最后这几年里，这种厌恶感正随着我对宁静与孤寂的饥渴，不断地增加，我极度厌恶当"别人的舌头"，这早已不是一种玩笑或一种荣誉，而是一种不幸。事实上，我愤然离开我曾感到"十分美好的隐居地"，其主要原因皆是出于我对这些不速之客的恐惧与反目。这些不速之客死缠在我住所的前门，他们全然不理会我对宁静的渴求或愤怒的表示，他们老是在我的房子外面鬼鬼祟祟地踱步，而且经常尾随我到我的葡萄园的最隐秘的角落。他们满脑子想探出这个乖张的人的底细，且不惜侵入他的花园与私生活。他们隔着窗子，睁大眼睛偷看坐在书桌旁的他，喋喋不休，将他仅存的对人类的尊重与他对自己生存意义的信心，摧毁无余。

事实上，我跟世界之间的这种紧张感早已形成，且不断累积，而自从德国正式展开侵略行动之后，它已几乎变成一种难以忍受的苦楚。

因此，在我决定再度前往巴登疗养时，这几乎是一种逃避。我曾到过那儿好几次，通常是在晚秋去的。温泉浴、旅馆生活里那种略带麻木的规律性，11月里白昼的短暂，以及半空建筑中舒适的暖意，都给我带来了愉悦。我不是像以往那样尽量放松自己，顺应日常安排生活，就是在失眠的夜晚，躺在床上写诗，寻找白天无法获得的清晰思维。不管怎样，这算是一种变化，在晚年，有时它也是一种令人兴奋的东西。我们决定去那里，我太太也同意一起去，尽管附近的苏黎世对她来说比温泉浴更有吸引力。

我们收拾了行李，连同书籍与写作材料，打道上路。我们再度住进一个相当舒服的老饭店。自从我第一次来此疗养之后，他们经常欢迎我再次光临，他们平静地看着我逐渐老去，乃至变成一个年老的绅士。

二十五年来，我在这幢建筑里有过许多经验。我曾回想过许多东西，也曾梦想及写过不少东西。在饭店的小桌子抽屉里，《精神与爱欲》《东方之旅》《玻璃球游戏》的手稿下，我放置过成百封信、日记纸，以及我住在这儿所写下的几十首诗。来自许多国家以及我生命中不同阶段的同事们和朋友们皆曾到这儿拜访过我，我曾在这儿度过许多酒逢知己千杯少的夜晚，以及许多面包与白开水的日子。

这幢建筑物，就如整个城市一样，几乎没有一个角落没留下我的回忆。那些通常声称没有祖国的人珍惜此种地方，这种充满了古老回忆，带着某种自嘲，但同时不乏亲切的地方。在三楼一间明亮、设有三扇窗户的房间里，我写过《夜里沉思》与《回忆》等诗文，前者完成于报道德国开始对犹太人进行大规模屠杀和焚烧犹太教堂的前一晚。而另外一首诗作《床诗歌》则是在我五十岁生日的几个月前，在这幢建筑的另外一侧写成的。我在大厅里接到我弟弟失踪的消息，而一天以后，又在同一个地方获悉他的死讯。

多年来，我一直占用着这幢建筑最古老部分的同一个房间，如果我回来时发现蓝红黄花纹的壁纸已更换，我会感到很难过。所幸，这些壁纸、书桌与台灯皆保持原样。我满怀感激地向这个小小的临时居所致敬。总而言之，这里的一切都显得安宁而舒适。在这家饭店，我常遇到的客人中有一位女士，她跟我一样，好多年来皆定期来到这里。过去，她曾多次缠着我喋喋不休地说话，但上一次，我破天荒地真心向她敞开了话匣子。我们总是有意避开她，如果我看到她独自一人无人交谈，我就会装作匆忙找人的样子，这样就不会被特意打扰了。

至于阅读材料，我们带来了陀思妥耶夫斯基的《白痴》，并已开始阅读。

这次重读，我们再次被书中那种缥缈而令人敬畏的气氛所吸引，尤其是一天晚上，我太太吃完饭后急匆匆地跑来告诉我"有个凶手在前门外徘徊"时，这种气氛变得更加强烈。

"我得去看看。"我说着，立刻跑了出去。

的确，有一个年轻人在走廊与玄关处徘徊，神情激动不安，全身颤抖着。这个年轻人显然是外国人，令我吃惊的倒不是他东方人或犹太人的模样——而是我觉得似曾相识且深感同情的模样。事实上，让我太太认为他是凶手的只是他的情绪状态——一种不安而激动的焦虑样子。但我第一眼就看出他不是凶手，我直觉地感到这个人一定正处于极度兴奋、极大的压力与痛苦之中。这个人也注视着我，但是他的目光与其说是在求助，不如说是在找人说话。

我慢慢靠近他，并仔细观察。一开始我对他深感同情，但后来却越来越害怕。看得出来，这个人有话要说，他内心的重负似乎让他难以承受。我在旁边的走廊里停下脚步，一股悲戚感涌上我的心头，因为我几乎可以确定，只要我一转回头，他定会向我倾诉，甚至会在我面前放声大哭，这令我感到害怕。我当时正处于一种绝望的状态，回避人际交往，对我所活过并为之奋斗的一切的价值与意义深感怀疑。在这种情况下，世界上恐怕没有什么比一个试图从我这里寻求我无法提供的东西——信心、同情的回应、对他的问题的倾听和理解——的人更能打击我，更令我惧怕，更将我推向绝望的深渊。我们的战略处境截然不同：我衰弱、疲惫，且居于守势；而他则年轻而强壮，且他背后存有一股热血澎湃的强大动力——他的兴奋、愤怒或神经质。我惧怕他是有充分的理由的。

我不应该老是在大厅与走廊里走动，我也不能让他看到我太太，她就在房里等我，万一他闯进房里，是会把她吓坏的。

我得赶快回到房里。这个疯狂凶手的心态——无论是讲话、抱怨，还是攻击的冲动——我是颇能了解的，因为多年来，许多人就是在这种狂热状态下跑来找我的，有时是因为他们察觉到我身上有一种特殊的理解力，有时则只是偶然遇到我。我听过许多抱怨、自白、激烈的辩论、长久压抑的痛苦与积怨的突然爆发，这些时常转变为对我有价值的经验，加强了我的信念，或提高了我的洞察力。但在我的生命处于一种艰难而贫瘠的时期时，新的人际接触却变成了我的负担，变成了一种危机。现在，一个强壮而难缠的人对我的冲击，当然更会激起我深切的憎恶，激起我的全面防卫与反抗。我大摇大摆地走回房间，这表明我没有任何友谊的意图。他第一次朝我走过来，当他在昏暗的灯光底下转头看我时，我看到了他激动、姣好的脸孔，一张年轻、开朗，但充满了决心与果断之色的面孔。

他说，他跟我一样，是旅馆里的一个客人。他刚读过我的《温泉疗养客》，内心激荡不已，他必须跟我谈谈这件事情。

我回绝了。我一点也不想就这方面进行交谈，我一直在回避聊天狂的侵扰，这些人使我厌烦。不出我所料，他并未就此打住，于是我只得答应，明天抽空与他交谈，谈话时间只能在一刻钟左右。他敬了一个礼走了。我回到我太太那里，她继续大声朗读《白痴》，当罗戈任的朋友们，伊波利特与柯里亚继续他们冗长的讨论时，他们中的大多数人在我看来都与我刚遇到的那个陌生人相似。

上了床以后，我突然觉得这个陌生人成功了，我后悔今晚不该听他讲话，因为此刻，明天的事情与责任已开始盘旋在我心头，弄得我难以入眠。这个人在看了我的书后，激荡不已是什么意思呢？他是这么说的。也许，他在书本上所看到的事情令他难以消化，引起他的反感，因此要求我解释，或想对我表示抗议吧。为了这件事情，我翻来覆去地想了好久。这个夜晚就这样被那个陌生人占据了。我不得不躺在床上，对他的种种进行猜测，我必须为他可能提出的问题准备腹稿。我躺在床上，从记忆中搜集《温泉疗养客》的大致内容。在这方面，这个陌生人显然占了上风，因为他刚刚读完这本书，因此对我二十五年前所写的内容了如指掌。当我对明天的谈话有了相当的准备之后，我才开始思考其他事情，最终才得以入睡。

第二天，我们两个人——这个陌生人和我——都在等待下午我们相遇的时刻。他来了，我们坐在昨晚那个吓人的人突然出现的同一个走廊上。我们面对面坐在一个古老而精致的游戏桌旁，有时我也会在这个桌子上下棋。虽然是白天，但这里并不比昨晚亮很多，然而现在我才第一次真正看清楚他的脸。我很高兴能清楚地看到他的脸，因为这让我更容易采取守势。不过，这张脸确实流露出一种同情之情，一张英俊而有教养的犹太面孔，这个来自东方的犹太人在虔诚的环境中长大，精通《圣经》，正准备成为一名神学家和犹太教拉比，却逐渐产生了种种疑虑，因为他遇到了真理，遇到了生命的气息。他经历了心灵的震动和启示，他第一次经历了

289

我曾多次经历过的经验，他正处于一种我从自己和他人身上理解到的一种精神状态——一种知觉、认知，以及知识和精神恩宠的状态。

在这种状况下，我们可以认知一切，生命本身看起来就像一种灵启，而早先阶段的见识、理论、教训与信条皆崩溃，像浪花一般被卷走了，律则与权威的条目被打破了。这是一种神妙的状态，很少人能经验到它，即使是精神的追寻者亦然。

而我有过这种经验。我曾被一种神奇的旋风所震动，我亦曾经目不斜视地正视真理。透过两个探索性的问题，我发现奇迹在这年轻人身上是以老子的形式出现的，因为对他而言，恩宠的名字乃是"道"，对他来说，如果有什么律则或道德的话，那便是：放眼寰宇，不存轻侮之心，任生命之流穿过汝心。对于任何达到这种境界的人，尤其是初次达到的人，这种心智状态具有一种绝对的目的论性质，与宗教上的皈依或转变紧密相连。所有的疑问似乎都找到了答案，一切的疑惑似乎都得到了永久性的解决。但是，归根结底，这种最终的目的，这种永恒的胜利，可能只是一种幻觉。这些疑惑、问题及战斗仍将继续，生命无疑会变得更充实，但仍然充满挑战。而在这一点上，老子的哲学似乎提供了一种合理的解释。

我独泊兮其未兆，如婴儿之未孩。

傫傫兮若无所归。

众人皆有余，而我独若遗。我愚人之心也哉！

沌沌兮！俗人昭昭，我独昏昏。

俗人察察，我独闷闷。澹兮其若海，飂兮若无止。

众人皆有以而我独顽且鄙。

我独异于人，

而贵食母。

现在，《温泉疗养客》已落入这个年轻人手上。他反复阅读，它已变成他思想道路上的一个障碍。他原本对一切事物的开放态度现在遭遇了边界，他对于世界的普遍和谐观念也遭遇了挑战。这本书充满了愚蠢和不恰当的内容，破坏了他原本的幸福感和对世界的和谐体验。在文字中，他听到了一个自我中心、挑剔且傲慢的声音在对他讲话，他无法激发出自身的优越感和自娱自乐的心态，将这种令人不快的声音融入更广阔的和谐之中，他无法用笑声来回应它。他被这本书绊倒，它不仅没有给他带来愉悦，反而使他感到痛苦和愤怒。

最令他愤怒的是，这位作者在艺术观点和新教徒式的喜好上表现出的傲慢。作者以通俗剧的形式批评大众的喜好，却又无法隐藏自己内心深处对这种通俗剧的喜爱和感官享受。更愚蠢、更令人不快的是这位作者谈论一元论的那种态度与语气，他引介这种概念，就好像把它当作某种可以随便囫囵吞的东西，像小学生学习乘法表一样。他，这位作者，似乎把它当成一种教条，一种权威性的真理，然而，对初学者而言，梵我合一（Tat Tvam Asi）至多只能是一种美丽的泡沫，一种欺骗性的色彩斑斓的思想游戏。

这大概是我们谈话的内容，而正如事先我们所约定的，这次谈话没有超过一刻钟。而且，整个谈话应该是由他负责的，因为我并不表示抗拒，同时也没有提醒他注意——如果我们坦然面对一切的话，那么我们便不应该对一本书感到生气，我们必须先弄清楚作者的真意是什么。同时在这一刻钟的谈话里，我并没有指出，我的书正如任何诗的创作一样，其所包含的不只是内涵而已。事实上，内涵跟作者的意向一样不重要。对我们艺术家来说，重要的是，作者的意向、意义与思想的无可测度的价值，是否可以超越内涵本身的可测度价值。

但是这些我并没有说出来，因为在我们的谈话中，我并没有想到这些问题。确切地说，他所说的只是内涵而已，并没有触及其他。在这一刻钟的谈话里，我随时准备放弃为该书辩解的权利，因为就这本书的思想来说，这位读者的批评是有理由的。无论如何，这本书使一个高贵而纯洁的人感到痛苦，总是叫我难过的。

我太太并没有参加这次谈话，这使这位年轻人能够更自由地表达自己的想法。一刻钟之后，她出现了，并跟我们坐在一起，有她在旁，原本几乎张不开嘴的我，终于能够说出一些快慰的话了。

终于到了能够说再见的时刻，我松了口气。虽然这样的谈话继续下去实在没有什么用，然而，我内心深处的确感到十分难受，因为除了我这副迟暮之年的面具之外，我实在没有什么东西提供给这位真诚的追寻者，也无法为他展示些什么。如果我能给他一些欢畅的东西，我一定乐意献出来，我想，一点点快活的气息至少能带给他些什么。

过了几天又几个晚上以后，我对这次晤谈所得到的沮丧感已经减轻，我想到这位老人的僵冷沉默与毫无抗拒的退缩，或许能给这位年轻人某些启示，如果他能在反省与冥想之中进一步领悟，那么他所得到的收获，必然跟我对他的请求所采取的其他任何态度一样。想到这些，我心中的负担才得以释放。

# 第十一章　给玛璐拉

　　亲爱的妹妹！昨天，他们把你安葬在柯恩特尔的古老墓园里。在这个罪恶滔天的时代，这个地方可能没有失去它的精神与芳香以及它的宁静与尊严，它仍保持昔日的神圣面貌。

　　我们父亲墓旁的冷杉树，我只在它还小的时候见过一次，之后再也没有见过，现在它已经长成了一棵高大、庄严的树。几天前，我们把它砍掉，连根挖出，以便为你的墓地腾出空间，我们是应该这么做的，因为这是你的地方，你应该留在父亲的身边，因为你做过很大的牺牲，服侍及安慰他孤单的晚年。

　　这些年的无私奉献在你身上留下了不可磨灭的印记，因此，你赢得了我们黑塞一家大小的特别尊敬，你毫不迟疑所做的牺牲，事实上，这是以放弃你其他方面的爱与其他方面的交往换取来的。甚至你晚年生活的贞洁，也显示出我们父亲的影响。如果说，在我们母亲死后，在柯恩特尔的岁月里，这位虔诚的老人散发出如此种平和而安详的气息，以及欢愉的严肃的尊严的话，如果说，对认识他的人而言，或甚至对只凭一眼而认识他的人而言，他就像早期基督教时代的主教那般令人难忘的话，那么你的出现、你的牺牲、你的先见之明与照顾、你的陪伴与合作，尤其是在他失明的那些年里，确实扮演了一个重要的角色。

"他是一个早期的基督教徒。"有一次，乌尔姆主教曾对我如此表示。而另外有一次，他写信告诉我，我们的父亲是他平生所见最值得尊敬的两个人之一。

现在，父亲过世已四十年了，乌尔姆主教入土也差不多有这么久了。大部分认识父亲的人都十分尊敬父亲。父亲的墓旁长满了苔藓，巍然的冷杉树的位置得让给你，你，我亲爱的妹妹，你现在已经回到父亲身边了。亲爱的妹妹与哥哥们，现在你们全都离开我了，因此在这段日子里，你们的记忆、父母的记忆，以及我们童年神仙故事的记忆，重新在我脑海里显现。在我生命的历程里，我一向十分尊敬这个记忆，我还为它做了一个小小的备忘录，而在我的许多小说与诗作里亦一直设法保存这个神仙故事的某些东西，这并不是为读者做的，而主要还是为你、为我、为我们五个兄弟姐妹做的。因为只有你了解无数个秘密符号、象征，在我们共同经验的每一种认识与再发现中，只有你能感受到同样的心痛的温馨。

如果说，此刻我站在你墓旁的思绪里，忆起了这些小说诗文，那我感到的不只是一种苦涩的喜悦而已，也是其他某种东西，一种痛切之感，一种对我自己及我的作品的不满。是的，是一种近似乎悔恨之心的东西。

在这些作品里，我几乎经常只提到一个姐妹，虽然我倒想要有两个。早先，我偶尔也会对这一点感到吃惊。确切地说，在许多情况里，将两个姐妹合成一个，只不过是由于我个人缺乏天分，无法写出有许多角色的故事而形成的一种单纯化手法，一种省事而方便的处理方式。我时常觉得，在欠缺戏剧化才能与戏剧化气质的情况之下，我最好采取这种表现方式。当然，在几十年劳而无获的奋斗中，我很容易为自己在这方面的无能找到借口。原谅自己及自我辩白的理由。

从前，有一个东方的大诗人在批阅了一个学童的诗作之后，曾针对诗中的一句"几棵梅树开花"，道出了一句名言："一棵梅树开花就够了。"因此，在我看来，在我的故事里，将两个姐妹化成一个，不仅说得过去，可以被原谅，或许甚至还有一种强化一体性的妙处呢。在自我反省之后，我觉得这种写意的化解问题方式，除了能为自己辩白之外，实在没有什么好处。在认识我们的朋友看来，我故事里的一个姐妹通常不是指玛璐拉，而是指阿德勒，而且，你的名字玛璐拉，我相信只在我作品里出现过一次，也就是在那篇关于乞丐的故事里，而阿德勒的名字则经常跟读者见面。

我特别提到这点，并不是要向你解释或祈求你的谅解。事实上，我们之间是用不着这样的。阿德勒跟我比较接近，这是自然而然的事。一个早熟的孩子自然而然地寻求并欣赏比她年长的朋友，尤其在童年时期，我和阿德勒之间两岁的年龄差距并没有成为我们友谊的障碍。一个男孩偶尔体验到温柔的母爱，偶尔扮演骑士的角色，这样的经历足以促进我们之间的情感交流。

虽然我的故事里只有一个姐妹，然而你俩并不仅仅是一种象征而已。不是说阿德勒在我心中更亲近、更有趣或更重要，实际上，即使在我很小的时候，我就意识到并感受到了你俩各自独特的强烈个性，以及这种个性差异所带来的魅力，随着时间的推移，这种魅力与日俱增。

我们这六个兄弟姐妹，毕生皆相待以诚。我们的性格和气质的差异，反而比我们的共同点带来更多的快乐和乐趣，带来更多相互关爱的机会。事实上，随着我们的成长，我们中的一些人可能因为习惯而失去了共同点，但我们之间的兄弟姐妹情谊从未因此而减弱。

或许，我们可以被比作一个六重奏，六个不同乐器的六种声音的合奏，我们只是没有钢琴与第一小提琴而已，或者说，这两种乐器我们也有，但它们并不始终掌握在同一双手中，我们每个人不时成为主演奏者：每个人当他出生时，在他忍受考验和磨难时，在订婚和结婚时，甚至在面临危险和威胁，或遭受悲伤时。

或许，我们当中的每一个孩子——这一点我倒不敢确定——偶尔都会羡慕特奥与阿德勒那种天生的热情、欢畅与吸引力，或者是卡尔的那种友善的随和，但我们每一个人却都有自己的才华与贡献的能力，即使是我们亲爱的小汉斯亦然。如果不是那位禽兽不如的老师的恶意打击以及他不幸因入世不深而选错职业的话，相信他的日子一定会更幸福。因为——这一点我也不敢确定——这只是一种可能，如果我们将一切的力量与适应力皆用来对抗生活的话，那我们不免会与汉斯遭遇同样的命运。因为我们都一样的敏感且具有强烈的好恶之心，所以我们将不免像汉斯一样易于受到自我怀疑、焦虑与极度的痛苦所带来的伤害。

比起阿德勒，这个喜欢热闹、渴望美丽的雪中人儿来，你显得比较冷静、比较挑剔，但是你并没有将欢乐拒之门外。你虽然没有阿德勒的热情与那种神奇的魅力，但你在拥有更多的先见之明、更正确的判断力，以及不轻易盲从或得意忘形之中得到了补偿，而在这方面，父亲的训练与典范得以显现。你的机智在许多情况下都得到了体现。对幻想世界与艺术，你的态度不具适应力且对它们有所保留。你喜欢美丽的事物，但你不喜别人用它来笼络你，你也不会突然受它所诱惑或为它冲昏了头。只能悦人耳目、虚有其表的东西，你通常以怀疑的眼光看待，认为它们必须拥有真正的价值才能被认可。

我记得你曾经对我说过关于你对诗歌的看法。我的记忆不一定正确，但它可能是这样的：有时你对一首真正的诗极为赞赏且十分喜爱，你并不认为，一个正确的理念用诗来表现就一定会比用散文来得好，而且你更不认为一个蹩脚、混乱而不完整的理念，在裹上诗的外衣之后，会变得更好或更完整。你去年生日时，我寄了一首诗给你，这是我最近几年贫瘠的岁月里，能够挤出来的唯一诗作，我并没有想要你的品评，我并没有想要以美丽的诗文来感动你，我只是想向你表示，我为你花费了一些心思而已。后来，我把这首诗寄出去了。我还记得你说了些什么，当我知道我的礼物受到亲切的接纳时，我觉得既惭愧又感动。

有一次——这件事我今天必须承认——我对你略感不快、略感失望，但是今天想起来，这件事情我完全错了。那是我生命中相当困苦而悲惨的时候，也就是在我尚未因完成

《荒原狼》而得以净化感情之前，我前往纽伦堡旅行时。那时你在慕尼黑，当我结束了纽伦堡的事务，在那些日子的重压下，得知慕尼黑有几位好友等着我一起喝酒，我心中的欣慰难以言表，尤其是知道你也会在那里，你这位来自美丽而神圣的生命清晨的人。那时，我被生命中必须穿越的狭窄海峡里的狂风巨浪带到了那里，因此我急切盼望与我最亲近的人见面交谈，一个我童年时代的密友，谈论一些美丽而遥远的事物，获得其他途径无法得到的理解，是的，也可以说寻求其他人无法给予我，也无法代表的某种保护和帮助。

在慕尼黑的家中相见时，我们的相聚并非没有快乐，但你似乎并没有打算扮演我的知己，那一次我们没有实现真正坦诚的交流。那时，我试图从你那里寻求的是一种无人能给予的慰藉，连阿德勒，甚至我们的父母也不能。当时我内心觉得很困惑，直到后来，过了很长一段时间，我才了解且由衷感激你保持了沉默和距离，拒绝跟随我进入我惶惑的荒原。

你在蒙塔诺拉的到访是最快意不过的事了。在那里，我们在平静与快慰之中过日子，夜晚你总是高声地对我朗诵一些东西，从英文书籍里翻译一些章节。在我的请求之下，你向我清楚而简明地报告你所读过的一些东西。除此之外，在父亲丧妻后，你作为他的助手和伴侣与他共度时光。而在那段日子结束时，传来了使我们更加紧密、亲密和深刻结合的消息——阿德勒去世了。我们成了留在世上的最后一对兄妹。

从那时起，我们再度彻底地联系在一起，尽管你承受着长期而沉重的痛苦，尽管此后我们只能匆匆见上一面。

在这最后一次的亲近时期，某些东西暂时消退了，某些困扰我们，亦使我们分离一些的东西。事实上，作为一个作家，我在公众生活中的地位，我的名声带来的重负，以及那些钦慕我才华的人，甚至是我虚假的赞美者，也经常成为你的负担。阿德勒对这一点看得比较淡薄，它甚至给她带来了一些欢乐，使她因有了一个出名的哥哥而沾了一点光，对她而言，这毋宁说是一件优美而热闹的事。但是，在你那高贵的冷静里，你对这种名声、这种公开场合、这些祝贺与仰慕者却持批判性的态度。你当然知道我对这些事情的看法，但你看到我的生活越来越多地被这种猖獗的怪物吞噬，你看到我被责任压得喘不过气来，看到我的私生活被剥夺。在这个时候，你全身心地投入我所有的私生活，你愉快地与我分享它。无论我是否出名，我始终是你的哥哥，而你作为妹妹也喜欢我。如果名声从你身上，从我最亲爱的小圈子里把我偷走，你自然会把它看作我们两个人的损失。然而，你平静地接受了这种痛苦的损失，你知道我无法逃避它，我不仅要写我的书，还必须接受我写作的欢乐与痛苦的后果。有一件很重要的事情，我从未跟你彻底讨论过，也未跟其他兄弟姐妹讨论过。那就是我们从小培养出来,后来却没有保持的信心。阿德勒、你、汉斯,你们三个人各以自己的方式,忠实于我们双亲的信心。我有理由相信,你自己的信心最接近于我们的父亲,它几乎完整地体现在你的基督教教义和 17 世纪的美丽赞美诗上。

我从未严肃地跟父母谈过我个人的批判观点和我对这种信仰的疑惑,以及我从希腊、犹太、印度、中国逐渐找到的一种信仰外的虔诚——我想我这方面的体验,可以作为跟你谈话的好题材。但是,这样的谈话却一直没有实现。这样的一个话题,我们始终不愿提出来,这可能是我们都同样尊重别人的信念,也同样不轻易改变信仰所使然吧。正因为如此,我们兄弟姐妹才能创造出一个超乎教条深渊的和平的坚忍状态,并且乐居其中。如果你的基督教信仰跟我的世俗信仰相互裸对的话,那么它们将水火不容。然而,指引着你的生命及我的生命的冥冥中的信心,却像一个内在的罗盘,它乃是你我共有的东西,可能我们觉得它是神圣的、不可触碰的。这是好事。

玛璐拉,我要向你告别了,我不相信你在最后痛苦的梦中所确信的重逢。但是,我并没有失去你,正如我不曾失去所有我最亲爱的死者一样。正如阿德勒或母亲偶尔也跟我在一起一样,毫无疑问,当我在日常生活中忘记了一些庄重神圣的事物，你一定会给我一些警示。如果我因为疏忽、匆忙或一时的任性，做了不正确的事，或者说了不真实的话，相信你一定会在旁边纠正我。

我相信，同时也希望，你将在你贞洁、秩序及不朽的真理的圈子里，向我投来深情的一瞥，我相信，即使是兄妹之爱，也可以是不朽的。

# 第十二章　恩加丁话旧

亲爱的朋友，一个人写作的时日越久，就越会发觉运用语言的能力越来越艰难，越来越含混。单单这个原因已使我觉得，我距离封笔的时间不远了。所以在我告诉你我在恩加丁的经历之前，我们必须真正达成一个共识，即我们所说的"经验"是什么意思。

在我有意识生活的相对较短的时期内，这个词像其他许多东西一样，业已丧失了许多价值与重要性，它就像狄尔泰作品里的金玉良言，一直下滑到新闻记者笔下如何去"经验"埃及、西西里、汉姆生或某某舞蹈家的"大贬值"（这类新闻记者未曾看过这些事情，更遑论忠实地进行记述）。但如果我要实现我的愿望，并通过文字和印刷油墨的迂回道路尝试与你沟通，我就不得不稍微盲目一些，并试图维持这样一个虚构，即我的老生常谈和写作方式对你仍然具有与我相同的有效性，我的这种经验对你们来说，就像对我一样，不仅仅是一种短暂的感官印象，或日常生活中数百次偶然事件中的一次偶然事件。

另外一件跟语言或我的职业无关的事情是，老年人经验事情的方式，而在这方面，我不应诉诸虚构之物或幻象，而必须忠于我所知道的：一般年轻人是不知道老年人面对其经验的方式的。本质上，他们并没有新的经验。事实上，很久以前他们就已经有了适当而注定的初次经验。他们的新经验越来越少，而且他们所经验的"善"，不过是他们先前碰到过的多次事情的重复，或许只是在已完成的画里加上几笔而已。他们只是在过去的事件上轻描淡写地添上几笔，他们所谓的新经验只是十件、百件外衣上再添一件而已。

然而，他们却象征着某些新的东西，虽然不是初次的，但却是真诚的，因为它们不仅包含了其他元素，还包含了面对自我和自我反省的能力。第一次看大海或听《费加罗的婚礼》的人，其印象往往不同于已经看过或听过十次、十五次的人，而且印象通常更为深刻。更明确地说，后者对海洋与音乐虽然较不热心，但却更有经验，换言之，他们更为耳聪目明，不仅能以不同的眼光去收讫"非新的"印象，且具有更多的辨识力，同时必然会从这些经验中回想起先前的印象：不仅会以新的方式去更新对海洋或《费加罗的婚礼》的经验，同时也会再度遇见早先的自我，年轻时候的耳目，无论是带着微笑或嘲讽，还是带着优越感、同情心、羞耻、喜悦、悔恨的心理。一般来说，年纪较大的人应该本着同情或惭愧之心，而非优越感，去感受他先前观察及经验的方式的，尤其是艺术家等创作者。当他发现生命全盛时期的光辉——它的生命活力、强度与创造力——在消逝时，他的感受很少是"啊，我那时是多么脆弱与愚蠢"，而是"啊，如果我现在有当年的一些力量，那该多好"。

除了人性与智性方面的经验外，另外一种对我极为重要的经验乃是景色的经验。除了我家乡的景色以及与我生命形成因素有关的景色——黑森林、巴塞尔、博登湖、伯恩、提契诺之外，我从旅行、漫游、绘画及其他研究中，亦吸收了一些具有个性的景色，我将它们认定为主要的路标，例如意大利托斯卡纳大区、地中海、德国某些地区，以及其他地方。

我看过不少景色，也十分喜爱它们，但是让我深深爱上且历久不变的只有几个地方，其中最美丽、我印象最深刻的乃是恩加丁。

我前后可能有十次到过这个山谷，有时只待几天，但通常会待上几个星期。我差不多在五十年前第一次见到它，那时我还是个年轻人，与我的太太及童年好友芬克在贝尔金之上的布雷达度假。在回程时，我们决定做一个更艰难的徒步之旅。在贝尔金，一个鞋匠在我的鞋底钉了新钉子，然后我们一行三人便背起行囊经由阿尔布拉，踏上漫长而美丽的山路，一路前行，然后再自彭特到圣莫里茨的一条更长的山谷路——这条乡间道路没有汽车通行，只有许多单匹马及双匹马的马车在沙尘滚滚的马路上行进。到圣莫里茨，我太太搭火车先行返家。而我们则继续往上爬，此时我的旅伴因高原反应而晚上睡不好，变得气闷不语。尽管沙尘滚滚，气候炎热，但是，最上层的山谷仍像天堂的预言一样呈现在我们面前。我一上去就感觉到，这些山脉与湖泊，这个山林与花草的世界所要向我倾诉的，似乎比我们初次晤面时我所能吸收与消化的还要多，我心里暗想，我还会再来。我能感觉到，这座山谷气势宏伟，形状不凡，庄严而和谐，它对我来说很重要，它有宝贵的东西要给我，或要向我要求。

在锡尔斯玛丽亚度过一夜之后，我们终于到达了恩加丁最后一个湖泊的河岸。我催促着因舟车劳顿而疲惫不堪的旅伴睁开眼睛，远眺通达马洛亚的湖泊。看呀，这幅景色是多么超逸与美丽啊。这没什么好看的，他不高兴地说，伸手指向前头的无尽深处："算了吧，那只不过是一般的戏剧效果罢了。"

见此胜景，我乃向他提议，他沿着乡间小路前往马洛亚，而我则循着湖泊另一端的小路前行。那晚我们在山舍的平台上相会，我们分别远远地各坐在一个小桌旁，默默不语地吃着晚饭。直到次日凌晨，我们才恢复邦交，开口说话。午后，我们踏着轻快的步伐，顺着贝耶尔小径而下。

我第二次前往恩加丁是在几年以后。那次我是乘赴锡尔斯与我柏林的出版商晤面之便前去的，我只在那儿停留两三天，并且住在同一家旅馆。第二次的到访只留给我少许印象。但我依稀还记得，我与霍利切尔夫妇共度了一个美好的夜晚。

在那次之后多年，我一直没有再去恩加丁。那几年，我一直住在伯尔尼，也就是令我伤痛不已的烽火之年。之后，在1917年之初，当我因战时劳累过度及对战争忧患而生病时，我的医师催促我到安静的地方去休养一段时间，此时我一个施瓦本的朋友正在圣莫里茨山上的一家疗养院休养，他邀请我到那里静养。是时正值冬季中期，也就是战争的第三个严冬，我从一个新的旁道结识了这个山谷——它的美景、它崎岖的地势、它令人身心舒畅的神奇治疗力。我睡眠变好，并恢复了胃口，我白天不是滑雪便是溜冰。经过了一段时间，我心情已开朗得愿意与人聊天并听音乐了，我甚至可以做一点工作了。我也到过考尔维利亚，那时还没有电缆车通达那里，我通常是只身到那儿的。1917年3月，我在圣莫里茨度过了一个令我难忘的早晨。我因公务抵达了那里，当我抵达邮政大楼前的广场时，一个头戴皮帽的人从邮局走出来，那时邮局前已经聚集了一群人。这个人在众人面前高声宣读了刚刚送达的紧急消息。

众人都向他围拢，我也朝他走去。我听得懂的一句话是："沙皇退位了（Le czar démissiona）！"这个人所宣布的是俄国二月革命的消息。从此，我经过圣莫里茨前后不下一百次之多，而每次几乎都要想到1917年3月（儒略历2月）一个早晨的事情，偶尔也回想起那时候的朋友，现在他们几乎全部离开人世了。我也忆起了在香塔瑞拉做短期疗养之后所感受到的灵魂的震撼与激荡，我似乎听到一种叫喊声、警告声与训诫声，呼唤我回到现在，回到世俗人间。就这样，我一来到这个地区，昔日的一景一物，我的脸孔及自我，就会回过头来看我。昔日的我，如同穿越时空的旅者，将那些久远的场景一一呈现：我碰见了一个三十不到的年轻人，他背着行囊，在8月的炎热天踏行了很长的路；我看见了一个十二岁的小孩，他在战乱的苦难中突然惊醒；我看到了一个伤痛欲绝的老年人在这里休养身心，以期恢复元气。就在这里，步入老年的我，曾跟托马斯·曼最小的女儿一块儿滑雪，有时候则由我的朋友恐怖的路易斯及他的猎犬陪伴。在夜里，这位沉默的笔耕者则埋头写作《精神与爱欲》。

是的，遗忘与记忆的神秘节奏，它们在我们灵魂深处的运作是多么神奇，既隐秘又令人愉悦，同时也带来烦恼。即便是对现代心理学略有了解的人，也难免会感到惊讶！如果我们可以遗忘的话，那该多好，那是多快乐的事啊！众所周知，记忆是可以储存的，因此它们是可以控制的。既然如此，为何没有人能在遗忘的混沌中找到方向呢？有时，经过多年，我们遗忘的某些片段，就像农夫挖掘出的宝藏或战时的弹片，突然重见天日。在这些时刻（在《精神与爱欲》中有一段关于这样一个重要时刻的描写），我们记忆中所有丰富、珍贵而辉煌的内容，在眼中就像尘土一样。

我们诗人和知识分子依赖记忆甚多，它是我们的资本，我们必须依靠它生活。但是，如果在我们遗忘及抛弃的深渊中，突然有这种东西侵入而使我们大吃一惊的话，那么我们重现的东西，不管我们是否喜欢，往往比我们先前所小心保存的记忆更具有分量与威力。

有时我觉得，我们漫游及征服世界的冲动，对新事物的饥渴，以及对旅行及异国情调的热爱，这些通常是大多数有想象力的人所喜欢的，尤其是在他们年轻时。而这类喜好也可以说是一种对忘记一切、抛弃一切压抑性事物的渴望，以及尽可能用新场景来掩盖熟悉景象的渴望。另一方面，老年人则倾向于固定的习性与重复的事物，倾向于寻求同样的地方、人与状况，因此他们往往奋力去保住他们记忆中的东西，永不满足地向自己保证记忆中的储藏，他们可能暗自希望这种储藏会增加，希望有一天他们遗忘的某种经验、场景或面孔会重新出现，从而丰富他们的记忆。

所有的老年人，不管他们自己知道与否，都在寻求显然无可复得的过去，然而，过去并非不可复得，它并非绝对一去不复返，因为它在某种情况下，譬如说透过诗，是可以寻回的，它可以从逝去的领域里重新寻回。

另外一种以新的面貌寻回过去的方法，乃是与几十年不见的故旧见面。我有一个朋友曾经住在恩加丁的一幢十分漂亮而舒适的房子里。他是一个魔术师，是克林索尔的朋友。那时，他跟他三个漂亮的孩子住在一起：两个男孩和最小的一个女孩。我一见到这个女孩就吃了一惊，因为她的眼睛比她的嘴巴还要大。我已有十几年没有见过这位魔术师本人了，他已不再上山来，但是几年前，我碰巧见到他的太太，而在她家里又见到她已成年的孩子：一个已当了音乐家；一个在大学就读；另外一个女孩则仍然保存着她大眼睛、小嘴巴的特征，她已变成一个楚楚动人的美女了，言谈之中，我发现她似乎很崇拜教她比较文学的一个巴黎教授。那天下午，我们的朋友菲舍尔在演奏巴赫、莫扎特与贝多芬的作品时，她也在座。在伯恩时，当时还年轻的音乐家为我演奏了他根据我的伊丽莎白诗歌创作的曲子，他一次又一次地出现，每次都在生活的不同阶段，我们亲密的友谊在每次相遇时都得到了延续和加强。

每次回到这儿，我所钟爱的过去都会跑来向我致意，这次也不例外。与过去相比，现在、今天的我都会带有复杂的情感，它让我们感到羞愧，让我们感到悲伤，也让我们感到欣慰。看着昔日我毫不费力便可爬上的斜坡，而在今天，我即便费很大的气力恐怕也难以登上，忆起昔时跟我在恩加丁共度许多美好时光的朋友，如今早已一一作古。但是，无论如何，在言谈之间或在独自沉思之时，能唤起往日的光阴与朋友，或是翻阅堆积如山的记忆相册（总是抱着微弱的希望，也许一张忘却的照片会再出现，它的光彩能够超越其他），总是一件快事！

随着体力的衰退，我散步的距离已逐年缩短，散步也越来越吃力，另一方面，在回味昔日的岁月时，这种回忆的乐趣则越来越大。我太太妮侬也出现在我记忆里。我们一起去滑雪的冬天，距今已经将近三十年，从那时起，我每次皆偕她同行，她与我、菲舍尔、瓦塞尔曼、托马斯·曼，一起去过魔术师的家，两年前，当我跟我莫尔布龙的同窗好友哈特曼——这位德国精神最欢畅、最高尚的代表——意外团聚时，她也在场。

今年夏天，我抄新路来到这里，因为在我们启程那天，贝耶尔的道路被落石挡住了，桥也被摧毁了，我们经由松德里奥、蒂拉诺、波斯基亚维诺河以及贝尔尼纳山隘口，抄着一条迂回的新路前行。这是一次漫长而趣味横生的旅行。每忆及此次旅行，上千景物涌上心头，混成一堆，然后又慢慢消失。在我记忆的深处，最鲜明的画面是上意大利地区那层层叠叠、如同波浪般的葡萄园。

那时，我内心渴望的是没有人烟、原始粗犷，最好带有浪漫气息的风景，但随着时间的流逝，我逐渐爱上了人与景色的交相辉映，通过农地与葡萄园，制造、控制，以及和平征服自然的景物。

在这个夏天里，我最重要的邂逅乃是人与音乐。多年来，在夏季里，大提琴手皮埃尔·富尼耶常在我们所住的旅馆做客。在许多人的心中，富尼耶一直是此中的佼佼者，而我个人则认为他是所有大提琴家之中最纯粹的一个，他在这方面的造诣，并不低于他的前辈卡萨尔斯，他的演奏技巧的严谨性、精确性，以及演出内容的高超品质，甚至优于卡萨尔斯。

多年来，我们对卡萨尔斯一家非常熟悉，我们经常在音乐会上听他演奏，但在旅馆里，我们并没有太多交流，偶尔见面时只是礼貌地点头，或者在看到对方被好奇的人包围时，投给对方一个同情的眼神。而这一次，在萨马登的拉萨斯音乐厅的演奏会之后，我们变得更熟悉了。他热情地表示，如果有机会，他乐意为我单独演奏。由于他马上要离开了，这个室内演奏必须在次日举行，不巧的是，那天我身体不舒服、筋疲力尽、脾气暴躁，心情也很沮丧，但是由于有约在先，我不得不在次日下午勉强前去这个音乐家的房间。由于心情不好，我生怕自己在这样荣幸的机会中失态。

进入房间后，大师请我坐下，然后他自己也坐下来，随即奏起他的大提琴。琴声一起，原先疲惫、失望的气氛，以及我对自己及世界的不满立即为之一变，我沉浸在巴赫纯净而严肃的气氛中，我觉得自己好像突然超越了那天对我已失去魔力的山谷，而跃入一个更高、更清晰、更透明的高山世界，它扩大了我的官能，向我呼唤，使其变得更敏锐。

我肃穆地坐在那里，足足听了一个半钟头的两首巴赫的演奏曲，中间只有短暂的休息及简短的交谈。这气势磅礴、严谨而朴实的音乐，对我犹如面包与美酒之于饥饿的人一样，具有滋养及清涤之作用，它助使我的灵魂重获勇气与生息。

过去，我也经常参加类似的音乐会，我也结识过许多音乐家，并跟他们建立了密切而亲热的关系。自从我退隐之后，便很少出门，而这些快乐的时光也随之减少了许多。除此之外，在音乐鉴赏方面，我个人一向持苛刻而保守的态度。我虽不是音乐厅里的鉴赏家，但我自信在室内音乐方面，我是有鉴赏力的。童年时，我学过小提琴及歌唱，而我的弟弟卡尔则擅长钢琴，卡尔与特奥都是歌唱能手。我年轻时就时常听业余音乐家所演奏的贝多芬的奏鸣曲或舒伯特的乐曲，这些业余者的演奏虽然不是第一流的，但多听也不是没有好处。举个例子来说，我年轻时听卡尔在邻房卖命地引吭高歌一首奏鸣曲，当他最后唱对了谱时，我往往可以分享到他胜利的快活与战果。后来，在我首次听到著名音乐家的演奏时，我便如醉如痴地沉醉在名家的魔力里，听到伟大的名家驾轻就熟地演奏着圆熟通透的音乐，确实令人叹为观止。但是，这种魅力没有持续多久，在经过了一段时间的陶冶之后，我可以觉察出演奏技巧的有限性，而将鉴赏的焦点由感官的魅力转向作品本身及作曲家的精神——而非姿仪万千的演奏者或独奏者的精神。

几年后，我对技巧专长的魔力变得很敏锐，我全身心地投入作品的那种强调力、热情或甜美感中，我不再喜爱机智或不切实际的演奏者与音乐家，我赞扬客观性。多年来，我已可以接受禁欲方面的夸张性。而我的朋友富尼耶则能彻底地满足此种态度与喜好。

偶然搭车重访过去几十年很少改变或根本没有改变的地

方，实是一件乐事。现在，我徒步已无法走远，但是搭车却可以满足我重访旧地的远望。多年来，我一直想要重访我年轻时第一次徒步旅游的地方：阿尔布拉隘口与布雷达。这次旧地重游是抄着昔时徒步旅行的相反方向前行的，圣莫里茨与彭特之间过去有许多有趣的马车行走的沙尘滚滚的小路，如今已完全认不出来了。但是出了彭特，也就是今日所称的"邦特"，我们便很快进入沉默的岩山世界。在这里，我逐一地认出昔时的形状与地点。在隘口上面，我在道旁的山丘绿地里望了良久，远眺狭长而多彩多姿的山脊及小阿尔布拉，我忆起了1905年夏季漫游的种种景物，光秃秃的石头山脊和卵石地仍一如往昔，保持其俯望之态，隔了一会儿，我们突然兴起了一种遁世弃俗的念头，能够远离人群与文明，在山林或海边独居，过着一种超越时间、不计岁月的日子，该是多么惬意呀！

游移于无时的原始世界与短暂的个体生命之间固然令人心旷神怡，但也是恼人的，因为这会使人意识到，人类所经验及能经验到的一切似乎都是如此短暂，如此微不足道。

在高处休息之后，我想回旅馆，我已回味了足够多的过去。但小布雷达和隧道口的几栋房子，让我想起新婚时在那里度过的几周假期。此时，那有如孔雀眼睛的深蓝色的小山湖，又浮现在我的记忆之海，我想再看看它。不久，我便到达了广布松树与落叶松之处，我甚至在隘口的这一边，辨出了时光与文明的一些小迹象。在另外一个歇脚处，山谷里的一片静寂突然被嘈杂的马达声所打破。我原以为是牵引机或掘土机，但结果只是一个除草机，它就在稻田之下，远远看去显得很小。现在，湖泊出现了——波布戈纳湖，它一平如镜，冷清而碧绿的湖面上，映照着森林与山边，另外，还隐现着三个粗犷的深色悬崖。

这个湖就跟它昔日一样美丽而迷人，唯一不同的是，湖泊较低的一端已筑起了坝，增加了一些设施，湖边则停靠了许多汽车。然而，当我踏足布雷达，我惊讶地发现自己对旧日的怀念和重游旧地的愿望已经荡然无存。我曾计划寻找我们曾经住过的小屋，询问屋主是否还在，但到了这里，我突然意识到，探寻那些早已离世的人的消息，似乎已无太大意义。我心中涌动的，可能是对年轻时和第一次婚姻的回忆，旅途的疲惫和夏日的炎热虽然让我感到不适，但真正让我心痛的，恐怕还是我生命历程中的不安之感与悔恨之情，以及我对那些无法挽回的过去的哀叹。

我匆匆穿过小布雷达，即使心中有回访的愿望，也未能停下脚步。在我对自己的不安之感与悔恨之情做了一番省察之后，我并没有发现我早年生命有任何特别的罪恶或缺失，即使有，也早已被遗忘。但我的确再度经验那种奇怪、沉闷而永远无法被压抑下来的莫名的罪恶感，这种罪恶感对我这一代及我这一类人打击很大，尤其是对于那些经历过1914年世界巨变的人来说，影响深远。那些曾被世界首次动荡所震撼、惊醒的人，可能永远无法完全摆脱那种共谋的罪恶感，虽然这种心理更适合于年轻人，因为岁月与经验教导我们，这个问题跟我们皆具有原罪一样，我们不必因此而感到良心不安，我们尽可将它留给神学家与哲学家去烦恼。但是，鉴于我一生中所经历的世界从宁静美好变为充满恐怖，我有时仍会感到良心不安。

这个夏天，我似乎注定要跟过去不期而遇。我这次随身带来的读物并不多，只接到一些转来的信。有一天，我意外收到了一件不经由蒙塔诺拉转寄，而是由我的出版商直接寄达的邮包。这个邮包里面是一本新版的《精神与爱欲》。这本书自我完成以来，便未曾再读。我曾两次将这本小说的手稿由蒙塔诺拉带到苏黎世，再由苏黎世带到香塔瑞拉，我还记得，我曾为了书中的两三章不眠不休，但这一切已逐渐被我淡忘，正如大部分的作者在他们逝去的岁月过程所经历的一样，我从不觉得有任何必要去回想这些旧事。现在，我无意中去翻开它时，它似乎是在向我挑战，并发现我乐于接受挑战。于是，《精神与爱欲》便成为我这两星期来的礼物。这本书算是我比较成功的作品之一，它经常被提及，但是在他们嘴里，它并没有得到称赞与敬佩。恰恰相反，仅次于《荒原狼》，这本书引起了最多的非议与责难，它是在德国最后一个战士与英雄时代结束之前不久问世的。这本书不但没有战士精神、英雄色彩，甚至显得十分懦弱。有些人告诉我，这本书助长了不可自利的生命欲望，它是肉欲而无耻的，德国与瑞士的学生主张禁掉它、烧毁它，而一些英雄的母亲，想起了元首及那伟大的时代，甚至用极其无礼的措辞表示她们的不齿。

但是二十年来，我一直没有重读该书并非基于这些原因，事实上，这主要是由于我生活与工作的方式的某些转变无意中造成的。过去，我接到新版的校稿时，我总是设法重阅，并借此机会改写，特别是缩短它们。但随着我眼睛的问题越来越严重，我便尽量避免这种工作。有很长一段时间，这个工作由我的太太代劳。但是我本人对《精神与爱欲》的爱意从未减少。这本书是在我生命力最旺盛的时候写成的，它曾忍受过无数的苛责与打击，但是它却一直挺身为我说话，正如《荒原狼》。然而，它在我心目中的形象却如其他的回忆一样，早已流逝。我已不太认得它了，现在我已封笔了，因此我可以自由自在地花上一两个星期恢复这个形象，并设法修正它。

这是一次友善而有益的重聚，因为这本书里没有任何东西引起我的懊丧与悔恨。这并不是因为我完全同意它所说的一切，这本书是有缺点的，就像隔了很长一段时间我重读自己的其他作品一样，总觉得有点浪费笔墨，有点拖沓，同样的事情时常用不同的话重复。我也时常羞愧地意识到自己缺乏天赋和能力；这次阅读是一次自我审视，再次清楚地向我展示了我的局限性。

我惊奇地发现，我大部分篇幅较长的小说，并不如我写作时所相信的，能够像文学大师般呈现出新问题与新人物的图像，而只是重复了我自己喜欢的少数问题和类型的变体，尽管是在生活的新阶段和经验中。我的"歌尔德蒙"不仅在"克林索尔"的胚胎里，还在"克努尔普"的身上，正如"卡斯塔利亚"与"克内希特"系脱胎于"玛利亚布龙"与"纳尔齐斯"一样。

这种认识并没有使我感到痛苦，也没有减损我的自尊，事实上，它乃意味着某种积极肯定的东西。它为我指出，尽管我存有许多野心并花费过不少心力，但我仍然忠于我的本性，且从未放弃过自我实现的道路，即使在危机与困顿的时候亦然。

我写作的韵律——它的节拍，它扬起与下落的节奏——对我并不陌生，同时它亦没有破坏我的过去或我生命中逝去的阶段，虽然它所放射的光彩并不是今日的我所能重现的。

这种散文仍然适合我，而我也并没有遗忘它的主要结构、次要结构，或是措辞的任何东西，更没有忘记它戏谑式的笔触，我脑海里对自己过去所运用的语言的记忆，甚至比我对作品内容的记忆更清楚、更忠实！

至于其他的，真令人难以置信，我竟然忘了这么多！不错，无论翻开哪一页或是指着哪一个句子，我都立即可以认出那是我的笔下之作，但几乎无论在哪一页或是哪一章，我却无法说出下一页或是下一章是什么。在我的记忆中，那些特别动人、特别成功的地方，我在重阅时却觉得平淡无奇，甚至有点失望。至于在我撰写时觉得有点蹩脚，不能使我完全满意之处，现在已难以找到，即使找到了，现在读起来也没觉得有什么不妥。在这次仔细而缓慢的重读之中，我也想起了与撰写这本书有关的一些事情。在此，我不妨把其中一件事情说出来，因为事情发生时，你们当中或许有人在场。

在我年近三十岁时，我应邀前往斯图加特朗诵我的作品，并顺道去我儿时住过的故居，并在我现在已不在人世的朋友家中做客。那时，《精神与爱欲》的草稿已近完结，而我事先也没想到，居然带了那个手稿，在大庭广众之下，我朗诵了有关黑死病的一章。听众敬畏有加地聆听着。那时，我特别珍惜这种描写，我笔下的黑死病，似乎在听众之间造成了强烈的印象，某种冷寂的气氛充斥着整个大厅，或许它只是一种不快的沉静吧。在听讲结束之后，我跟一个"小圈子"的读友在一家气氛别致的酒店共进晚餐时，我却意外地发现歌尔德蒙在黑死病区漫游的那一章，强烈地刺激了听众的生命直觉。我自己仍然完全沉浸在这一章中。第一次，虽不无犹豫，但我公开展示了我的新写作方式的例子；我仍然参与其中，并且不情愿地接受了这个友好的晚餐聚会的邀请。现在，无论对错，我有一种感觉，那些我周围的人在听了我的故事后松了一口气，并且加倍地投入生活中。

在这次的晚餐聚会里，大众狂野而嘈杂地争着座位，争着叫服务生，争着要菜单与酒牌，到处都能看到笑脸，听到欢叫声与喜气洋洋的祝福声，我旁边的两个朋友为了叫火腿蛋或什么的，不得不提高嗓门大叫，以压制周围的一片吵闹声。我觉得自己就像进入了歌尔德蒙酒酣耳热的境地，歌尔德蒙在热切求生的群众之中，为了麻痹对死亡的恐惧，往往尽情豪饮，忘形于狂欢尽兴之中。但我毕竟不是歌尔德蒙，由于跟这种纵乐之欢格格不入，甚至对此厌弃有加，我反而有一种失落感。我是无法忍受它的，因此我偷偷溜走了，溜得不见人影，以免被人发现又被拖回去。这是不光彩的举动，我自己也知道，但它却是我无法克服的一种直觉反应。

之后，我又公开朗读了一两次，因为我已经答应了，但那是结束。

现在，在我写这些札记之时，这个恩加丁的夏日也即将溜走，到我整理行装，准备离去的时候了。写这些东西给我增添的麻烦并不值得。随着年华的逝去，我已有力不从心之感了。我带着些微失望，动身返家。体力的衰颓固然令我失望，但更令我失望的是，我已无法写出比这封公开信更好的东西了——毕竟，我亏欠你们这件东西已好久了。虽然如此，但是前方至少还有一些美丽的东西在等我，非常美好，我的回家之旅过马洛亚和基亚文纳，从高山凉爽中进入夏雾蒙蒙的南方，到梅拉和海湾和一些小城镇，到科莫湖的花园墙，橄榄树和夹竹桃。我将怀着感激之情再次呼吸这种芬芳。珍重吧！再见，朋友们！

# 我的小传

黑塞，1925 年

 

 

 

 

    战后最初几年，我曾经两度用童话、半幽默的形式写了概观自己一生的文章，因为那时朋友们认为我有点难以了解。其一是《魔术师的童年》（*Kindheit des Zauberers*），这篇文章很合我意，但仍是片段的。另一篇是以让·保尔（Jean Paul）为榜样，以预测未来的方式尝试写的《猜想传记》（*konjektural biographie*），1925 年刊载于柏林《新评论》（*Neue Rudschau*）杂志上，本文即为该文略作修改之作。

    多年以来，我设法把这两篇作品连接起来，但是最后还是找不出可以把这两篇基调和情绪完全不同的作品结合起来的方法。

在近代即将结束的时候，中世纪复活开始前不久，射手星座当令，朱庇特星温煦照耀下，我诞生了。这是 7 月煦和的日子，离黄昏还有一段距离。当时的温度是我一生都喜爱不已、不断追求的温度，温度一降低，那就极其烦恼。在寒冷的国度，简直无法活下去，以前我喜欢旅游的地方都在南方。

我的父母信仰笃诚，我也深爱父母。如果不是被过早地教导摩西《十诫》中的第四诫的话，我大概会更深爱他们。劝诫的言辞不管出于怎样的诚正善意，遗憾得很，只能给我索然无味的印象。我这个人就像天生的羔羊，像肥皂泡那样柔顺。但是一碰到劝诫的话，不管什么类型，我总以反抗的态度处之，少年时期尤其如此。只要听到"你要这样做"的话，我的心立刻就变得桀骜不驯。这种特性给我的学生时代带来极不利的影响，读者大概也想象得到。

在世界史这门趣味盎然的课程中，老师告诉我们，世界经常自造法则，并受破除传统戒律的人支配、指导、改变。又说，这类人才值得尊敬。但这说辞跟其他的课程一样，全是假话。因为如果我们当中有人不管是善意还是恶意，一旦拿出勇气，反抗某些戒律或无聊的习惯和时尚时，不但不会受到尊敬，或被推奖为全校的模范，反要遭受处罚，受尽嘲弄，被老师们战战兢兢的优越性压制下去。

幸好，早在开始学校生活之前，我已拥有活在世上最重要、最有价值的东西。我有敏锐、细腻、精微的感知能力。由于这种感知力，我才能获取许多乐趣。后来，由于抵不住形而上学的诱惑，我的感知力曾经一度受到压制和忽视。但是，在润物无声中养成的感知世界的能力，经常包围着我，尤其是视觉和听觉，在我的知性世界中发挥着重要作用，虽然后者看起来很抽象。

因而，如前所述，早在学生生活开始以前，我便穿上了一副铠甲。故乡的城镇、鸡舍、森林、果园、职工的工作场，我都非常熟悉，树、鸟、蝴蝶也都认识，我会唱歌，也能吹口哨。此外，活在世上所需要的各种事情，我都懂得。学校的学问也应该加进去。对我来说，这很简单，也很有趣，在拉丁文里，我更能发现真正的乐趣。大概就是在那时候，我开始写德文诗和拉丁文诗。

学校生活的第二年，我学会说谎的技巧，悟得交际的秘诀，这应归功于一个教师和一个助教。在这以前，由于孩子的诚实和易于相信人，我接二连三遭遇了悲惨的命运。这两个教育家很快就让我了解到，教师并不是要学生诚实和爱真理。我被迫将一种不规矩的行为嫁祸他人，这本是一件微不足道的事，但我却因这件小事受到过分的审查。于是两个教师责骂我、打我，最后我还被迫写坦白书。这样做，不仅没有让我悔过，反而令我怀疑教师阶级的品格。

然而可贵的是，我也慢慢地认识了几位真正可敬的像教师样的教师，但伤痕仍然无法痊愈。不仅学校的老师和我的关系，就是一切权威跟我的关系也被扭曲，格格不入。不过，大致说来，学生生活最初的七八年间，我是善良的学生，至少名列前茅。一个人要完成自己的人格，一定会同周遭发生冲撞，当这场不可避免的战斗开始时，我也渐渐和学校产生了冲突。但真正懂得这种战斗的意义，要到二十年以后。当时只知战斗，我已被无望包围，引发了可怕的不幸。

事情是这样的，十三岁那年，我清楚地知道，我要做个诗人，我不想从事其他任何职业。但是，慢慢地又加入了其他痛苦的想法。谁都可以当教师，做牧师、医生、工人、商人和邮递员，也可以成为音乐家、画家和建筑师。通向社会上各种职业的道路都已筑好，从事这些职业的条件也都具备。有学校，也有指导初学者的教授。可是，唯独诗人没有这条门径！以诗人存在，以诗人扬名，才应是可被允许的，甚至才算是光荣的。遗憾得很，他们往往是抱憾而死的居多。

做诗人已不可能，想当诗人，正如我很快就发觉的，几乎是一件可笑的事，也是一个丢人现眼的话柄。所以，我只好开始学习该学的事。简单说，诗人是一种存在，但不是可以通过学习而成为的。

不只如此，甚至爱好文学和自己特有的文学才华，也被老师怀疑，被人妨害和轻视，有时还遭遇到令我羞怯欲死的命运。诗人的命运跟英雄的命运一样，也和一切刚健美丽、意气非凡的人物和努力一样。换句话说，在过去，他们都非常卓越，所有学校的教科书都在赞美他们，但是在现在和现实中，他们都是被憎恶的。教师被训练出来，大概只是为了阻碍杰出自由的人成长及伟大光辉业绩的达成罢了。

因而我知道，我和我的遥远目标之间只有地狱。一切对我都不确实，一切都已丧失其价值。只有一个事实，是千真万确的，我想作诗，不论难易，不论荣辱，总之，我想做个诗人。这种决心——毋宁说这一宿命——的外在结果就是这样的。

我十三岁的时候就开始和学校发生冲突。那时候，我的品行不管是在家里还是在学校，都有很多可訾议之处，因而被流放到别镇的拉丁文学校。一年后，就读于神学校，学习希伯来文字母的写法。正当我要弄明白 "dagesh forte implicitum" 的意思，就在那时候，突然内心兴起一阵激烈的暴风雨，我逃出了神学校。结果遭受到监禁的重罚，于是，我向神学校道别了。

过后不久，我尽力想在一所高级中学继续我的学业。在此，结局也是监禁与退学。此后有三天，我在商人那里当见习生，旋即逃离，藏了几天几夜，让父母极为担心。其后半年，我做父亲的助手。又在机器工场和座钟制造厂见习一年半。

总之，有四年半以上的时间，我做什么都非常不顺利。学校待不下去，当学徒也不能持续长久。各种想让自己成为有用之人的尝试都归于失败，而且以污名、可耻、逃亡和放逐结束。不管到哪里，人家都承认我有好天分，甚至认为我有一些真诚的意志。加上，我一直都是一个特别肯读书的人，虽然我一直对怠惰的美德表示敬意，但是，在怠惰这一点上，我从未掌握它。

十六岁那一年，上学不很顺利，我自觉地开始自习，而且全力以赴。家里有祖父的庞大藏书，真使我高兴愉悦，觉得幸福无比。客厅排满了旧书，十八世纪的德国文学与哲学莫不齐备。十六岁到二十岁这几年，我不仅写了许多早期的试作，也读了大半的世界文学，对艺术史、语言学和哲学也耐心地啃读。这大概足以弥补正规的研究了。

之后，我当了书店店员，足以赚取面包维生。总之，我跟书本的关系比跟木螺丝和铁轮衔接的关系更深、更密。起初，我涵泳于新发行的和现代的文学书中，啊，不，可以说是完全沉迷于其中。这种乐趣几乎如醉如痴。当然过不久，我发觉，像现在这样生活在最新的书中，精神上是难以忍受而无意义的；只有跟过去的作品、历史的事、古老的作品和原始世界不断发生关系，才是使精神生活可能维持下去的方法。

于是，刚开始时的那股乐趣逐渐消失，深觉应由新刊书的泛滥中回归到古籍。因而，我由新书店转向旧书店，将计划付诸实施。但是，只有在必须维系生命的时候，才忠于职业。

二十六岁时，由于最初的文学成就，我放弃了这项职业。

接着，我又遭遇了许多风浪和波折，忍受了种种的牺牲，终于达到了目标。虽然一般人认为简直不可能，但最后我还是成了诗人，看来好像也战胜了与社会长时期的艰苦战斗。在学时期与成长时期，我屡次濒临毁身的绝境。这种苦涩的回想现在已经被忘得一干二净，甚至能含着微笑来重加陈述。以前对我深表绝望的家人和朋友，现在都以笑靥相向。我胜利了。现在无论做了什么蠢事或无聊的事情，世人都认为了不起，我自己也觉得非常舒服。我现在才发觉自己已在多么可怕的孤独、禁欲和危机中过了好几年。被世人激赏的温煦微风使我愉快，我开始成了一个心满意足的人。

我的外在生活有一段相当长的时间在平稳愉悦中度过。我有妻子、孩子、家屋和庭园。我写了几本书，被认为是可爱的作家，与世人和睦相处。1905年，为了反对威廉二世的独裁，我帮助别人创办了一份杂志。不过，到最后，我仍然没有认真思考过这一政治目标，而且一直都在瑞士、德国、奥地利、意大利、印度旅游，看似万事顺畅无比。

1914年的夏天终于来临了。突然间，内外的世界似乎都完全不同了。我知道，我们往昔的幸福是建立在不安定的基础上的。因而，苦难——伟大的考验开始了，所谓伟大的时代开幕了。迎接这伟大时代的我，很难说比别人准备得更周详，态度更安详明朗。那时候，我跟别人唯一不同的是，我缺乏大多数人所拥有的伟大慰藉——振奋。于是，我又回归到自我，并与周围的世界冲突。我应该再度进入学校，必须再度遗忘自我的满足，忘记安于社会现实。由于这一体验，我才跨过第一道门槛，走进生活中。

我不曾忘记过大战第一年的小小体验。为了能够主动、有意义地顺应这变化的世界，我去访问大野战医院。当时，我认为我一定适应得了。在这伤患医院中，我认识了一个独身的老妇人。她以前过着好日子，靠财产的利息生活，现在则在这野战医院中当护士。她以动人的振奋之情告诉我，能遭逢这伟大的时代多么值得骄傲与喜悦。我当然了解她的心情。因为对她来说，要使惰性、完全自私的老处女生活变成精力充沛、较有价值的生活，就需要战争。

但是，走廊上满是包着绷带、身体因中弹而扭曲的士兵，客厅内充满手足残缺的人与濒死的人，听她谈起自己的幸福，我真有窒息之感。纵使很了解这妇人的振奋，我仍然无法随她振奋，也无法肯定她的说辞。每当有十个伤患交给这位兴奋的护士时，她的幸福顿然间似乎就提高很多。

是的，我无法随着这大时代而兴奋。所以从一开始，我就在战争中尝到悲凉的痛苦。对于从外部、从晴朗天空吹来的不幸，我曾绝望地抵抗了好几年。我四周的人群全都疯狂地陶醉在这不幸之中。当我看到诗人们在战争中找到喜悦的新闻报道，读到教授们的呼吁和名诗人来自书房的战争诗时，更倍感悲怆。

1915年的某一天，我公然地将这种悲怆的告白公之于世，在这告白中，我感叹精神生活者竟然除了强调憎恶、扩大谎言、赞美大不幸之外，毫无所能。我以相当慎重的态度表白这些不满，但在祖国的报纸上，我却被宣称为叛逆——这对我来说是新的体验。我跟报纸的接触虽然很频繁，但未尝一次受到这么多人的唾弃。这非难指斥的记载被我家乡的二十家报纸转载。我本以为在报社中有许多友人，却没想到他们当中只有两个人敢挺身出来替我辩护。

老朋友告诉我，过去他们心中都养着毒蛇，此后，这颗心只为恺撒（皇帝）和帝国而鼓动，不会为我这种堕落的人鼓动。从陌生人那儿也寄来许多侮辱我的信。出版业者告诉我，他们不愿与应被睡弃的作者来往。许多信的封套上都附有一个饰物，那是以前不曾见过的。这饰物原来是写着"神呀！请惩罚英国！"的小圆邮戳。

人们也许会认为，我又从心中嘲笑这种见解。但我并没有笑。这种看来不是十分重要的体验，结果却在我的一生中带来了第二次大变化。

在此，你大概会想到，我的第一次变化是在立誓要做个诗人的瞬间发生的。以前的模范生黑塞变成了不良学生，他受处罚，被退学，到哪里都品行不端，不仅自苦，也使双亲时时担心，因为他在周边世界（或者似平凡的世界）与自己心声之间找不到和解的可能性。同一现象又在战争中重新出现了。我发觉我又跟以前和睦相处的社会冲突了。

于是，做什么都不顺利，只好再度回到孤独悲惨的处境中。我的所思所为都遭受他人怀有敌意的误解。我看见，在现实与我寄望的美好理性世界之间横亘着绝望的地狱。

但是，这一次，我不能不内省。我知道，我必须把自己痛苦的责任求之于自我，而非求之于外界，因为我深深体悟到：指责世界疯狂与野蛮的权利，不在人，也不在神，更不在我。因而，如果我跟变移的社会发生冲突，那必定是由于自己有种种混乱。的确，我自己有混乱。在自己的内部攫住这种混乱，并试加整理，着实不是一件愉快的事。当时还有更明显的事，那就是我为了要跟世人和睦相处，不仅要付出极高的代价，而且还须跟世界的外在和平一样模棱两可。

由于青年时代漫长的艰苦奋斗，我不只在社会上赢得地位，也自以为现在已是诗人。可是，成功与幸福只给我平凡的影响，我满足、懒散。仔细观之，诗人跟通俗作家实在没有什么区别。我太顺利了。逆境经常是好的修业，对此，我必须讲求对策。于是，我慢慢学得将世上的纠纷委之于世事的推移，整体的混乱与罪恶已经和自己发生关联了。这一点可由我的著作看出，在此不用多说，必须读者自己去看。

现在，我仍然暗中怀着希望。我的民族中好像已经有很多人（虽非全部）慢慢觉醒，有强烈的责任，而且正跟我一样在进行检讨。大家心中都怀着疑问：对于不善的战争、不好的敌人、不良的革命，自己为什么也跟别人一起犯了罪，要如何方能脱罪呢？大家都不会再叹息或咒骂了吧。因为如果我们承认自己的苦恼与自己的罪，而不再委罪于人，我们总有一天会脱罪，会恢复洁白之身。

新的变化开始在我的著作和生活中出现，可是，大多数朋友都摇首，不敢苟同，舍我而去的人为数很多。这跟我失去家屋、家人以及其他财产和生活的方法一样，是我生活上的一种变貌。这段时日我每天都向过去告别，每天都觉得再也无法忍受，但我们仍然活下去，也不知为什么，我始终爱着这种只会带来痛苦、幻灭与损失的异样生活。

在此，我想附笔一句：战争中，我有幸运星或守护神之类的东西。我怀着苦恼，深觉孤独，而在那变化开始之前，时时认为自己的命运很不幸，也很可恨。可是，在这期间，苦恼和包围着苦恼的状态，反而成了我应付外界的守护者和铠甲，助我良多。因为我是在可厌的环境中度过战争的，那时，政客、间谍、股票商全麇集于我所在的瑞士首府伯尔尼。这儿正是德国、中立国与敌国的外交集中地，因而一夜之间即人满为患，而且尽是外交官、政治密使、间谍、记者、囤积者与走私商人。

我生活于外交官和军人之间，还跟包含敌人在内的许多国家的人们来往。我四周的气氛已形成一个网，网中有间谍、双重间谍、侦探、阴谋和政治上的变动，但我在整个战争期间却完全没有注意到这一些。我被怀疑是间谍，我受到间谍的监视，我被敌国、中立国及自己国家的人怀疑。但这一切，我都丝毫未警觉。很久以后，我才略有所闻。在这氛围中，我为什么能够不受害，超然地活下去，自己也觉得奇怪。但这一切都已经过去了。

随着战争的结束，我的变化也完成了，试炼的痛苦也臻于极致。这痛苦跟战争与世界命运没有丝毫关系。对住在外国的我们来说，德国的败北早在两年前已确实预料到，所以一点也不觉惊奇。我已经完全闭锁在自我和自我的命运中，但我常常觉得这样才能和整体的命运发生关联。我也在自我中发现了世上的所有战争和杀机、一切轻薄、享乐和懦弱。我首先丧失了自尊心，接着又丧失了自我轻蔑之意。在混乱中，我有时满怀重睹自然与纯真的希望，有时却又丧失此一希望，最后只好一心一意凝视着这混乱。觉醒的人，真正自觉的人，都可能会有一次，甚至多次走过那通往荒野的狭道——将此事告诉他人，终究是徒劳！

朋友离弃我的时候，我常常觉得很悲哀，但没有不快，毋宁说我觉得这才是对自己所走之路的确认。这些老朋友对我说，你以前是个敏感的人，是个诗人，但你现在所提出的问题却如此无趣。是的，的确如此。当时，我已经顺利地超越了嗜好或性格之类的问题，已经没有一个人能懂得我的话。这些老朋友指责我，说我所写的东西已失去美和和谐。是的，他们说得没错。但是这一类说辞只会使我发笑，接受死刑宣告的人、被夹在断壁中拼死命往外逃的人，美和和谐究竟有什么意义？

如果违反自己一生的信念，我也许就不是诗人了。难道美的生活只是一种迷惑吗？为什么不是？连这点也不重要了。我闭目投身于地狱，这也是无聊而微不足道的。也许，我错估了自己的天职与才分。但这又有什么关系？以前，我洋溢着童稚般的喜悦，自以为这才是我的使命，但现在已经不存在了。从很早以前，我就无法在抒情诗、哲学这类专门性著述中观察到自己的使命，啊，不，毋宁说是救赎之道，我只能在自己内心的活动中看到那真正强而有力的一丝活力。同时，我也毫不保留地向我心中所感受的东西宣誓效忠，于是我发现救赎之道。这就是生命，就是神。

后来，跟生命有关的极度紧张时代过去，这一切似已发生奇妙变化，因为当时的内容与名称现在已经没有意义，前天的神圣事物，现在听来已近乎滑稽。

战争结束的那一年，1919 年的春天，我隐居于瑞士的乡野，成为一个孤独的隐士。我一生中（这是父母与祖父母的遗传）不仅热爱印度和中国的智慧，也常引用东方富于象征的语词来表现自己的新体验，因而人们常称我"佛教徒"，当时我只一笑置之。因为在根本上，佛教比其他任何信仰都远离我。后来，我才慢慢发觉佛教也隐藏有一些正确的东西——真理。

如果能够依个人自由选择宗教的话，我一定会因内心的憧憬而加入保守性的宗教，亦即加入儒教、婆罗门教或罗马教会。但这不是来自天生的亲近感，而是来自与亲近感相对的憧憬。因为我刚巧生在虔诚的新教家庭中，同时从心情和气质来说，我也是一个抗议者（Protestant）。我对现在的基督新教深表反感，但新教与抗议者并不矛盾。真正的抗议者，从本质而言，肯定发展多于存在，因而，不只对其他一切教派，就是对自己的教会也常加以反抗，在这意义上，佛陀大概也是抗议者。

自从那次变化发生后，我已经失去作为诗人的依据，对自己文学作品的价值也缺乏自信。写作已经无法给我真正的喜悦。可是，人须有喜悦。无论在多痛苦的情况下，我都一直在寻求喜悦。我可以不要正义、理性、生活与社会意义，我知道，纵使社会上没有这类抽象的东西，还是可以活得好好的——但是一谈到喜悦，即使一丝喜悦，我也不会放弃。我希望能获得这微小的喜悦。这希望是我还能相信的内心小火焰。我认为用这火焰可以重建一个世界。

我常在一瓶葡萄酒中寻求自己的喜悦、梦幻与遗忘。的确，这对我甚有裨益。以此观之，葡萄酒实在值得称颂，但葡萄酒带来的喜悦还不充分。有一天，我又找到了全新的喜悦。已经四十岁了，却突然画起画来，但我不认为自己是画家，也不想成为画家。只觉得画画很美，可以使人快乐，也可以磨炼人的耐性。画画之后的手指不会像写字那样变得黑漆漆，却可染成不同的色彩。

对于我画画，大多数朋友都非常生气，就这一点来说，我不大幸福，当我有所需要，当我希求幸福与美的时候，大家总是苦脸相对。他们喜欢别人永远保持原状，永远不要改变脸上的表情。可是，我的脸却加以拒绝，不时要求改变表情。对我自己的脸来说这是必要的。

世人对我的另一项非难，我也认为非常正确。他们说我缺乏现实感。我写的诗和作的画都跟现实不相符。写作时，我常常忘记有教养的读者对书籍所提出的要求。其实，我的确也缺乏尊重现实的想法。我认为现实是最不值得介意的。因为现实老是存在，令人厌烦。相反的，较美的东西、更需要的事物经常吸引我们的注意力，使我们惦记关怀。不管在何种情况下，现实总无法使人满足，无法使人尊敬、崇拜，因为现实是偶然，是生活的屑末。这贫瘠，经常使人失望，毫无趣味的现实，除非我能够否定它，能够表示我们比它强，它总是维持常态，不肯改变。

人们都说，我的诗作中缺乏一般对现实的尊重。我作画时，树有脸，家屋会笑、会跳舞、会哭泣。树大抵很难分得清，是梨树还是栗树。这种非难我必须甘心接受。老实说，我经常认为我自己的生活跟童话简直一模一样，也常常看到或感觉到，外界与我的内界存在于被称为魔术的关联与和谐中。

我还做过两三次蠢事。譬如说，有一次我对著名诗人席勒说了无聊的话，以致南德保龄球俱乐部的全体会员宣称，我是一个伤害祖国神圣人物的畜生。从几年前开始，我已经能够绝对不再做出伤害神圣人物、激怒他人的事。我想，这是一项进步。

所谓现实对我并未扮演很重要的角色，过去经常跟现在一样满溢我心。现在似乎无限地遥远，所以我跟大多数人一样，无法把未来和过去完全区分开来。我大多生活在未来中，因而无须以今日来结束我的传记，还可以慢慢地延续到将来。

现在，我只想简短地预测一下我的人生曲线是如何完成的。1930年以前的若干年中，我还会写几本书，后来就永远放弃这个职业了。我到底可不可以算是一个诗人？这问题已由热心的年轻学生加以探究，写成两篇学位论文，但是仍未解决。因为经过近代文学的绵密考察，知道造就诗人的流动因素在近代已经非常稀薄，因而诗人与文学家已经很难区别。

但是就客观处境而言，这两位博士研究生导出了对立的结论。依据较能引起共鸣的学生意见，这种愚昧稀薄的诗已经完全不是诗，纯文学没有生存的价值，所以现在被称为文学的东西只好让它静静地死去。另一个学生则无条件地尊重诗，不管它多稀薄，所以他认为慎重地承认几百个非诗人的作家，也不比对可能是真正诗神的诗人采取不当的态度好哪去。

我专心一意地涵泳于绘画和中国魔术中，其后的若干年则渐渐与音乐发生关系。写一部歌剧，是我晚年的野心。在这部歌剧中，现实的人类生活并未被认真地对待，甚至会被加以嘲弄。但是，其永恒的价值，会以神性的象征、飘扬的衣裳大放光彩。

从魔术的观点解释人生，比较令我觉得亲切。我曾经一度不是"现代人"，经常认为霍夫曼的《金罐》或《海因里希·冯·奥夫特丁根》是比所有世界史和博物志更重要的教科书。——不管从哪方面来说，读世界史和博物志，都可以发现其中含有令人着迷的寓言。

但是，我生命的另一个时期已经开始了。在这个时期，业已完成和过度分化的人格再完成、分化，已失去意义；同时，在这个时期也出现了一个课题，那就是让尊贵的自我再度沉没于世界中，并面对无常，将自我编入超越时间的永恒秩序里。要表现这种想法或一生的使命，必须运用童话的方法。我认为歌剧是童话的最崇高形式，我不相信在我们滥用、僵灭的语言中有真正的语言魔力。但是音乐在今天仍然可以说是枝上会长出乐园苹果的生命树。

我想在自作的歌剧中表现我的文学作品无论如何都无法表达清楚的事物，也就是说，我想赋予人类生活一种高尚动人的意义。我歌颂自然的清净和无穷的丰盈，追随自然的步伐，借自然难以避免的痛苦，以臻至相反的精神层面。这样，横跨在自然与精神两极的生命跃动，就可以像高挂空中的彩虹那样，明朗艳丽地表现出来。

但是，很可惜，我的歌剧并没有完成，就跟文学的情形一样。于是，我只好放弃文学，因为我认为重要的事情，在《金罐》与《海因里希·冯·奥夫特丁根》中已说得比我的纯粹好几千倍。我的歌剧也跟这种情形一样。我费了好几年工夫，累积了音乐的基础研究，写完若干草案，并且顺便再度尽可能地仔细探索自己作品的本来意义与内容。到这时我才知道，我在歌剧中所追求的东西，莫扎特的《魔笛》已巧妙地表现了。

于是，我放弃了这项工作，越发倾心于实际的魔术。我作为艺术家的梦是一个幻影，我无力写出《金罐》和《魔笛》，但魔术师是天生的。从很久以前，我就开始走上《老子》与《易经》的东方之路，而且走得很远，所以我很能了解现实的偶然性和可变性。现在，我已利用魔术任情地操纵这现实。老实说，对此，我颇能自得其乐。坦白说，我不能独自待在被称为白魔术的优雅庭园中，有时也会被内心中的小火焰引进黑魔术的邪道里。

过七十岁的那一年，有两个大学刚刚授予我名誉博士，我却用魔术诱惑了一个少女，而被拉进法庭，在牢房中，我要求给我画笔。法院答应了。于是，朋友们给我带来绘具和颜料，我在牢房墙上描绘小风景，于是我再度回归到艺术。作为艺术家，我曾搁浅了好几次，不致受到妨害，所以我能够再度饮尽甜美之杯，像戏耍的孩子，筑起眼前小小的可爱的游戏世界，使自己心满意足，进而再度扬弃一切智慧与抽象，追求创造的原始乐趣。

因此，我又画画、调颜料、润书笔，调成红色明亮愉悦的色调，黄色丰盈纯粹的色调，蓝色深沉动人的色调，并且像音乐般把这些调制成淡灰色，再度享受到无限的绘画妙趣。幸好，我能够孩子般地进行创作游戏，在牢房墙壁上画一幅风景。这风景除了我一生中所喜爱的山川、海、云与收割的农夫之外，还包括其他许多使我愉悦的美。画的正中间有条小铁路，向山上延伸，就像啃啮苹果的虫子，把头埋进隧道中。火车头已经进入小隧道，从那黑圆的洞中吐出棉絮般的黑烟。

我的游戏完全把我迷住了。由于回到艺术，我不仅忘记自己是囚犯、被告，忘记在牢房之外无法终我一生的事情，有时也忘记自己在施展魔术；而且当我用细细的画笔绘出小树和小朵白云的时候，我觉得自己是魔术师。

可是，现实目前已经无法跟我修好，它倾全力讥讽我的梦，并且不断地加以破坏。每天，我都被拉出去，受到监视，被带到极不舒服的场所。这儿，那些不高兴的人坐在堆积如山的文件中问我。但他们不相信我的回话，恶毒地责骂我，或者像三岁孩童般对待我，或者把我当作狡黠的罪犯。要了解这骇人，像地狱一样的官衙、纸张、文件的世界，实在不需要成为被告。在人们制造的所有的奇妙地狱中，我认为，这世界是最像地狱的地狱。

如果你因搬家，或结婚，需要申请护照或公民证书，你就会站在这地狱的正中间，并在这纸张世界的不通风房子里度过苦涩的时间，受无聊、慌张而无趣的人盘问、斥责。不管你说出多坦率真实的话，也不会被对方相信，而且会受到学童或犯人般的待遇。这是谁都知道的。如果我的颜料不能够不断地使我愉悦，获得慰藉，再者，如果我的画，我的美丽小风景不能给我空气，使我复苏，那我就会在这纸的地狱中窒息、枯萎。

有一次，当我站在这幅画的前面时，狱卒拿着无聊的传票跑来，把我从这快乐的工作拉开。于是，对这一切行为与这丧失精神、野蛮的整个现实，我直觉倦怠欲呕。我想，现在该是结束苦恼的时候了。如果不准我无碍地玩着这种天真无邪的艺术家游戏，我只有使用多年来热衷从事的较正经的技艺了。没有魔术，此世是无法忍受的。

我想起了中国的处世训，也在瞬息间脱离了现实的迷惘。于是，我礼貌地对狱卒说，请你们等一下，我要搭画中的火车去找东西。他们认为我疯了，脸上浮现着与平时一般无二的笑容。

于是我变小了，进入画中，坐上小火车，并且随着小火车爬进那暗黑的小隧道。过不多久，人们便看见棉絮般的黑烟从圆洞中溢出。过一会，烟散了，消失了。整个画和我也消失了。

狱卒们茫然若失，呆在那儿。

## 黑塞年谱

- 1877 年 7 月 2 日：黑塞出生于德国南部施瓦本地方的小镇卡尔夫。

- 1881 年，4 岁：一家移往瑞士的巴塞尔。双亲从事指导海外传教士工作。

- 1882 年，5 岁：黑塞已经会做即兴诗。

- 1886 年，9 岁：一家搬回卡尔夫小镇。

- 1890 年，13 岁：为准备进入神学院，就学于图宾根拉丁语学校，立志要做诗人。

- 1891 年，14 岁：9 月，考入莫尔布龙神学院。

- 1892 年，15 岁：3 月，突然离校，放弃学业。5 月，为医治神经衰弱，被送至神学者之家寄居，意图自杀，未遂。11 月，进入坎斯塔特（Cannstatt）的高级中学。

· 1893 年，16 岁：10 月，由高中退学。10 月底，到书店见习，三天后便逃跑，回到卡尔夫为父亲的牧师工作帮忙。

· 1894 年，17 岁：在卡尔夫做机械师学徒，被讥为"神学家工人"。

· 1895 年，18 岁：10 月，在图宾根的赫肯豪书店见习。暂时安定下来，开始写诗和散文。

· 1899 年,22 岁:自费出版第一本诗集《浪漫之歌》(*Romantische Lieder*)，发表散文集《午夜后的一小时》(*Eine Stunde hinter Mitternacht*)。这年秋天，转往巴塞尔莱席书店任职。

· 1901 年，24 岁：第一次到意大利旅行。在莱席书店的帮助下，《赫尔曼·洛雪尔》(*Hermann Lauscher*) 一书刊行。

· 1902 年，25 岁：出版《诗集》(*Gedichte*)，献给母亲，但在《诗集》付印前，母亲已去世。

· 1904 年,27 岁:《乡愁: 彼得·卡门青》(*Peter Camenzind*) 由柏林菲舍尔书店出版，深获好评，奠定了新晋作家的地位。与玛丽亚·佩诺利结婚，移居博登湖畔的小村盖恩霍芬，沉湎于大自然中，专心创作。刊行小传《薄伽丘》(*Boccaccio*)、《圣法兰西斯》(*Franz von Assisi*)。

· 1905 年，28 岁：长子布鲁诺诞生。

· 1906 年，29 岁:《在轮下: 心灵的归宿》(*Unterm Rad*) 出版，大获成功。此外，还写了小品文多篇。

- 1909 年，32 岁：次子海纳出生。访问作家维廉·拉贝（Wilhelm Raabe）。

- 1910 年，33 岁：出版描写音乐家的小说《生命之歌：盖特露德》（*Gertrud*），和瑞士的音乐家缔结深交。

- 1911 年，34 岁：盛夏至年末，到新加坡、苏门答腊、斯里兰卡等地旅行。三子马丁诞生。

- 1913 年，36 岁：出版游记《印度纪行》（*Aus Indien*）。

- 1914 年，37 岁：描写画家的小说《艺术家的命运：罗斯哈尔德》（*Rosshalde*）出版。7 月，第一次世界大战爆发，为伯尔尼的战俘保护组织工作，为德国战俘效力，奋不顾身地高呼和平主义。

- 1915 年，38 岁：《漂泊的灵魂：克努尔普》（*Knulp*）出版。罗曼·罗兰对黑塞的和平主义产生共鸣，8 月来访。

- 1916 年，39 岁：《美丽的青春》（*Schön ist die Jugend*）出版。父亲去世，三子马丁病重，妻子玛丽亚的精神病日趋严重，这一连串的精神压迫，加上慈善事业过分忙碌，黑塞患了神经衰弱，健康状态逐渐恶化，住进疗养院，接受精神分析学泰斗荣格的学生、精神病医师朗格（J.B.Lang）的治疗。开始阅读精神分析大师弗洛伊德、荣格的著作，受他们的影响很大。

- 1919 年，42 岁：以辛克莱的笔名发表《德米安：彷徨少年时》（*Demian*），在青年读者中引起巨大反响。离开玛丽亚夫人，移往瑞士南部的蒙塔诺拉（Montagnola）定居。刊行童话集《梅尔恩》(*Märchen*)、随笔与短篇小说《小庭院》(*Kleier Garten: Erlebnisse und Dichtungen*)。热衷于画水彩画。

· 1920 年，43 岁：《画家的故事》(*Gedichte des Malers*)、《流浪》(*Wanderung*)、《混沌一瞥》(*Blick ins Chaos*)、《克林索尔的最后夏天》(*Klingsors letzter Sommer*)等出版。

· 1922 年，45 岁：《悉达多：流浪者之歌》(*Siddhartha*)出版。

· 1923 年，46 岁：5 月，T.S. 艾略特来访。9 月，与第一任妻子玛丽亚正式离婚。获得瑞士国籍。

· 1924 年，47 岁：1 月，与露蒂·布恩卡结婚，妻子的母亲莉莎是瑞士女作家与画家。这次婚姻仅维持三年即告破裂。

· 1925 年，48 岁：出版《温泉疗养客》(*Kurgast*)。秋天，到德国南部的三个城镇旅行，在慕尼黑遇见了托马斯·曼。爱好卓别林的电影，对幽默和讽刺的力量开了眼界。

· 1927 年，50 岁：《荒原狼》(*Der Steppenwolf*)出版。跟第二任妻子露蒂离婚，与妮侬·杜鲁宾相识，后结为终身伴侣。《纽伦堡之旅》(*Die Nürnberger Reise*)出版。

· 1929 年，52 岁：将二十年间最重要的诗作集《夜里的安慰》(*Trost der Nacht*)出版。开始撰写《如何阅读文学》(又译作《世界文学文库》)(*Eine Bibliothek der Weltliteratur*)。逐渐恢复健康。

- 1930 年，53 岁：《精神与爱欲：纳尔齐斯与歌尔德蒙》（*Narziss und Goldmund*）出版。

- 1931 年，54 岁：11 月，与学养丰富的美术家妮侬·杜鲁宾结婚。开始撰写《玻璃球游戏》。

- 1932 年，55 岁：出版《东方之旅》（*Die Morgenlandfahrt*）。为了纪念歌德逝世一百周年，发表《感谢歌德》（*Dank an Goethe*）。

- 1935 年，58 岁：《寓言集》（*Das Fabulierbuch*）出版。

- 1936 年，59 岁：弟弟汉斯自杀身亡。获得瑞士最高文学奖"凯勒奖"（Gottfried-Keller-Preis）。

- 1939 年，62 岁：第二次世界大战爆发。黑塞在当时的纳粹德国是"不受欢迎的作家"，印刷用纸配给也被停止。

- 1943 年，66 岁：在瑞士出版 20 世纪伟大巨著《玻璃球游戏》（*Das Glasperlenspiel*）两卷。

- 1944 年，67 岁：一生挚友罗曼·罗兰去世。

- 1945 年，68 岁：第二次世界大战结束。出版短篇和童话集《梦的痕迹》（*Traumfährte*）。

- 1946 年，69 岁：接受法兰克福市的"歌德奖"，又荣获"诺贝尔文学奖"。发表献给罗曼·罗兰的评论集《战争与和平》（*Krieg und Frieden*）。此后，一直过着闲适安逸的生活。

- 1947 年，70 岁：安德烈·纪德来访。伯尔尼大学授予黑塞名誉博士荣衔。

- 1951 年，74 岁：出版《后期的散文集》（*Späte Prosa*）、《书简集》（*Briefe*）。
- 1952 年，75 岁：庆贺七十五岁的纪念会在德国、瑞士等地举行。六卷本《黑塞全集》（*Gesammelte Dichtungen*）由苏尔坎普出版社（Suhrkamp Verlag）出版。《黑塞全集》后由苏尔坎普出版社扩展至二十卷。
- 1954 年，77 岁：出版《黑塞与罗曼·罗兰往返书信集》（*Hesse, R.Rolland, Briefe*）。
- 1955 年，78 岁：出版《往昔回顾》（*Beschwörungen*）。
- 1956 年，79 岁：在卡尔斯鲁厄市，设立"赫尔曼·黑塞奖"。
- 1962 年，85 岁：8 月 9 日，在蒙塔诺拉家中，因脑出血于睡梦中逝世。

TONGXIANG NEIXIN ZHILU : HEISAI ZIZHUAN

通向内心之路：黑塞自传

**图书在版编目 (CIP) 数据**

通向内心之路：黑塞自传 / （德）赫尔曼·黑塞著；
蔡伸章译 . -- 桂林：广西师范大学出版社，2025. 3（2025.8 重印）.
（黑塞经典）. -- ISBN 978-7-5598-7624-9

Ⅰ . K835. 165. 6

中国国家版本馆 CIP 数据核字第 2024X495V9 号

广西师范大学出版社出版发行

广西桂林市五里店路 9 号　邮政编码：541004
网址：http://www.bbtpress.com

出 版 人：黄轩庄
责任编辑：吴赛赛
助理编辑：杨雯潇
装帧设计：所以设计馆
内文制作：张　佳
全国新华书店经销
发行热线：010-64284815
山东京沪印刷科技有限公司印刷
　山东省淄博市桓台县桓台大道西首　邮政编码：256401
开本：830mm×1110mm　　1/32
印张：11.5　　　　字数：200 千
2025 年 3 月第 1 版　2025 年 8 月第 2 次印刷
定价：58.00 元

如发现印装质量问题，影响阅读，请与出版社发行部门联系调换。